# UN CHEF-LIEU DE PROVINCE

## AU XVIIIᵉ SIÈCLE

# GUÉRET

## CAPITALE DE LA HAUTE-MARCHE

PAR

### Le Docteur F. VILLARD

### PREMIÈRE PARTIE

GUÉRET

Imprimerie-Papeterie AMIAULT, Place d'Armes.

1898

# UN CHEF-LIEU DE PROVINCE

## AU XVIIIᵉ SIÈCLE

# GUÉRET

## CAPITALE DE LA HAUTE-MARCHE

PAR

### Le Docteur E. Villard

### PREMIÈRE PARTIE

GUÉRET

Imprimerie-Papeterie AMIAULT, Place d'Armes.

1898

# OBSERVATIONS

# SUR LA HAUTE-MARCHE

Un certain nombre de villes et de localités du département de la Creuse ont été, depuis une vingtaine d'années, l'objet d'études sérieuses et fort étendues, qui font connaître leur passé, les diverses péripéties de leur vie communale, les événements plus ou moins importants à divers titres, dont elles sont devenues le théâtre, les origines de leurs ressources industrielles ou commerciales, les mœurs, les usages, les coutumes de leurs habitants, en un mot tout ce que l'on est convenu d'appeler leur Histoire. En dehors de quelques notices, fort intéressantes sans doute, mais incomplètes sur bien des points, la ville de Guéret n'a point servi de sujet à un travail d'ensemble de cette nature. C'est à cette lacune que nous voulons essayer de remédier, sans toutefois avoir la prétention de la combler d'une manière complète. Avant d'entrer immédiatement en matière, il nous semble utile de dire tout d'abord un mot sur la Haute-Marche.

Cette Province, située à peu près au centre de la France, était bornée : au nord et au nord-est par le

Berry ; à l'est par les pays de Combrailles et de Franc-Alleu, qui la séparaient du Bourbonnais et de l'Auvergne ; au sud-est par cette dernière province ; au sud et au sud-est par le Limousin ; à l'ouest enfin par la Basse-Marche, qui la séparait du Poitou. Son territoire était divisé en deux cent-dix paroisses. Quelques années avant la Révolution, sa population approximative s'élevait au chiffre de cent-trente mille habitants, répartis entre dix-neuf-cents villes, bourgs, villages ou hameaux, formant ensemble dix sept-mille-cinq-cents feux. Elle ne présentait aucune agglomération importante :

« Dans la Haute-Marche, dit Jacques Le Vayer, il y a huit villes peu considérables : GUÉRET est la capitale.... ; cette ville ne contient que 2.300 personnes et 540 feux.... AUBUSSON est une ville plus grande que celle de Guéret ; mais cependant elle n'est plus si peu-plée. Il en est sorti deux cents religionnaires et le mauvais état des manufactures de tapisseries, qui s'y fabriquent, a fait sortir beaucoup d'ouvriers, à cause de leur pauvreté... Il y a encore cent cinquante nouveaux et mal convertis, auxquels il faut veiller exactement. Tous les habitants sont au nombre de 2.100 et 547 feux.... FEUILLETAIN est une ville plus petite qu'Aubusson, presque de moitié ; on y fait de la tapisserie aussi bien qu'à Aubusson. Il y a 1389 personnes et 490 feux » (1).

Jacques Le Vayer ne parle pas des autres villes, qui étaient assurément moins importantes encore que celles auxquelles il vient d'être fait allusion.

La Haute-Marche formait avec la Basse-Marche un des trente-deux gouvernements militaires, en lesquels était divisé le Royaume.

Au point de vue administratif et financier, elle faisait

(1) J. Le Vayer, *Mémoire sur la Généralité de Moulins*, 1695. Arch. Départ. de la Creuse, C. 339.

partie de la Généralité de Moulins et constituait une Election fort étendue, composée de deux-cent-dix-neuf collectes, qui ressortissait à la Cour des Aydes de Clermont-Ferrand.

Elle relevait du Parlement de Paris au point de vue judiciaire, et, au point de vue ecclésiastique, de l'Evêché de Limoges : l'évêque y était représenté par deux officiaux, résidant, l'un à Guéret, l'autre à Chénérailles.

Elle avait enfin une Maîtrise particulière des Eaux et Forêts, dépendante primitivement de la Grande Maîtrise de la Langue d'Oil, puis rattachée, à la fin du XVIIᵉ siècle, à la Grande Maîtrise de Poitiers.

Tous les documents, qui nous sont parvenus sur cette Province, nous montrent ses habitants, en dehors d'un très petit nombre, comme étant plongés dans la plus affreuse misère. On n'y comptait pas plus de soixante-dix nobles ou anoblis.

« Parmi ces nobles et privilégiés, il peut y avoir quatre maisons où l'on peut compter vingt mille livres de rente et peut-être au delà, tant en terre qu'en effets. Il n'y en a pas quatre où l'on puisse compter huit mille livres de rente.... ; il n'y a pas six bourgeois qui aient six mille livres de rente » (1).

Il n'existait dans la Haute-Marche aucun commerce ; on n'y voyait guère qu'une seule industrie, celle de l'Agriculture ; mais dans quel état se trouvait-elle ? Presque toute la terre appartenait aux nobles et aux ecclésiastiques, ou bien était tenue par eux en servitude ou en mortaillable condition. La plus grande partie était en chaume, couverte de rochers, de bruyères ou d'ajoncs. Le reste

(1) *Mémoire d'un citoyen* (sans date). Archives départementales C. 363.

présentait une culture misérable et le cultivateur était plus misérable encore, à tel point que, suivant un mémoire du temps, après s'être libéré des charges qu'il avait à supporter, l'habitant de la campagne n'avait pas plus de 25 à 30 livres à dépenser par an, pour chaque personne de sa famille, et cela, non pas en argent, mais en produit de sa récolte : le plus souvent même, il avait beaucoup moins.

Dans un Mémoire écrit en 1763, nous lisons que « on est obligé de laisser reposer les terres une ou deux années et quelquefois davantage, sans quoi elles ne rendent pas la semence qu'elles ont reçue ». C'est dans ces dernières conditions seulement qu'un boisseau de blé ensemencé pouvait en produire trois et on considérait la récolte comme bonne, lorsqu'on obtenait un pareil résultat : on ne semait du reste que du seigle et du blé noir ou sarrazin. L'auteur du Mémoire ajoute :

« Le principal et presque l'unique débouché de consommation et de commerce extérieur consiste dans la vente des bestiaux. On pense que pendant les foires d'hiver il se vend ordinairement trois mille bœufs ».

Un quart seulement de ces animaux étaient élevés et nourris dans la Province ; ils procuraient par tête un bénéfice de cent-trente livres environ. Quant aux autres, ils avaient été préalablement achetés, à raison de vingt à vingt-cinq pistoles la paire, dans le Limousin et l'Agenais, pour être employés aux travaux agricoles ; ils étaient ensuite revendus, après engraissement, avec un bénéfice moyen de vingt-cinq livres par bœuf.

Les vaches et les moutons naissaient et étaient élevés sur place. A un certain âge, les vaches les plus maigres étaient livrées aux bouchers de la région, à un prix très modique. Lorsque elles étaient grasses, on les vendait à des marchands étrangers, à raison de quarante à cinquante livres, la pièce. — Le commerce des moutons était peu considérable : ces animaux, « de petite espèce », étaient d'une nature délicate et peu résistante. Ceux d'entre eux, qu'épargnait la rigueur du froid, « qui, lorsqu'ils sont jennes, en fait périr beaucoup pendant l'hiver », étaient vendus, à l'âge de deux ou trois ans, dans le cours des mois de mai et de juin, à raison de six à huit livres, la paire, pour être transportés en Berry et en Bourbonnais. — Quant aux porcs, on allait les acheter au printemps en Berry et en Poitou, au prix de dix à douze livres, pièce ; on les revendait dans le cours de l'hiver suivant, à raison de quinze à dix-huit livres par tête ; mais ce commerce n'avait lieu « que lorsque les chênes rapportent des fruits, ce qui arrive rarement ».

Quant à la culture des terres proprement dite, et aux entraves qui lui étaient apportées, voici ce que nous lisons dans le Mémoire précité :

« Les terres et les montagnes sont couvertes de fougères..... Pour favoriser et accroître l'agriculture, il faut que les impositions soient en porportion avec le revenu des biens et une égalité dans la distribution. Le cultivateur est découragé, quand il travaille continuellement sans retirer le prix de ses travaux... On ne fait de défrichements et des améliorations que dans des temps d'abondance et on ne peut l'espérer que par un soulagement des impositions.... La disette du sel est une cause qui empêche les améliorations de la Province. De crainte que les habitants ne fassent la contrebande, on ne donne que la moitié du sel nécessaire ; mais en supposant que l'on donne précisément à chacun le sel qui lui revient, ceux qui veulent défricher et améliorer sont obligés d'avoir des ouvriers, soit de l'Auvergne ou de la

Province, et malgré les certificats du curé et du syndic, et la liberté que l'on avait achetée, on ne peut avoir du sel dans les dépôts, pour faire la soupe des ouvriers et l'on n'a d'égards pour personne.

« Plusieurs négligent la culture des terres pour aller acheter du sel dans des pays de franchise et le revendre dans les provinces qui ne sont pas rédimées. Ces malheureux exposent leur liberté et leur vie pour gagner de quoi payer leur taille et donner à vivre à leur famille ; les prisons en sont pleines ; on les flétrit et on les arrache à la patrie, et malgré les exemples de sévérité, la contrebande règne toujours. Souvent les innocents sont confondus avec les coupables ; les gardes sont crus sur leurs procès-verbaux......... Les impositions sont trois fois plus fortes dans les provinces rédimées pour le sel que dans celles qui ne le sont pas. Un domaine qui paie quarante livres de taille en paierait, s'il était de même valeur, cent-cinquante dans l'Election de la Marche. Le rôle du sel n'égale pas celui des impositions royales, en sorte qu'ils sont heureux de n'avoir pas la franchise du sel ».

Plus loin, nous relevons encore le passage suivant :

« Il n'y a pas de manufactures et l'on est obligé d'acheter à Limoges et à Clermont les draps, étoffes, chapeaux et généralement toutes les choses nécessaires pour l'entretien. Le sel, le tabac et les contrôles mettent le comble à la misère. Les biens doivent des rentes ; une moitié des terres sont tenues en servitude des seigneurs ou en mortaillables conditions des ecclésiastiques ».

Enfin le Mémoire de 1763 est terminé par d'intéressantes constatations, que nous reproduisons textuellement :

« Le tableau des misères de la province est effrayant et peut-être qu'il ne paraîtra pas véritable lorsqu'on demandera comment on peut payer les impositions. On peut assurer avec confiance que si, dans une paroisse de l'élection, on envoyait des cultivateurs et des régisseurs pour rendre compte du produit, le produit serait moindre que les impositions de la paroisse. Tous les jours, les sentences de l'élection font foi que celui qui fait réduire son bien aux 2 sols pour livre, après l'avoir affermé, payait des impositions plus fortes que le montant de sa ferme. On peut dire que c'est l'industrie qui les paye toutes, puisque c'est elle qui rapporte de l'argent dans la province.

Les impositions et les besoins actuels excèdent le rapport de l'industrie ; c'est pourquoi les recouvrements se font avec peine et bientôt ne pourront plus se faire. L'argent qui était autrefois dans la province en est sorti et il n'en reste plus. Les collecteurs en retard remplissent les prisons ; les exécutions sont continuelles. Les plus riches des paroisses sont ordinairement collecteurs, et il n'en est pas à qui il n'en coûte 5 à 600 livres ; en sorte qu'il suffit d'avoir été collecteur pour être ruiné, et il ne demeure que des misérables. Les seigneurs et consommateurs se ressentent nécessairement de l'indigence du cultivateur. Lorsque les impositions excèdent la valeur des biens, on ôte la vie du cultivateur et la fortune du propriétaire : l'abondance est tarie dans sa source. Il n'y a pas quatre gentils hommes dans la province qui aient 10,000 livres de rente et dix qui aient 3,000 livres de rente » (1).

Un autre Mémoire de 1768 est peut être plus explicite encore que le précédent. Tout au moins, il le complète et donne les renseignements les plus circonstanciés sur la situation agricole et économique de la Haute-Marche. D'après ce document que nous résumons rapidement, la quantité de blé seigle annuellement récolté dans la Province s'élevait en moyenne à 325,500 setiers, de huit boisseaux chacun. Le prix moyen du setier de seigle étant de 6 livres, les 325,500 setiers récoltés représentaient donc une valeur de. . . . . . . . . .  1,953,000 liv.

La récolte moyenne annuelle du blé noir ou sarrazin est évaluée à 80,000 setiers, qui, à raison de 3 livres le setier, pouvaient donner une somme de. . . .  240,000 liv.

Enfin, le produit ou la vente des bes-

(1) *Observations sur la Province de la Marche,* Arch. Départementales C. 360.

tiaux était susceptible d'atteindre cha-
que année. . . . . . . . . . . . . . .        992,000 liv.

Le produit réuni de la culture des
terres et de la vente du bétail — seul
produit de la Haute-Marche — procu-
rait donc annuellement. . . . . . . .        3.185,000 liv.

Il importe maintenant de comparer ce produit avec le
montant de la dépense nécessaire, indispensable à la vie
matérielle la plus élémentaire des habitants de la Province,
et, sur ce point, nous allons laisser parler l'auteur du
Mémoire que nous venons d'analyser :

« Quelle est, dit-il, la consommation intérieure ? Un setier de blé
fait tout au plus deux cents livres de pain, sans être passé ; par
conséquent, il faut pour chaque personne pour sa nourriture, à raison
de deux livres de pain par jour, trente boisseaux par an. On compte
130,185 habitants, y compris les enfants ; par conséquent la consommation fait un objet de 477,071 setiers. Or, il est presque démontré
que la récolte en blé est de 325,500 setiers et 80,000 setiers de blé noir
ou autres menus grains : ce qui fait un total de 405,500 setiers, et la
consommation excède la récolte de 71,571 setiers. Quand on déduirait
21,571 setiers, à cause des ouvriers qui sont absents de la Province,
on sera toujours tenu d'acheter dans les provinces voisines, soit de
blé seigle ou de froment, pour 300,000 livres. Outre la récolte évaluée
à 2,193,000 livres, le montant des impositions est de 853,126 livres :
total, 3,346,126 livres. Le rapport des revenus de toute la Province
étant de 3,185,000 livres, il s'ensuit qu'il s'en faut de 161,126 livres que
le total du produit des terres soit suffisant pour payer les impositions
et le blé qui se consomme. Il y a des temps où le blé s'est vendu
douze livres ; tel était le prix de ces dernières années, et alors la
dépense accroit ; l'argent se transporte dans les provinces voisines et
sa rareté augmente. On ne cueille pas de vin ; il faut payer le sel, le
tabac, les contrôles, le fer, les étoffes et autres choses de nécessité.
La consommation intérieure de la viande diminue le produit des
bestiaux. Si pour tous les objets de consommation on donne à chacun,
le pauvre et le riche compris, deux sols à dépenser par jour, la

dépense sera de 4,797,528 livres, et par conséquent excèdera la recepte de plus d'un million six cent mille livres. Pourquoi chercher des causes éloignées de la dépopulation ? Une province qui ne cueille pas de quoi nourrir ses habitants n'est jamais peuplée. Lorsque les impositions ne sont pas en proportion avec le revenu des biens et que l'injustice règne dans la répartition, le mal physique augmente, la misère et les maladies consomment les habitants » (1).

Dans ces tristes conditions, qu'arrivait-il ? C'est que la population ne pouvait vivre ; c'est que la disette moissonnait parfois des générations entières et que le vide se faisait de plus en plus dans les villages. Alors, en effet, le paysan était souvent obligé d'émigrer et d'aller au loin chercher les ressources que ne pouvait lui donner son pays natal.

« Comme ces pays sont mauvais et peu habités, dit J. Le Vayer, les habitants ont recours à l'industrie pour vivre. Presque tous ceux qui sont en état de travailler quittent leur pays au mois de mars et vont travailler en Espagne et dans toutes les provinces du Royaume, les uns comme manœuvres et maçons, les autres comme scieurs de bois au long et de bleds, laissant à leurs femmes et aux invalides le soin de faire leurs chétives moissons et de nourrir leurs enfants. Ils reviennent à la fin de novembre et rapportent tout l'argent qu'ils ont gagné et amassé pendant l'été par leur travail et par leur économie, car ils ne vivent presque que de pain et d'eau et d'un peu de beurre et de fromage ; et de l'argent qu'ils ont amassé, ils payent leurs tailles et autres charges publiques à leur retour. On prétend qu'ils sort tous les ans plus de six mille hommes et que leur industrie seule met cette Province en état de soutenir les charges publiques ».

Le Mémoire de 1763 auquel nous avons déjà fait allusion n'est pas moins explicite :

« Le cultivateur, y est-il dit, paie plus de taille qu'il ne retire de son bien quand il veut l'affermer. Plusieurs quittent la charrue et

_____________

(1) (*Description de la nature du sol et des productions de la Marche.* Archives départementales. C. complément, 361.

deviennent maçons ; d'autres s'expatrient et abandonnent leurs biens aux collecteurs, ou, après l'avoir affermé, le font réduire aux deux sols pour livre et le livrent à des mains étrangères qui n'en ont pas le même soin.. .. Une partie s'absente pour aller travailler dans les différentes provinces du Royaume, maçons, tailleurs de pierres, charpentiers. On peut supposer douze mille ouvriers, qui sortent de la Province et rapportent les uns les autres cinquante livres de profit ».

C'est seulement à l'aide de ces dernières ressources, ainsi péniblement recueillies, loin du foyer domestique, que les ouvriers pouvaient arriver, comme le dit Jacques Le Vayer, à faire face aux nombreuses charges qui leur incombaient. Ces charges étaient en effet considérables ; elles ne se bornaient pas seulement aux impôts ; elles se composaient d'une série de redevances, dont l'énumération serait fort longue et qui écrasaient les habitants.

Une terre serve et mortaillable et l'industrie précaire du bâtiment, telles étaient donc les seules ressources du paysan marchois. Il avait, par contre, à supporter presque seul les impôts de toutes sortes : royaux, ecclésiastiques et seigneuriaux, qui s'appesantissaient sur lui de tout leur poids et usaient son activité, ses forces et son courage, sans lui permettre jamais d'espérer un avenir meilleur. Aussi, quand venait la morte saison, que lui restait-il ? Rien, sinon la misère pour lui et sa famille.

Cette misère matérielle était peut-être encore dépassée par la misère intellectuelle et morale. Partout dans la Haute-Marche, l'ignorance des populations était profonde ; on semblait même nier leur intelligence. C'est là du moins ce qui semble ressortir d'un passage du Mémoire de Jacques Le Vayer, et qui rappelle singulièrement le portrait, tracé par La Bruyère, du paysan du XVIIᵉ siècle ;

« L'on remarque ordinairement et aisément, dit l'Intendant de Moulins, la différence des caractères des esprits, suivant celle des terri-

toires de cette Généralité..... Quant à ceux de la Marche, ils sont ter-
restres, noirs et mal fais. Aussi presque toutes les villes..... sont au
pied de montagnes affreuses .... Par les lois de leur coutume locale,
qui a conservé l'usage des mainmortes, qui s'est perpétué chez eux,
et la nécessité, qu'ils ont de se louer tous les ans pour le service des
peuples des autres royaumes et provinces, il parait bien qu'ils ont
esté de tous temps nés pour la servitude » (1).

Par cette sombre appréciation de l'Administrateur
autorisé de la Province, on peut déjà se faire une idée du
degré d'instruction des habitants de la Haute-Marche. Un
très petit nombre d'entre eux savaient lire ; un nombre
plus restreint encore pouvaient écrire leur nom : c'est à
peine si quatre à cinq pour cent étaient capables de
signer.

« Selon toute vraisemblance, dit M. Autorde, le chiffre de 4 à 5 est
supérieur à la réalité pour bien des paroisses, car on trouve dans un
procès-verbal d'élection, en 1789, de la collecte de Nouhand, qui pouvait bien comprendre une centaine de personnes environ, cette mention expresse : « aucun des habitants ne savent signer ».

Le même auteur ajoute :

« Bien souvent, nous avons compulsé et même analysé des registres paroissiaux ou anciens états civils, pris indifféremment dans tous
les points du département, et, la plupart du temps, nous avons vu
s'écouler de longues séries d'années sans rencontrer de signature
autre que celle du curé ; si parfois quelqu'une apparaissait, elle était
fréquemment d'une écriture indéfinissable, toute tremblée, composée
de lettres brochant les unes sur les autres, partie en cursive et partie en capitale. Or, convient-il de classer l'auteur de cette signature
grimaçante dans les lettrés ?..... » (2)

De pareilles constatations ne sauraient étonner, si on
considère que quatre ou cinq localités seulement — les plus

importantes de la Province — ont pu conserver, pendant
la durée du XVIII<sup>e</sup> siècle, des écoles d'un fonctionnement à
peu près régulier, et que, parmi les autres, on ne peut pas
en compter plus de quinze ou vingt, où ait été signalée,
d'une manière passagère et pour ainsi dire accidentelle,
la présence d'instituteurs. Et quels instituteurs? Habituellement, c'étaient de pauvres diables, étrangers au
Pays, dont ils ne connaissaient ni les mœurs, ni les usages, ni les habitudes, et qui arrivaient à grand peine à
gagner la confiance des populations, ou, s'ils obtenaient
cette confiance, ne pouvaient guère, en raison de la misère
qui les environnait, en tirer profit. Aussi la maigre rétribution, qu'ils recevaient d'un nombre fort restreint d'élè-
ves, était-elle insuffisante pour leur permettre de vivre.
Ils cumulaient alors et devenaient sacristains, chantres,
sonneurs de cloches, etc. Ces dernières charges, du reste,
leur étaient souvent imposées par le curé de la paroisse,
sous la dépendance duquel ils se trouvaient, car ce dernier
était appelé chaque année à donner son avis sur le maintien de la permission d'enseigner, qu'ils avaient obtenue
de l'autorité diocésaine. Ce n'est assurément pas de semblables conditions d'existence qui pouvaient leur donner
le prestige et l'autorité, si nécessaires pour instruire les
enfants, même de la façon la plus élémentaire.

Nulle était donc, pour ainsi dire, l'instruction des habitants de la Haute-Marche, et les soucis matériels de la
vie formaient l'unique objet de leurs préoccupations, aussi
bien des ouvriers, qui émigraient périodiquement, que de
ceux qui restaient confinés dans le village, attachés à la
terre, comme colons, fermiers ou propriétaires cultivateurs.

Il peut sembler tout d'abord que ces derniers, en apparence plus aisés, aient dû faire exception et jouir dans une certaine mesure des bienfaits de l'existence. Il n'en est rien. La note suivante suffit du reste pour faire connaître le continuel état d'esprit dans lequel ils vivaient, état d'esprit qui n'était assurément point de nature à leur assurer, indépendamment de bien d'autres causes, le calme et la douce quiétude, dont les Poëtes ont fait si souvent l'apanage de la vie rustique :

« Ceux-ci (les propriétaires cultivateurs) sont toujours en guerre avec leurs voisins, soit pour des partages, des communautés, des bornes arrachées, des bois coupés ; plus les propriétés sont médiocres, plus on veut les conserver et les agrandir » (1).

Avec de pareilles dispositions à la discussion et à la chicane, les procès devaient être et étaient en effet fréquents :

« On ne voit, lisons-nous encore dans le Mémoire où sont consignées les lignes qui précèdent, on ne voit que des plaideurs, guidés par l'humeur et sans intérêt. Les objets des demandes sont toujours en rapport avec la fortune, et la plupart des particuliers, ruinés en première instance, ne peuvent qu'appeler et obtenir des défenses ».

Arrêtons-nous sur ces dernières observations, qui ne sauraient assurément atténuer les sombres impressions qui se dégagent des faits précédemment exposés.

Telle était la situation matérielle, morale et intellectuelle des habitants de la Haute-Marche, au XVIII<sup>e</sup> siècle. Il nous a semblé qu'il n'était pas sans intérêt de la rappeler sommairement, avant d'aborder une étude sur la capitale de cette Province.

(1) *Mémoire d'un citoyen,* sans date, Arch. départ., C. 363.

Les faits que nous allons exposer sont simples et modestes. Ils ne se rattachent à aucun de ces grands événements, susceptibles d'influer sur les destinées d'un peuple, qui s'accomplissent parfois au sein de certaines cités et donnent à ces dernières une notoriété que l'Histoire enregistre toujours avec soin. Il n'en est point ainsi pour Guéret, et cette ville n'a pas d'histoire, d'après le vrai sens que l'on doit donner à cette expression. Les faits, auxquels nous faisons allusion, sont en effet des faits purement locaux, sans repercussion possible sur la marche générale des affaires du Pays, non plus que sur son état social, état dont ils ne sont plutôt qu'une conséquence. Toutefois, dans leur simplicité, ils nous ont paru souvent renfermer les plus salutaires enseignements. Au surplus, en rappelant un passé déjà lointain, nous avons voulu honorer une cité que nous aimons, et — pourquoi ne pas le dire ? — c'est ce sentiment qui nous a soutenu dans les longues, patientes et souvent ingrates recherches, nécessitées par ce modeste travail.

Notre étude se trouve tout naturellement divisée en deux parties. La première est consacrée à la Municipalité, au fonctionnement de la vie communale, aux ressources et aux charges, ordinaires ou extraordinaires, de la communauté, enfin, aux diverses impositions locales, régionales ou générales, auxquelles étaient assujettis les habitants de Guéret. Dans la seconde partie, après la description des nombreuses juridictions de la Capitale de la Haute-Marche, de ses établissements et de ses diverses institutions ou corporations civiles et religieuses, séculières ou régulières, nous chercherions à pénétrer dans la vie intime de sa population, à en faire connaître les mœurs et les habitudes et à présenter ainsi un tableau aussi exact que possible de la physionomie de la Cité.

Encore un mot. L'exposé qui va suivre est le résumé de notes recueillies dans les documents, originaux ou authentiques, conservés aux Archives municipales de Guéret ou déposés aux Archives Départementales de la Creuse. Qu'il nous soit permis, avant de clore ces lignes, de remercier M. Autorde, Archiviste du département, du précieux concours qu'il a bien voulu nous prêter : grâce aux utiles indications qu'il nous a souvent fournies, nous avons pu élucider bien des points obscurs ou controversés. Nous devons aussi des remerciements à M. Aubaile, employé aux Archives, qui, dans le cours de nos recherches, nous a aidé avec une bonne volonté, que nous nous plaisons à reconnaître et nous a rendu ainsi la tâche facile et plus agréable.

D<sup>r</sup> F. VILLARD.

Guéret, le 1<sup>er</sup> Octobre 1898.

[illegible]

# NOTES SUR GUÉRET

## AU XVIII<sup>e</sup> SIÈCLE

## INTRODUCTION

L'histoire des premiers âges de Guéret est entourée de la plus grande
obscurité.  Tout ce que  l'on sait d'une manière à peu près positive,
c'est que l'origine  de cette ville remonte au commencement du VIII<sup>e</sup>
siècle. Vers l'an 720,  sur la partie la plus déclive d'une colline,  sise
à environ trois kilomètres au nord de l'antique oppidum du Puy-de-
Gaudy,  alors abandonné  et  presque désert,  dans  un  lieu  appelé
Garactus, Lantérius, comte de Limoges,  personnage distingué  par
sa naissance, en même  temps riche et puissant, « pour atténuer  les
conséquences  de  ses  crimes  et  obtenir  les  récompenses de la vie
éternelle », fonde un Monastère, où des Moines et les pauvres pourront recevoir  la nourriture et des vêtements (1). Il place à la tête de

<hr>

(1) « Dum talia... unus ex nobilibus senatorum, Lanterius nomine,...
.... Magno comitatus officio, ditatus opibus plurimis, pre ceteris incli-
tus atque procerior, in facultatibus atque divitiis pollens, decreverat
ut pro suis minuendis criminibus, vel adipiscendis œterne vitœ pre-
miis, in Lemovicenci urbe, in loco qui vocatur Garactus, monaste-
rium in honore Petri apostoli edificaret, suisque et jam ditaret opibus propriis, atque in cibos vel operimentum  monachorum et pau-
perum delegaret. » *Vie de St-Pardoux.* Texte latin du VIII<sup>e</sup> siècle,
tiré du manuscrit du X<sup>e</sup>, n° 5240 de  la Bibliothèque Nationale. (Traduit par Coudert de Lavillatte, Dugenest imprimeur 1853.)

1

cet établissement un pauvre aveugle, originaire de Mont-de-Sardent, du nom de Pardulphus, qui toujours s'était fait remarquer par la pureté de ses mœurs et l'austérité de sa vie.

Le lieu, où s'élève le Monastère, parait assurément bien choisi pour permettre de se livrer au recueillement et à la méditation. Isolé dans une région montagneuse et accidentée, loin du bruit de cités populeuses, sans voisinage d'aucun cours d'eau susceptible à un moment donné de provoquer l'activité industrielle, entouré de bois et de forêts, il ne semble pas qu'il puisse jamais devenir le centre d'une agglomération d'habitants, même de faible importance.

Le Monastère édifié, les populations éparses des alentours, notamment les restes de celles du Puy-de-Gaudy, accourent sous ses murs et y établissent leurs demeures, avec l'espoir sans doute de trouver là près de lui aide, assistance et protection. L'établissement se remplit de Moines, à ce point que l'agglomération, qui se forme autour de son enceinte, ne tarde pas à prendre la dénomination de Bourg-aux-Moines, qu'elle conserve jusqu'au IX⁰ siècle.

Près de sept cents ans s'écoulent ainsi, sans que presque aucun fait important s'accomplisse dans la cité naissante, ou tout au moins parvienne à percer la ténébreuse nuit qui enveloppe cette longue période, cependant si troublée, et à arriver jusqu'à nous. De ces temps éloignés, nous ne pouvons signaler que deux évènements, le premier sans conséquences fâcheuses, l'autre particulièrement important, car il fut suivi de la destruction du monastère de Lantérius.

Le premier de ces évènements remonte à 732. Cette année-là, Garactus est visitée par une bande de Sarrazins, échappés aux coups de Charles Martel, à la bataille de Poitiers. A leur approche, tous les Moines, à l'exception de Pardulphus et d'un domestique, du nom d'Euphrasius, prennent la fuite et quittent le Monastère. Les Sarrazins s'arrêtent sous ses murs, mais après avoir longtemps discuté dans leur langage, ils reprennent leur chemin, sans chercher à pénétrer dans l'établissement (1).

(1) *Vie de St-Pardoux.* — Texte latin. — Traduction Coudert de Lavillatte, pages 78, 79.

Cent ans plus tard, profitant des divisions et des discordes des successeurs de Charlemagne, les Normands pénètrent dans le centre de la France. Vers 847, ils arrivent à Limoges, brûlent cette ville et envahissent la Marche, « détruisant partout les Eglises, les Monastères, massacrant les habitants des villes sans défense et des campagnes » (1). — « Aucune région, ni ville, ni village, ni cité n'échappe à la destruction » (2). Tout porte à croire que c'est à la suite de cette invasion que disparut le Monastère de Lantérius, que nous trouvons remplacé au Xᵉ siècle par un simple prieuré.

En dehors de ces deux évènements, sur lesquels nous ne possédons aucun détail et dont le second est démontré par des données inductives plutôt que par des preuves positives, aucun fait saillant ne frappe plus l'attention jusqu'au commencement du XIVᵉ siècle. — Sous le règne des Carlovingiens, Garactus est un des *pagi minores* de la France (3). En 887, Eudes, fils de Robert le Fort, crée le Comté de la Marche, qui, un demi siècle plus tard, agrandi en faveur de Boson I, le Vieux, compte ce *pagus* comme sa ville principale (4). « Devenue la première ville du centre de la Marche, Garactum resta aussi obscur qu'il avait pu l'être à l'époque où il n'était que le Bourg-aux-Moines. C'est vainement que l'on cherche dans l'histoire quelque évènement remarquable dont il ait pu être le théâtre ; le souvenir de rien ne s'est conservé. A peine, si on trouve de loin en loin quelques faits à signaler, encore ces faits, sont-ils d'une importance secondaire » (5).

Les recherches, auxquelles nous nous sommes livré après tant d'autres, sur ce passé lointain de Guéret, ne nous ont donné aucun résultat. Il faut voir sans doute, comme le dit Thuot, la principale

(1) Jouilleton. — *Histoire de la Marche*, page 108.

(2) Chronique de Maillezais, T. II.

(3) Chérueil — *Dict. hist. des institutious, mœurs et coutumes de la France*, T. I, page 914.

(4) Deloche. *Etudes sur les divisions territoriales du Limousin.* — Page 118.

(5) Thuot, *La forteresee vitrifiée du Puy-de-Gaudy*, page 196,

cause de l'effacement de cette ville dans cette circonstance que les Comtes de la Marche n'y résident pas habituellement et n'y font que de loin en loin de courts séjours (1). Souverains de provinces plus importantes, où ils possèdent de nombreuses demeures seigneuriales, ils n'ont même pas de château à Guéret (2), où ils sont représentés par un chancelier et plus tard par un sénéchal. La vie de la cité est calme, autant qu'elle peut l'être à cette époque si troublée.

Dans le cours du xi<sup>e</sup> siècle, la fermentation des esprits provoquée par le despotisme féodal, fermentation qui se produit de toutes parts, dans toute la France, et va bientôt se traduire, en maints endroits, par l'émancipation des populations et l'établissement des communes, ne semble se manifester à Guéret en aucune façon. Il faut attendre le milieu du xiii<sup>e</sup> siècle pour voir pénétrer dans la Haute-Marche ce mouvement en faveur des franchises communales et ce n'est pas à Guéret qu'il s'observe tout d'abord. Dans cette province en effet, de l'année 1262 à l'an 1300, les quatre seules villes qui obtiennent des lettres d'affranchissement sont Aubusson, Chénérailles, Ahun et Felletin (3).

Guéret doit attendre encore plus de cent ans avant de pouvoir jouir des mêmes avantages. C'est le 22 juillet 1406 seulement, que le Comte de la Marche et de Castres, Jacques II de Bourbon, roi de

(1) C'est pendant un de ses séjours à Guéret, qu'un des comtes de la Marche, Aldebert IV, éprouva une mésaventure conjugale, à la suite de laquelle il répudia sa femme Mirabilis et partit pour la croisade. Il mourut à Constantinople en 1180.

(2) Il existait cependant alors à Guéret « une espèce de citadelle, proche la porte du Chancelier, à l'endroit appelé de la citadelle, qui subsistait encore du temps de Henry IV, roy de France, et des guerres de la Ligue, où il y avait aussi une garnison « *Mémoires du Président Chorllon*, publiée par Autorde, page 84).

(3) C'est en 1262, que la ville d'Aubusson obtint des lettres de franchises de Hugues XII de Lusignan, comte de la Marche et d'Angoulême, qui accorda les mêmes privilèges à la commune de Chénérailles en 1265 et à la ville d'Ahun en 1268. — En 1300, la comtesse de la Marche, Alengarde, donna à Felletin sa charte communale.

Hongrie, de Jérusalem et de Sicile, concède à cette ville sa charte de franchise. De ce jour, date pour elle, le commencement de la vie communale.

Aux termes de cette charte, les habitants de Guéret doivent constituer chaque année quatre consuls, choisis par la plus saine partie de la population et qui sont tenus de prêter serment entre les mains du Sénéchal, ou en son absence, entre celles du Châtelain. Il est dit que ces consuls « traiteront des besongnes et affaires de l'union et universalité d'icelle ville, constitueront chacun an trois ou quatre prud'hommes, qui partiront bien et loyalement entre eux et les autres habitants et bien ayans de la dite ville, les tailles, selon la faculté d'un chacun »...... « Pourront iceux consuls imposer sur eux et les autres habitants et manans et ayant héritage en icelle ville et franchyse d'icelle touchant les faicts et affaires de leur dite franchyse et universalité seulement, tailles et impôts, sans appeler nous, ni aucun de nos officiers, fors en cas de complainte et de doléance ».... « Feront iceux consuls ostension de fonds et propriété de la dite universalité et franchyse et pour cause d'icelle franchyse, union et universalité, seront tenus les manans et habitants de payer et rendre par les mains des consuls perpétuellement, à la St-Michel, chacun an, de taille franche vingt livres tournois » (1).

Guéret va donc vivre désormais de sa vie propre. Elle nomme ses Consuls et le 20 août 1406, par un mandement, le Comte de la Marche ordonne à son trésorier et châtelain, Jean de Villemone, de recevoir leur serment et de les installer immédiatement dans leurs fonctions, car « par les consouls qui seront ordenés, les affranchissements des diz hommes serfs et d'autres de la dite ville de Garet, pas encore affranchis de leurs seigneurs, pourront prendre meilleure et plus brève expédicion » (2).

(1) Arch. Mun. — Duval. (*Chartes communales et franchises municipales*, P. 54. Bull. S. S. N. et Arch. de la Creuse.

(2) Arch. Municip. — Duval, loc. citat. page 58.

Ces consuls ne restent pas inactifs : ils se mettent aussitôt à l'œuvre et songent tout d'abord à protéger la cité et à la mettre à l'abri des dangers extérieurs, en l'entourant de murs. Les ressources de la communauté sont restreintes : les premiers efforts sont donc nécessairement limités et les travaux d'abord exécutés relativement modestes. Heureusement, les libéralités du Comte de la Marche ne sont pas taries. Le 6 septembre 1424, vu la requête des consuls, bourgeois, manans, qui exposent qu'ils sont pauvres, dépourvus de bois pour leur chauffage, et « par singulière amour et affection de sa ville de Garet et des habitans en icelle », Jacques de Bourbon leur concède « le bois ou fourest appelé de Chabrières, assez prez de la dicte ville et dont ils souleyent avoir leur dit chauffage (1), avec tous les droits de paissaige, entrées, servitudes, yssues, fruiz et revenues et tous et quelconques autres droits..... ». Il ordonne en même temps, « par le singulier désir qu'il a d'accroitre, multiplier et augmenter sa ville de Guaret,.... pour la perpétuelle seurté et préservation des manans et habitans en icelle.... » qu'elle soit « élargie ou close de novel, fortifiée et emparée convenablement pour résister à la volonté et entreprise de ses ennemis et adversaires (2) ». Le 4 novembre 1441, il autorise les consuls à faire faire des guets par huit gardes pendant la nuit (3).

En 1446, les murailles de la ville sont complètement édifiées : elles sont crénelées, percées de trois portes, flanquées de sept tours, gar-

(1) Il résulte des termes de la concession de la forêt de Chabrière à la ville que de toute ancienneté les habitants avaient eu le droit d'y prendre du bois pour leur chauffage.

(2) Arch. Municip. — Duval, Chartes Communales et franchises Municipales, p. 58, 60. — Guéret prend alors des armes en signe de sa personnalité : « *D'azur, à un cerf passant, d'or, en chef, et à trois arbres du même, en pointe* », sont là celles que donne d'Hozier. L'armorial national de France, dessiné et gravé par Traversier, avec notices descriptives et historiques par L. Vaïsse, donnent les suivantes qui diffèrent un peu : « *d'azur, à trois peupliers de sinople posés sur une terrasse de même, nouveauté de la pointe de l'écu, au cerf passant d'or sur le tout* » (gravées d'après un sceau de la mairie).

(3) Archives Municipales.

nies de machicoulis (1) et entourées de fossés. Cette même année, — le 6 juillet, — les Consuls, Jehan Veschière et Anthoin Simonaud, chargent Guillaume de Maindigou, maçon, de surélever « la porte Francèze, qui est auprès de la forge de feu Marcou Lecourt », de quatre pieds plus haut, qu'il n'avait été convenu par les précédents consuls, dans le marché relatif à la construction de cette porte (2).

Avant l'achèvement de ses murailles, Guéret avait reçu à deux reprises différentes une royale visite. En mars, 1439, Charles VII, revenant de Limoges, s'arrête une première fois à Guéret, où il séjourne plusieurs jours (3). L'année suivante, il y passe de nouveau, poursuivant le Dauphin révolté contre lui, escorté de son connétable, le comte de Richemont, du comte de la Marche, du bâtard d'Orléans, et à la tête de huit cents hommes d'armes et de deux mille archers (4). C'est de cette ville que, le 2 mai 1440, il adresse aux

(1) Les noms des trois portes de la ville de Guéret sont souvent mentionnés dans les documents déposés aux Archives Municipales : La porte du Chancelier, appelée aussi porte Marchedieu, s'ouvrait sur la place Bonnyaud ; la porte Française ou Piquerelle, était située au dessous de la fontaine de ce nom ; la porte Montpellier ou de St-Vaury se voyait à l'entrée du faubourg Montpellier. Quant aux sept tours, le nom de quatre d'entre elles seulement nous est connu: la Tour Neuve, à l'extrémité de la rue du Sénéchal, boulevard Simonneau ; la Tour Roby, entre la porte Piquerelle et la porte Montpellier, à l'entrée de la rue Maubuée ; la Tour de Jouhet, l'une des deux tours situées entre la porte Piquerelle et la porte du Chancelier ; la Tour du Mulet placée entre la Tour neuve et l'hôtel « et maison vulgairement appelée des Monéroulx ».

(2) Arch. Municip. — Duval, loc. cit. page 68. — Le prix alloué pour ce travail de surélévation fut de « quatorze royaux d'or, poisant chacun trois deniers ».

(3) Le comte de la Marche, Bernard d'Armagnac, qui se trouvait alors à Guéret, reçut Charles VII, dans l'Hôtel de son chancelier. Il le traita admirablement, *notabiliter cum magnis piscibus*, et donna de grandes fêtes en son honneur, fêtes auxquelles assista le Dauphin, qui avait reçu l'hospitalité à Ste-Feyre, chez Guillaume Piédieu, lieutenant général de la Sénéchaussée de la Marche, seigneur de Sainte-Feyre. (*Chroniques de St-Martial de Limoges*, publiées par Duplès-Agier, pages 212, 213.)

(4) Ann. manus. de Limoges publiées par Ruben et F. Achard. page 305.

habitants du Dauphiné une déclaration pour les dissuader de prendre part à la lutte engagée contre lui par son fils rebelle (1).

A partir du moment de son affranchissement, l'importance de Guéret semble augmenter chaque jour. Déjà depuis le milieu du douzième siècle elle est le siège d'une châtellenie (2). En 1514, elle devient la capitale de la Haute-Marche, par la fixation dans son sein du siège de la Sénéchaussée (3). Six ans après ce dernier évènement, et, comme une de ses conséquences, une imposante réunion se tient à Guéret.

La Sénéchaussée se régissait par la Coutume de la Marche ; mais jusqu'alors rien n'avait été écrit. Il parut nécessaire de fixer les bases de cette coutume et d'en arrêter les termes. C'est ainsi qu'elle fut rédigée « à la réquisition et sur le consentement des Trois Etats, — gens d'églises, nobles, praticiens et autres du Tiers-Etat, convoqués et assemblés à Guéret » le 27 avril 1520, sous la présidence de Roger Brame, en vertu de lettres patentes du roi et par des commissaires nommés à cet effet. Dans cette assemblée qui, en comptant les officiers des sénéchaussées de Riom et de la Haute-Marche et des

(1) Jouillethon. *Hist. de la Marche*, Tom. I, p. 265.

(2) Suivant Jouilleton, la Châtellenie de Guéret avait été fondée en 1302 par Hugues XIII, en même temps que celle du Dorat, d'Ahun et d'Aubusson. (*Hist. de la Marche* T. II, p. 208 ). — Pierre de Cessac a trouvé une mention de cette châtellenie en 1280, mais il la croit plus ancienne (*quelques notes sur l'Eglise paroissiale de Guéret*, page 40).

(3) Edit de François Ier (du 1er mars 1514), vérifié en Parlement le 2 avril 1515. — C'est à la fin de la seconde partie du onzième siècle que la Haute-Marche était devenu la circonscription d'un Sénéchal. (Deloche. Etudes sur la géographie de la Gaule, p. 412). J'usqu'en 1514, la Sénéchaussée de cette province fut *ambulatoire*, c'est-à-dire que les Sénéchaux allaient tenir leurs assises dans toutes les châtellenies royales, au nombre de sept, qui en dépendaient. Ils rendaient la justice en se faisant assister par quelques dignitaires de la province, tantôt par des ecclésiastiques, tantôt par les officiers des châtellenies, dans lesquelles ils se trouvaient. Les châtellenies royales au nombre de dix en 1789 étaient celles de Guéret, Drouilles, Aubusson, Felletin, Crozant, Ahun, Chénérailles, Jarnages, Bellegarde et le Dognon (Haute-Vienne). En dehors d'elles, on comptait encore près de trois cents châtellenies ou juridictions seigneuriales dépendant de la Sénéchaussée.

cnâtelains de cette dernière province, se composait de près de deux cents membres, dont dix-huit du clergé, soixante et dix de la noblesse et cinquante-deux du Tiers-Etat, la ville de Guéret est représentée par trois de ses consuls : Philippe Albert, Martial Rougier et Jean Garron (1).

En 1570, un prévôt de la Maréchaussée est établi à Guéret. Vers 1574, cette juridiction militaire prend le titre de Vice-Sénéchaussée, qu'elle conserve jusqu'en 1713.

Déjà depuis longtemps une Election a son siège dans cette ville. D'abord rattachée au bureau des finances de Riom, créé en 1551, elle en est distraite en 1587 et réunie, en même temps que la Combraille, à la Généralité de Moulins, que vient d'établir un édit de Henri III.

L'Election de Guéret était fort étendue : en 1631, il est question de la diviser, les Consuls, Antoine Dumas, avocat ; Antoine Couturier, receveur des consignations ; et Etienne Bourgeois, marchand, font les plus actives démarches pour s'opposer à ce projet. Ils convoquent une assemblée générale des habitants de la ville et l'invitent à délibérer sur les moyens à employer pour empêcher le démembrement de l'élection (2). Ils proposent de nommer des commissaires, qui seront chargés d'agir auprès du Conseil du Roy pour lui demander

(1) *Coutumes de la Marche*, 6e édition, publiées par Couturier de Fournoue, 1744, pag. 259.

(2) Il est exposé dans cette délibération que « la ville de Guéret est la première et principale de la province, constituée au milieu d'icelle ; qu'à cette cause, les sièges tant de la sénéchaussée, siège présidial, vice-sénéchaussée qu'élection dudict pays y ont été establis ; qu'elle est située en un lieu stérile et infertile, couverte et entourée de montagnes, eslougnée de rivières et passages de grands chemins, où il n'y a aucun commerce, et ne peuvent les habitants, faire aucun trafic, ne s'emploier qu'à l'exercice de la justice et aux fonctions d'icelle ; que faisant distraction de partye ou moitié de la dicte eslection, ce serait lui oster un des plus beaux ornements et des meilleurs profits et revenus qu'elle aye, et la rendre presque inhabitable et lui causer une perte irréparable, qui donnerait coup et heurterait tout le reste de la province, qui est la plus pauvre et infertile de toute la France, dans laquelle ne se recueillent aucunes graines, ni vins, qui soient suffisants de nourrir les habitants la moitié de l'année et qui sont réduits à une telle nécessité, que les deux tiers sont contraincts d'aller annuellement travailler du mestier de maçon en autres pro-

de maintenir cette élection dans son intégralité. Grâce à leur zèle et à leurs efforts, ils obtiennent satisfaction (1).

En 1635, se produit en faveur de la ville de Guéret un évènement capital, — la création d'un Présidial (2), — qui va lui donner une

vinces du royaume ; que la dicte eslection consistait seulement au nombre de cent ou six vingts clochers ou paroisses, lesquels les commissaires envoyés pour le faict des tailles ont dès longtemps séparéés et devisées en plusieurs petites collectes et hameaux, pour la difficulté qu'il y avait de trouver des collecteurs suffisants et solvables, pour la levée des sommes esquelles chaque paroisse était cotisée, que dès lors estaient et sont encore constraincts d'avancer de leurs propres deniers la plus grande part des taxes imposées sur les contribuables d'icelles... » (3 mars 1631). (*Invent. des archives dép. Creuse*, Série C, complément, page 4).

(1) En 1638, le projet de démembrement de l'élection de Guéret fut de nouveau mis à l'étude. Comme leurs prédécesseurs, les consuls en exercice, Pierre Moreau de la Font-Martin, Paul Laurans, Christophe Paillou, et N. Bourgeois marchand, intervinrent activement en vue de faire écarter ce projet. Une assemblée générale des habitants fut convoquée ; les arguments présentés en 1631 en faveur du maintien de l'élection furent reproduits. Encore cette fois les démarches des administrateurs de la ville furent couronnées de succès. (*Inventaire des arch. départ. de la Creuse*, C. C. et complément, p. 5).

(2) Edit de Louis XIII, janvier 1635 vérifié au G^d Conseil et Chambre des comptes les 16 mars et 25 septembre 1635.
L'établissement d'un Présidial à Guéret fut obtenu, grâce à l'influence de Marie Vignerod, duchesse d'Aiguillon et nièce de Richelieu, auprès de laquelle intervinrent un sieur Porlier, entrepreneur des gabelles du Berry, et un italien, un certain Nerli, « qui fut le traittant des offices, lequel avec le dit Porlier, firent toutes poursuites et diligences pour l'obtenir, sans qu'il en cousta rien à la ville, sinon les frais de voyage de trois députés de cette ville au Conseil..... et obtinrent cet établissement nonobstant l'opposition des présidiaux de Poitiers, Riom et Moulins ... ». Les démarches de Porlier et Nerli n'étaient assurément pas désintéressées, car la vente des offices, opérée par eux dut leur procurer de beaux bénéfices, si on considère que les charges de conseillers créés, au nombre d'une dizaine, se vendirent de 10 à 12000 livres et furent toutes occupées en moins d'un an. (*Mémoires du Président Chorllon*, publiées par Autorde, p. 6). — Une autre circonstance dut en outre singulièrement faciliter le succès des démarches de Porlier et Nerli : c'est le besoin d'argent qu'avait le Trésor. « Il ne faudrait pas croire que l'intérêt public seul ait déterminé l'établissement à Guéret d'un Présidial Richelieu, alors au plus fort de la lutte contre l'Allemagne, était réduit à employer tous les moyens pour subvenir aux besoins du Trésor. Or, la vente des magistratures était la grande ressource financière, à laquelle on avait recours dans les moments de pénurie et quand toutes les places étaient achetées, il fallait en imaginer d'autres pour les débiter encore ». (Duval, Intro. aux *Cahiers de la Marche*, p. 13).

importance qu'elle n'a jamais eue, en provoquant l'augmentation du chiffre de sa population et attirant journellement dans son sein de nombreux habitants de toute la province et des provinces voisines (1). La juridiction de ce tribunal supérieur s'étend sur toute la sénéchaussée de la Haute-Marche, qui relèvait jusqu'à lors du Présidial de Moulins, — sur les sénéchaussées du Dorat et de Bellac, et le baillage de Bourganeuf, qui sont distraits du Présidial de Poitiers, — enfin sur les justices et châtellenies de Bellegarde et de Franc-Alleu, qui ressortissaient du Présidial de Riom, « en sorte que la totalité du Présidial de la Marche est entour trois cents paroisses (2) ». Le 6 novembre de cette même année 1665, l'édit de création du Présidial est publié et enregistré, « en l'audience extraordinaire de la Sénéchaussée, dont les officiers se qualifièrent dès ce jour-là juges présidiaux et cogneurent, en cette qualité, des affaires qui se présentèrent en leur siège et dans le nouveau ressort porté par l'édict » (3).

(1) « L'établissement du siège présidial a non seulement orné la ville de Guéret et la province par l'augmentation d'une juridiction qu'elle n'avait pas et qui la rendait comme sujette et dépendante de Moulins et de Poictiers, où elle ressortissait pour les deux cas de l'E-dict, mais cette ville en est devenue plus considérable et a augmenté par le nombre des personnes et familles estrangères qui s'y sont habitués et que les charges et emplois du dit siège y ont attiré des autres villes et lieux de la province, outre l'autorité de la juridiction et prérogative qu'elle a sur les villes et provinces de la Basse-Marche, qui n'est inférieure et dépendante de la Haute-Marche qu'à cause du ressort au présidial establi à Guéret ». (*Mém. du Prés. Chorllon* — p. 7).

(2) Mémoire d'un citoyen. — Inventaire somm. des Arch. Dép. C. C. et complément, page 13.

(3) *Mémoires du président Chorllon.* — P. 5. —
On s'explique aisément que les Présidiaux de Poitiers, Riom et Moulins n'aient pu voir avec plaisir l'établissement du Présidial de Guéret ; mais ce que l'on comprend moins c'est l'opposition avouée contre cette création par des villes de la Haute-Marche. Felletin notamment refusa de se faire représenter à la cérémonie d'inauguration du nouveau Présidial, considérant comme une usurpation l'avantage fait à la ville de Guéret. Déjà en 1520, elle avait manifesté de semblables sentiments envers cette dernière, en refusant également d'envoyer des délégués à l'Assemblée solennelle, où furent promulguées les Coutumes de la Marche.

Guéret est depuis longtemps le siège d'une juridiction consulaire et d'une officialité ; elle a aussi une juridiction des dépôts, et une maîtrise particulière des eaux et forêts (1). Elle possède donc toutes les juridictions qui peuvent être établies dans une ville, capitale de province. En raison de cette situation, de la nature et du grand nombre des fonctions qui y sont exercées, elle présente un aspect particulier, et revêt une physionomie spéciale, qu'elle doit conserver pendant tout le XVIIIᵉ siècle, aspect et physionomie sur lesquels nous reviendrons (2).

Nous venons d'essayer de résumer aussi succinctement que possible les principaux faits qui se sont produits à Guéret avant le dix-huitième siècle. En dehors de ces faits, dont la plupart n'ont qu'un intérêt absolument local ou régional, aucun évènement historique important ne semble se rattacher directement ou indirectement à la capitale de la Haute-Marche (3. Il nous a paru cependant utile

(1) La maîtrise particulière des eaux et forêts fut d'abord établie à Aubusson. Elle fut transférée à Guéret vers le milieu du XVIᵉ siècle. Son origine paraît remonter à l'édit de Henri II du 10 février 1554, qui instituait de nouveaux sièges dans la juridiction de la Table de marbre (Bosvieux. Rapport au Conseil Général 1862). Elle ressortissait alors de la Gᵈᵉ maîtrise de la Langue d'oil, dont le siège était à Toulouse. A la fin du XVIIᵉ siècle en 1680, elle fut rattachée à la Gᵈᵉ maîtrise de Poitiers, l'une des dix-huit grandes maîtrises créés par édit de Louis XIV.

(2) Lorsque la Sénéchaussée devint sédentaire, « il fallut établir des magistrats en titre pour remplacer les conseillers temporaiers. Une révolution complète dans l'état social de la ville de Guéret fut la conséquence de cette nouvelle institution. Bientôt à côté de la noblesse d'épée, s'éleva une noblesse nouvelle, sortie de la bourgeoisie, par les charges de la magistrature, qui prétendit à tous les droits honorifiques que possédait la première ». De Cessac, *Quelques notes sur l'Eglise paroissiale de Guéret*, p. 55). Cette tendance de certaines classes de la bourgeoisie à vouloir se rapprocher de la noblesse et se confondre avec elle, qui est un des faits caractéristiques de l'état social de l'époque, ne fit que s'accentuer encore après l'établissement du Présidial.

(3) A noter cependant le fait suivant : En 1589, aussitôt que la nouvelle de l'assassinat de Henri III fut parvenue dans la Marche, les villes d'Aubusson et de Felletin reconnurent Henri IV pour roi. « La ville de Guéret avait la réputation de tenir pour la Ligue. Le grand prieur, Charles d'Orléans, fut envoyé, avec des forces et du canon, pour la réduire. A son approche, elle composa et reçut garnison. » (Jouilleton,

de les rappeler pour pouvoir établir entre eux et ceux auxquels nous allons faire allusion, une filiation qui permettra d'interpréter ces derniers et de les mieux comprendre.

*Hist. de la Marche*, T. I, page 337). — Ses ligneurs ne se reconnurent pas vaincus : battus à Pionnat par Jean Chasteigner, fils du gouverneur de la Marche, ils continuèrent encore à susciter des troubles dans les environs de Guéret. C'est durant ces troubles que fut assassiné Jacques Voisin, vice-sénéchal de cette ville. En mai 1591, on retira de l'etang de Masmangeas, près Sardent, « le corps d'un homme tout botté, avec une pierre au cou et une autre aux jambes et la tête trouée d'un coup de pistolet » : c'était celui du vice-sénéchal de Guéret. (Bernardin. — *Tristan l'Hermite, sa famille, sa vie, ses œuvres*, page 30).

# NOTES SUR GUÉRET AU XVIII<sup>e</sup> SIÈCLE

## § I

## MUNICIPALITÉ

Près de trois siècles se sont écoulés depuis que la ville de Guéret a obtenu sa charte d'affranchissement et aucun incident notable ne semble s'être produit dans la vie municipale de la cité, qui, chaque année, aux termes de ses lettres de franchises, choisit librement ses consuls. Jaloux de justifier la confiance dont ils sont honorés, ces derniers semblent avoir été constamment dominés par le souci des intérêts, du développement et de la prospérité de la communauté. En toutes circonstances, ils paraissent s'être inspirés de ses besoins et de ses nécessités, et avoir cherché toujours à lui donner les satisfactions que comporte l'état social au milieu duquel ils vivent. C'est là du moins l'impression qui se dégage de l'analyse des rares documents que nous possédons sur ces temps éloignés.

Arrive la fin du XVII<sup>e</sup> siècle ; alors sont apportées de profondes modifications dans la vie des communautés, auxquelles on retire le libre choix de leurs administrateurs. On consent toutefois à leur laisser cette liberté, mais à une condition, c'est qu'elles s'imposeront de lourds sacrifices, dont elles peuvent croire tout d'abord la durée passagère, mais qui se perpétueront jusqu'à la chûte de la Royauté.

Le Trésor public est vide ; les dépenses énormes, occasionnées par une longue suite de guerres, de fastueuses constructions, de nombreuses dotations injustifiées ou inavouables ont amené ce triste résultat. Cependant il faut encore de l'argent, il en faut à tout

prix ; on cherche à en obtenir au dépens des vieilles libertés municipales (1).

Un premier édit d'août 1692 institue dans toute la France des
maires et des échevins, supprime pour eux l'élection et érige cette
magistrature populaire en titre d'offices, susceptibles d'être vendus
au plus fort enchérisseur. Ces fonctions qui jusque-là avaient été
temporaires, sont déclarées perpétuelles et héréditaires. Une fois sur
cette voie, on ne s'arrête plus ; d'autres édits se succèdent d'année
en année, créant successivement de nouvelles charges municipales,
sous le titre de lieutenant de maire, d'assesseur, de procureur du
roi, d'avocat du roi, etc. La plupart des villes, pour conserver le
droit d'élire leurs magistrats, rachètent ces offices ; d'autres font la
sourde oreille, lorsque on leur parle d'un tel rachat, auquel elles
sont néanmoins obligées de se soumettre, lorsqu'il ne se présente
chez elles personne pour acheter ces mêmes offices. Sans parler de
la perturbation profonde qu'elles apportent dans l'exercice de l'administration communale, ces déplorables mesures ont un résultat
facile à prévoir. Là, elles provoquent le mécontentement des cités
qu'elles grèvent de nouvelles charges ; ici, elles jettent la défiance
au milieu des populations, qui ne voient que les instruments du
pouvoir dans les magistrats qui leur sont imposés ; partout, elles
apportent l'inquiétude, le malaise et des ferments d'irritation.
Etrange situation, qui doit se continuer jusqu'au moment de la
Révolution, avec cette particularité singulière que les graves inconvénients qu'elle crée, sont implicitement reconnus par l'autorité

(1) « Une institution qui datait de cinq siècles, dont l'établissement avait eu pour cause spéciale l'intérêt de l'autorité royale, avilie,
dégradée, dépourvue de force et de dignité, sans existence politique
et dont l'effet immédiat et constant avait été de rendre aux monar-
ques un pouvoir longtemps usurpé, et d'ouvrir à la France entière
une ère de paix, de bonheur et de gloire, l'institution municipale
enfin, qui avait survécu à tous les obstacles et à tous les ébranle-
ments politiques et religieux, allait cesser d'exister ; sa ruine allait
être commencée par ce même pouvoir royal qu'elle avait relevé, soutenu de tous ses efforts et par tous les genres de sacrifices, qu'elle
avait constamment environné de ses respects et du plus inviolable
dévouement ». (Hist. des communes de France et législation municipale depuis la fin du XIe siècle jusqu'à nos jours, par Dufey de
l'Yonne, 1830, chez Vergne. Paris.)

royale elle-même, qui ne tardera pas à rendre aux Communautés la liberté d'élire leurs consuls, non pas, il est vrai, à cause de ces inconvénients, mais simplement parce que la vente des offices ne procure pas les résultats attendus et espérés (1). Cette liberté toutefois ne dure pas longtemps ; après avoir restitué aux communes le droit de choisir leurs magistrats municipaux, on leur reprend ce droit pour le leur revendre encore ; sept fois, de 1692 à 1771, on assiste à un pareil trafic !

En ce qui concerne Guéret, cette ville semble avoir conservé la faculté de nommer ses consuls jusqu'en 1771. Chez elle, les offices municipaux ne peuvent se vendre ; ils ne trouvent pas d'acquéreurs ; elle est, elle-même, obligée de les racheter. Elle n'est cependant pas riche ; ses ressources sont des plus modestes ; nous verrons du reste bientôt avec quelle peine elle arrive à subvenir aux besoins les plus urgents de la communauté. Cette obligation de rachat des offices municipaux lui fut-elle imposée dès le début, aussitôt après la promulgation de l'édit de 1692 ? Cela est probable ; mais aucun document précis ne nous permet de l'affirmer d'une manière positive. La seule mention que nous trouvons sur ce point est la suivante : en 1720, la ville, suivant un arrêt du Conseil du Roy, de la même année, rembourse trois cents livres pour l'office de trois échevins. Evidemment, il ne s'agit là que du montant d'une imposition qui doit se renouveler périodiquement, car la somme de trois cents

(1) Les conjectures et la longue durée des guerres que nous avons soutenues nous ayant mis dans la nécessité de recourir aux moyens qui pourraient nous procurer des secours extraordinaires pour les dépenses auxquelles nous nous sommes trouvés engagés, nous avons pour ménager le zèle et les forces de nos sujets, préféré à tout autre expédient celui de créer différents offices devant nous donner ces secours...., la vente de ces offices n'ayant pas eu dans ces derniers temps le succès que nous nous en étions promis... nous avons résolu non seulement de supprimer ceux de ces offices qui restent à vendre ou à réunir et d'accorder aux communautés la liberté d'en faire faire les fonctions par les sujets qu'elles voudront nommer, mais encore pour rétablir dans les Hôtels de ville de notre Royaume l'ordre qui y était établi avant nos édits pour l'élection des maires.... de permettre aux communautés de déposséder les acquéreurs et titulaires de ces offices.... en les remboursant.... » (Edit de septembre 1714).

livres ne saurait représenter le rachat total des offices municipaux
de la ville, quelque modestes que soient ces offices.

Un autre document vient du reste éclairer la question et fixer
exactement les conditions dans lesquelles cette imposition est appliquée à partir de 1747. C'est un mémoire sans date, intitulé
« *Mémoire pour la ville de Guéret* », écrit très vraisemblablement
entre 1770 et 1775. Nous le reproduisons *in extenso*, car il est des
plus instructifs.

« Les offices municipaux créés en 1733, n'ayant pas été levés dans
la ville de Guéret, ni dans les autres villes de la Généralité de
Moulins, ont été unis aux corps de ces villes par arrêt du Conseil
du 28 mars 1747, qui en a taxé la finance à la somme de 415,030
livres.

« Pour faciliter le paiement de cette somme, il fut ordonné par
le même arrêt que les droits médiocres, établis par la déclaration
du 14 juin 1739, seraient perçus à Guéret et dans les autres villes
de la Généralité de Moulins sur le prix de 36 sols par poinçon de
vin et que l'adjudicataire de cet impôt en jouirait pendant le temps
nécessaire au remboursement des sommes qu'il paierait tant en
principal qu'en intérêt, *après lequel temps expiré*, (ce sont les termes
de l'arrêt), *tous les dits droits seront et demeureront éteints et supprimés*.

« Il n'est pas douteux *que ce temps ne soit expiré* et que la perception de ces droits n'ait plus que produit le remboursement de
415,030 livres. Il est facile de vérifier qu'elle a au moins quadruplé
cette somme, de sorte que l'arrêt même qui l'a ordonnée résiste à
ce qu'elle soit continuée. La suppression qu'il prononce doit avoir
lieu dès que son objet est rempli. La cause des droits qu'il a imposés ne subsiste plus ; l'effet n'en doit donc plus procéder. Au lieu
de *quatre*, dont il a exigé le paiement, la recette de ces droits est
montée à plus de seize : c'est donc une justice, comme, aux termes
de l'arrêt, une nécessité qu'ils cessent d'être perçus.

« Il n'a été question que de faire payer une fois la finance des offices municipaux crées en 1733 (1). Les villes où l'on a levé ces offices sont exemptes de toutes impositions à cet égard. Est-il convenable que la ville de Guéret et les autres villes de la Généralité de Moulins, qui ont payé plus de quatre fois au lieu d'une les finances de leurs offices Municipaux doivent encore être assujetties pour la même cause à un droit onéreux de 36 sols par poinçon de vin et que ce droit puisse continuer d'être exigé en vertu de l'arrêt même qui en ordonne l'extinction et l'abolition.

« S'il était nécessaire de considérations particulières pour obtenir ce que la justice ne permet pas de refuser et pour réclamer contre l'existence d'un effet sans cause, la ville de Guéret ajouterait ici qu'une disette extrême et constante prive, depuis plusieurs années, les trois quarts de ses habitants du physique même de la vie ; que la mendicité de ceux-cy a épuisé le superflu du petit nombre des autres qui ont pu les secourir ; que le plus léger impôt, ajouté au poids de la taille, de la capitation, de l'industrie, des vingtièmes, du don gratuit, des corvées, du logement des troupes, dont le passage est très fréquent à Guéret, des fournitures qu'elles nécessitent, etc, etc, devient une surcharge accablante pour une ville sans commerce, sans ressources, réduite à l'indigence et à ne pouvoir se soutenir que par les effets de la commisération qu'elle excite ».

Ces lignes, à la fois éloquentes par leur simplicité et touchantes par les faits qu'elles révèlent, ne nous semblent guère avoir besoin de commentaires, qui ne pourraient qu'en affaiblir la portée. Sans doute, elles ne nous permettent pas d'établir d'une façon précise de quelle manière la ville de Guéret a opéré le rachat de ses offices mu-

---

(1) Dans un second mémoire adressé, dans le courant de l'année 1773, par le Maire et les échevins, au chef des Finances, de Maurepas, il est établi que le droit de 36 sols par poinçon de vin, perçu à Guéret pour le rachat des offices municipaux, a produit de 1747 à 1772, « plus de 78000 livres de principal, non compris les 8 sols pour livre ajoutés depuis quelques années ». Il y est établi d'un autre côté que la quote part due par la ville sur « la finance » totale de 415,020 livres, à laquelle étaient imposées les villes de la Généralité de Moulins, ne pouvait excéder 10000 livres. — A la fin de 1772, la ville de Guéret avait donc racheté plus de sept fois ses offices municipaux ; on continuait cependant à exiger d'elle le droit de 36 sols par poinçon de vin.

nicipaux de 1692 à 1747 ; mais elles démontrent tout au moins, qu'à partir de cette dernière année, ce rachat est effectué au moyen d'une imposition spéciale, — 30 sols par poinçon de vin, — qui après avoir été levée dans toutes les villes de la Généralité de Moulins, jusqu'à production de la somme totale de 415,030 livres, montant de l'estimation des offices municipaux de toutes ces villes, continue à être perçue, contrairement à l'arrêt qui l'a établie, et de telle sorte que, pour ne parler que de la ville de Guéret, cette dernière se trouve à un moment donné avoir racheté quatre fois ses offices municipaux et continue néanmoins à opérer ce rachat ! Mais ces faits ne sauraient surprendre à une époque où l'arbitraire et le bon plaisir sont la Loi.

La ville de Guéret continue donc à choisir elle-même ses administrateurs ; elle paie du reste assez cher pour jouir de cette liberté. Jusqu'en 1753, ses consuls sont, comme par le passé, chargés à la fois de l'administration de la communauté et du recouvrement des deniers royaux. Cette situation paraît à l'Intendant de Bernage constituer une double charge, ne permettant pas aux magistrats Municipaux de « vaquer avec assez de soins à toutes les affaires et devenant ainsi préjudiciable aux intérêts de la ville et aux recouvrements (1). » Il rend donc une ordonnance aux termes de laquelle

---

(1) « Il est d'usage immémorial dans la ville de Guéret, que les Consuls, au nombre de cinq, sont tenus de la levée des deniers royaux. Il est vrai que le premier, qui est ordinairement un officier de justice ou un avocat, ne fait point la collecte, non plus que le second, qui est ordinairement un marchand, ou un notable bourgeois. Ce sont les trois derniers, que l'on choisit parmi les artisans, qui en sont seuls chargés.. .. Par arrêt du 28 Mars 1747, le Roi a réuni aux villes et communautés du Bourbonnais les offices municipaux créés par l'édit de Novembre 1733, moyennant le remboursement auquel il a été pourvu. En conséquence, sa majesté a ordonné que les dites villes et communautés rentreraient dans leurs droits. Plusieurs villes du Bourbonnais, dans lesquelles les échevins ou consuls étaient, comme à Guéret, chargés de la collecte, s'étant pourvues devant M. l'intendant, il a été ordonné que les échevins et consuls de ces villes en seraient déchargés et qu'il serait nommé des collecteurs. Indépendamment de cette exemption en faveur des officiers Municipaux, les autres privilèges leur ont été accordés, même l'exemption de taille pendant leur exercice. La ville de Guéret ne s'étant point pourvue pour obtenir les mêmes privilèges et exemptions, les choses sont restées au même état à cet égard ». — *Mémoire concernant la ville de Guéret.* (*Archives Municipales.*)

Il nomme d'office les collecteurs de l'imposition de 1754, et, en ce qui concerne l'administration de la ville, prend les dispositions suivantes :

Il ordonne : 1° que dans la quinzaine, les principaux habitants seront assemblés à la diligence des Consuls en exercice depuis 1752, « à l'effet de choisir et nommer un premier Consul ou échevin, faisant fonctions de Maire et trois autres Consuls, — lesquels quatre Consuls, — seront des plus notables de la ville et en exerceront ces fonctions pendant deux années consécutives, après lesquelles il en sortira deux, pour être ensuite remplacés par deux autres..... » de sorte qu'il y ait toujours deux anciens et deux nouveaux Consuls ou échevins en exercice, les fonctions de Maire étant toujours dévolues au plus ancien ;

2° Que dans cette assemblée « seront choisis dans la même forme un procureur du Roi ou syndic, un greffier et un Receveur des octrois.

Il ajoute enfin que les Maires, consuls ou échevins, procureur du Roy, greffier, doivent jouir pendant leur exercice des « honneurs, privilèges, rangs et séances, exemptions et droits, » attribués aux officiers municipaux, conformément aux édits de 1706 et 1733, portant création des offices et à l'arrêt du Conseil de 1737, entre autres exemption de la collecte, « à l'effet de quoi il sera dressé un tableau des habitants qui doivent y être sujets, trois desquels seront annuellement choisis et nommés collecteurs par une Assemblée à ce réunie ». Il fait en conséquence défense aux Consuls de se mêler à l'avenir directement de la confection des rôles et du recensement des deniers royaux ; il leur enjoint de ne s'occuper que des affaires de la ville. Il leur prescrit enfin de choisir une maison pour « servir d'Hôtel de ville », de la meubler convenablement et en attendant « d'avoir trouvé cette maison, de réunir les assemblées dans celle du Maire, » assemblées, qui ne devront jamais être convoquées qu'avec son autorisation (1).

(1) Aux termes de cette ordonnance, au Maire et aux consuls sont adjoints pour l'administration Municipale, un procureur du Roy de la ville ou syndic, un greffier et un receveur des deniers patrimoniaux et d'octrois nommés par les habitants.

Conformément à cette ordonnance, une Assemblée générale des habitants est convoquée le 18 Octobre 1753, « en la manière accoutumée » (1) et se réunit sous la présidence de Henry de Nesmond, écuyer, seigneur de la Chassagne, conseiller du Roy, lieutenant particulier de la Sénéchaussée et siège présidial. Etienne François Druillette, premier consul de 1753, expose qu'il a reçu ce jour-là même l'ordonnance de l'Intendant, en date du 15 Octobre, à l'effet de nommer quatre Consuls, un procureur du Roy, un greffier et un receveur des octrois. L'Assemblée trop peu nombreuse ne peut délibérer ; elle s'ajourne au 24 Octobre. Dans cette dernière réunion, les principaux habitants en nombre nomment à la pluralité des voix :

*Premier consul* : GUILLON de la VILLATTE-BILLON, lieutenant criminel ;

*Deuxième consul* : BONNYAUD de CHAMPEGAUD, conseiller du Roy ;

*Troisième consul* : BARET de BEAUVAIS, avocat ;

*Quatrième consul* : VOYSIN, seigneur de GARTEMPE, avocat ;

*Procureur du Roy* : ROCHON, Procureur du Roy de l'Election ;

*Greffier* : BERGIER, procureur ;

*Receveur des octrois* : Pierre PURAT, marchand de cette ville.

En 1755, conformément aux termes de l'ordonnance précitée, relatifs au mode de nomination des consuls, Niveau de Montlevade et J.-B. Duvernet, avocats, sont choisis pour remplacer Guillon de la Villatte-Billon et Bonnyaud de Champegaud.

En 1757, Guillaume Tournyol et Pierre Peyronneau sont élus au lieu et place de Baret de Beauvais et de Voysin. Ce dernier, en 1758, est nommé Procureur du roy : il refuse cette fonction et demande

---

(1) Les assemblées générales des habitants avaient lieu sur la demande des officiers Municipaux. Les habitants étaient « invités et appelés, tant par des billets invitatoires envoyés aux différents corps et communautés ecclésiastiques et laïques, que par le tambour de ville qui », avant la réunion, « passait dans toutes les rues, carrefours et faubourgs d'icelle pour annoncer la dite assemblée et encore par le son de la cloche ordinaire, en la manière accoutumée, en exécution de l'ordonnance rendue par Mgr l'Intendant de Moulins ». Ces assemblées générales étaient quelquefois provoquées par l'Intendant.

qu'elle soit confiée « à un homme plus éclairé que lui et mieux en état de l'occuper ». L'Intendant de Bérulle lui enjoint de l'accepter. La même année, Christophe Fayolle, marchand, remplace Pierre Purat, comme receveur des octrois. L'année suivante, en 1759, Joseph Dumarest de la Villetelle est nommé greffier à la place de Bergier, décédé.

La nomination de Voysin de Gartempe, comme procureur du roy, en dehors de son refus d'accepter cette charge, donne lieu à un petit incident électoral, qu'il n'est pas inutile de relater, car il peint un des mille traits, qui caractérisent la physionomie de la société bourgeoise de cette époque et montre à quel point les questions de préséance jouent au milieu d'elle un rôle considérable. Le jour de cette nomination, les officiers du présidial, les avocats, les notaires, les procureurs sont successivement invités, dans l'ordre indiqué, à prendre part au scrutin ; on appelle ensuite les chirurgiens, qui sont au nombre de trois : Sudre, Peyrat et Lasnier Desbarres. Ces derniers se lèvent aussitôt, mais pour protester : ils ont le droit, prétendent-ils, de voter avant les notaires et les procureurs. On leur fait observer que l'ordre des préséances a été strictement suivi, qu'ils sont chirurgiens sans doute, mais qu'ils sont aussi commerçants.

Ils ne veulent rien entendre et se retirent sans voter. Sudre était fermier et marchand fournisseur au dépôt des sels, Peyrat, apothicaire et Lasnier Desbarres, fournisseur de drogues !

Un autre fait plus caractéristique encore que le précédent ne tarde pas à se produire. Il indique plus nettement, s'il est possible, les profondes démarcations, qui existent non seulement entre la bourgeoisie et le « commun peuple », comme on s'exprime alors, mais encore entre les diverses variétés de la classe bourgeoise. D'après l'ordonnance de l'Intendant de Bernage de 1753, les consuls ou échevins doivent être renouvelés par moitié tous les deux ans. Or, en 1761, que constatons-nous à Guéret ? C'est que les deux premiers consuls sont en fonctions depuis cinq ans et les deux autres depuis trois ans. Pourquoi cette dérogation aux prescriptions stipulées ? Une nouvelle ordonnance de l'Intendant Le Nain va nous l'expliquer :

« Sur ce qui nous a été représenté que.... ce qui a empêché qu'il ait été pourvu à leur changement (des consuls), c'est qu'en exécutant l'ordonnance de M. de Bernage, en tous points, il en aurait résulté que les officiers des différentes juridictions de la dite ville (Guéret), se seraient trouvés au-dessous d'un avocat, d'un notaire, d'un procureur et d'un marchand, ce qui a en conséquence déterterminé jusqu'à présent lesdits officiers à refuser d'accepter cette charge, que dans ces circonstances et pour éviter à l'avenir sen.blables difficultés, toujours nuisibles au bien du service, il serait nécessaire, en réduisant les officiers municipaux à trois échevins, un procureur de fait commun, un greffier et un receveur, attendu qu'un plus grand nombre ne pourrait servir qu'à multiplier les charges sans nécessité et y assujetir plus souvent ceux qui sont dans le cas de les remplir, d'ordonner que le premier échevin ne pourrait être pris que dans les officiers des différentes juridictions de la ville, le deuxième parmi les avocats et le troisième parmi les notaires, procureurs et marchands notables » (1).

En conséquence, l'Intendant prescrit la convocation d'une assemblée, qui doit procéder, d'après les bases qui précèdent, à l'élection des oficiers municipaux de la ville, officiers qui exerceront leurs fonctions pendant deux ans, au bout desquels ils seront remplacés par d'autres nommés de la même façon. Cette assemblée se réunit le 4 novembre 1761 : elle nomme :

*Premier consul* : SUDRE, avocat, subdélégué de la commission des finances ;

*Deuxième consul* : J.-B. PEYRONNEAU, avocat ;

*Troisième consul* : Gabriel DISSANDES, procureur greffier de la maréchaussée.

Sudre, nommé premier consul, refuse de remplir cette charge ; l'Intendant lui donne l'ordre de l'accepter et de vaquer sans délai à ses fonctions.

(1) Claude Le Nain, Intendant. — Ordonnance du 9 novembre 1761.

En 1762, les habitants de Guéret, convoqués en assemblée générale pour donner leur avis sur plusieurs demandes en radiation de cotes, formulées par divers particuliers de la ville, ne se trouvent qu'au nombre de six à la réunion. L'intendant de Flesselles, instruit de cette abstention des habitants, prescrit la convocation d'une nouvelle assemblée pour statuer sur ces demandes, déclarant que les personnes invitées, qui ne s'y rendront pas, encourent une amende de trente livres, qui seront perçues au profit des pauvres de l'Hôtel-Dieu (19 novembre 1762). Quelques jours après, dans le but de prévenir le retour de semblable éventualité, il décide la formation à Guéret, d'un conseil de ville et c'est ainsi que les assemblées générales, déjà fort limitées, quant au nombre des membres qui peuvent les composer, sont encore restreintes davantage. L'Intendant de Flesselles, considérant que ces assemblées, « ne se faisant presque toujours qu'avec tumulte et sans reflexion, ou étant suspendues et arrêtées par différentes causes également préjudiciables à l'avantage du public », ordonne donc qu'il soit procédé à la nomination d'un conseil pour délibérer sur les affaires municipales. Ce conseil doit être composée de douze membres (1).

Une assemblée générale, réunie à cet effet le 24 décembre, choisit à l'unanimité, comme conseillers de ville :

Gervais de la Villatte-Billon, lieutenant criminel, conseiller du Roy ;

Druillette de Ceylloux, conseiller du Roy ;

Tournyol de la Rodde, conseiller du Roy en la maîtrise particulière des eaux et forêts ;

Niveau de Montlevade, avocat ;

Boutaud, avocat ;

Blandin fils, docteur en médecine ;

Vénassier de Beauvais, bourgeois ;

Pierre Peyronneau, doyen des notaires ;

Devilestiveaud, procureur ;

François Bonnyaud, procureur ;

Lasniers Desbarres, chirurgien ;

Purat, marchand.

(1) De Flesselles, Intendant. — Ordonnance du 24 novembre 1762

Ces conseillers de ville ne paraissent pas s'être acquittés de leur mandat avec beaucoup de zèle et d'assiduité. Plusieurs n'assistaient jamais aux réunions ; quelquefois même, des séances ne pouvaient être tenues, faute de membres en nombre suffisant. Pour remédier à cette situation, de Flesselles, le 5 octobre 1764, rend une ordonnance aux termes de laquelle les conseillers de ville sont tenus d'assister aux assemblées, qui seront convoquées « aux jours et heures indiqués par le Procureur du Roy, à l'Hôtel-de-Ville, à peine de six livres d'amende contre chacun des absents, sans légitime excuse ».

A la fin de 1764, conformément à l'ordonnance de 1761, il est procédé à la nomination d'une nouvelle municipalité.

Sont élus à la pluralité des voix :

*Premier consul* : TOURNYOL Philippe-Silvain, ancien président à l'Election.

*Deuxième consul* : Joseph DUMAREST de la VALETTE.

*Troisième consul* : François DEVILESTIVEAUD, procureur.

A diverses reprises déjà, les précédents consuls avaient demandé à l'Intendant d'ordonner que les édits de décembre 1706, de novembre 1733 et l'ordonnance du 15 octobre 1753, fussent exécutés « suivant leur forme et teneur », c'est-à-dire que « eux et leurs successeurs, tant qu'ils seront revêtus de leurs offices, restent exemptés de taille personnelle, qu'il soit fait défense aux collecteurs de les imposer aux rôles des tailles pendant ledit temps ou tout au moins d'être taxés d'office modérément ». Cette demande fut renouvelée par les nouveaux consuls ; mais il ne paraît pas qu'elle ait été prise en sérieuse considération. Du reste, aux termes des édits, les privilèges réclamés ne devient être que la conséquence de l'acquisition des offices.

En 1764 et 1765, de nouveaux édits apportent encore de profondes modifications au mode de nomination aux fonctions municipales : ces fonctions redeviennent électives dans tout le Royaume, mais avec des restrictions. L'article 51 de l'édit de 1765 stipule que dans les villes comme Guéret, ayant une population de 2,000 à 4,500 habitants, il y aura un maire, deux échevins, quatre conseillers de ville, un syndic receveur et un secrétaire greffier. La nomination de ces magistrats doit être faite dans des conditions déterminées, par un collège électoral spécial, très limité, sur la constitution duquel il est intéressant de s'arrêter. Ce collège est formé par une assemblée de notables dont le nombre est extrèmement réduit (1).

A Guéret, cette assemblée ne peut se composer que de dix membres seulement, qui concourront à l'administration de la ville, après avoir été nommés conformément aux prescriptions de l'autorité royale. C'est ainsi qu'ils doivent être choisis : *un* dans l'ordre ecclésiastique, — *un* parmi les personnes nobles et les officiers militaires, — *un* parmi les officiers des diverses juridictions, — *deux* parmi les commensaux de la maison du roi, avocats, médecins et bourgeois vivant noblement, — *un* dans la communauté des notaires, procureurs, — *deux* dans la classe des marchands, négociants, chirurgiens et autres personnes exerçant les arts libéraux, — *deux* parmi les artisans, laboureurs, etc. C'est ainsi que la partie la plus nombreuse des habitants de la ville, — la classe ouvrière, — ne peut concourir à la représentation municipale que dans la proportion de deux sur dix.

La nomination des notables est faite par les députés élus dans les assemblées des corps, d'où ces notables doivent être tirés. Ces assemblées sont présidées :

Celle des ecclésiastiques par le doyen des curés,

Celle du chapitre, selon l'usage,

Celle des nobles et officiers militaires, par le bailli d'épée,

(1) « Si tous les citoyens d'une ville sont soumis à des obligations et jouissent de privilèges qui leur sont communs, il n'en est pas moins vrai que les lois du royaume et les chartes d'affranchissement ont établi entre eux des distinctions sociales, dérivant surtout de la naissance et de la fortune. Des classes, des catégories se sont ainsi établies entre les citoyens politiquement égaux : on distingue les notables du commun des habitants. On rend ainsi la masse du peuple étrangère à l'exercice des fonctions municipales. » Dufay (de l'Yonne), loc. cit.

Celle des juridictions, par le Président du Présidial,

Celle des commensaux de la maison du Roy, avocats, médecins, etc., par le lieutenant général de la sénéchaussée ou tout autre premier officier,

Celle des notaires, procureurs, dans la forme accoutumée,

Celle des commerçants, artisans, laboureurs, par le lieutenant de police ou l'officier qui en remplit les fonctions.

Le maire en exercice doit convoquer l'assemblée des députés, où les notables seront nommés à la pluralité des suffrages. Pour être élu notable, il faut être âgé de trente-cinq ans, habiter depuis dix ans le lieu où se fait l'élection et ne remplir aucune fonction exigeant résidence ailleurs.

Les notables sont élus pour quatre ans et rééligibles. Seuls avec les officiers municipaux, ils prennent part à la nomination d'une nouvelle municipalité. Dans cette dernière circonstance, ils sont appelés à se réunir en Assemblée générale, avec les membres du corps de ville à renouveler. L'Assemblée doit ainsi se trouver composée du Maire, des échevins, des conseillers de ville et des notables (1). Elle est présidée par le premier officier des sièges royaux. Le Procureur du Roy y assiste pour requérir ce qui est de son ministère.

Les échevins, conseillers de ville, syndic receveur, secrétaire greffier, sont élus au scrutin, à la majorité des suffrages. Le Maire est nommé par le Roy, sur une liste de présentation de trois candidats, choisis en même temps que les échevins et dans la même forme. Les candidats à la Mairie ne peuvent être pris que parmi les anciens Maires ou les échevins ; les échevins doivent être recrutés exclusi-

---

(1) « Ce qu'il faut bien considérer, dit de Tocqueville, c'est que nulle part cette Assemblée n'est plus élue par la masse du public et n'en reçoit l'esprit. Partout elle est composée de *notables*, dont quelques uns paraissent en vertu d'un droit qui leur est propre : les autres y sont envoyés par des corporations ou compagnies et chacun y remplit un mandat impératif, que lui a donné cette petite société particulière ». De Tocqueville, *l'Ancien Régime et la Révolution.*

vement parmi les conseillers. Quant à ces derniers, nul ne peut en remplir les fonctions, s'il n'est ou n'a été notable (1).

Le Maire peut rester en fonction pendant trois ans. Avant de siéger, il doit faire enregistrer son brevet de nomination au siège du lieu et prêter serment entre les mains du premier officier du Tribunal. — Les échevins sont nommés pour une durée de deux ans et les conseillers pour quatre années : ils sont les uns et les autres renouvelables un chaque année. Quant au syndic receveur et au secrétaire greffier, ils peuvent conserver indéfinement leurs fonctions.

L'ensemble des officiers Municipaux constitue le Corps de ville, qui forme l'Assemblée des Notables, avec l'adjonction de ces derniers.

Le Procureur du Roy assiste aux séances et requiert ce qui est dans l'intérêt de la ville. Le Secrétaire greffier rédige et conserve les délibérations de l'Assemblée. Le Trésorier perçoit les revenus de la ville et paie les dépenses, dont il doit rendre compte ainsi que des recettes.

Le pouvoir administratif réside entièrement dans ces deux corps : notables et corps de ville. Il a pour objet la régie des biens et l'ordre intérieur de la cité. Il comprend la faculté de vendre, échanger, acquérir, louer, défendre, taxer, recevoir, dépenser, en un mot tout ce qui est relatif aux droits et aux intérêts divers de la ville. Ce qui le distingue, c'est le caractère d'oligarchie que lui imprime la communauté d'action. Le Maire, en effet, n'est qu'un premier échevin ; s'il prend le pas sur tous les autres dans les cérémonies publiques, s'il préside les Assemblées et convoque ses collègues, il n'est pas *l'acteur*, c'est-à-dire le magistrat, ayant seul le pouvoir d'action et

(2) « On voit par là que la magistrature Municipale, combinée avec le corps des notables, se recrutait par son unique action et les seuls moyens qu'elle tirait de son sein ; que hors d'elle, il n'existait plus ni capacité électorale, ni voie ouverte pour arriver jusqu'à elle ; qu'en un mot, le droit d'élection, concentrée dans le cercle étroit des notabilités inscrites ou actives, n'était au fond qu'une faculté reconnue à un très petit nombre de citoyens, qui s'exerçait et réagissait constamment sur eux-mêmes et toujours en présence et sous le contrôle des officiers du prince, dont elle recevait ordinairement l'impulsion et quelquefois la loi ». (Dufay, de l'Yonne loc. cit).

l'exerçant au nom de tous. Aucune fonction municipale spéciale ne lui est particulièrement attribuée et partout où il figure, ce n'est qu'en sa qualité de membre du corps de ville (1). C'est ce corps de ville qui s'occupe de tout ce qui concerne la régie et l'administration ordinaire de la communauté, dans des réunions, qui ont lieu deux fois par mois, à des époques déterminées et sous la présidence du Maire. Les délibérations sont prises à la pluralité des voies et transcrites ensuite sur un registre coté et paraphé par l'un des échevins. Aucun des membres délibérants ne peut se dispenser d'y apposer sa signature, même s'il est d'un avis opposé à celui qui a prévalu.

Deux fois par an, plus souvent, s'il est nécessaire, les notables se réunissent en assemblées générales pour préparer le travail du Corps de ville et entendre le compte de sa dernière gestion. Le président du présidial, les procureurs du Roy près ce tribunal, doivent être convoqués à ces Assemblées. Ils président lorsqu'il est question de la police générale de la ville ou de la perception des deniers royaux. Dans ces réunions, l'ordre des préséances est scrupuleusement observé ; les notables et tous ceux qui exercent une profession libérale se placent à droite des officiers municipaux ; les autres siègent à gauche.

Les notables entendent le rapport qui leur est fait par le corps de ville sur les affaires de la commune. Ils vérifient et approuvent le compte du receveur, délibèrent sur les réparations non ordinaires, les constructions nouvelles, l'agrandissement des édifices, les acquisitions, aliénations, échanges, baux, sur les procès à intenter ou à soutenir, sur l'augmentation et la prorogation des octrois. — Le

---

(1) Ces officiers Municipaux « remplissent leur charge à perpétuité moyennant finance, lorsque le roi a rétabli les offices et a réussi à les vendre, ce qui n'arrive pas toujours, car cette sorte de marchandise s'avilit de plus en plus, à mesure que l'autorité Municipale se subordonne davantage au pouvoir central....... Point d'ordre hiérarchique parmi eux : l'administration est collective ; on ne voit pas de magistrat qui la dirige particulièrement et en réponde. Le Maire est le président du corps de ville, non l'administrateur de la cité ». (de Tocqueville. — *L'ancien régime et la Révolution*).

Corps de ville est chargé de l'exécution des mesures sur lesquelles les notables ont délibéré. Les adjudications, dont le montant excède cent livres, doivent être faites devant l'assemblée des notables. A l'égard des octrois, on ne peut procéder à leur mise en ferme que par devant les officiers du bureau des finances ou des élections. — Le Corps de ville a la police intérieure de la cité ; il fait exécuter les réparations ordinaires et dresse le budget des dépenses.

Telles sont les principales prescriptions de l'édit de mars 1765, prescriptions que nous avons essayé de résumer. En conséquence de cet édit, une assemblée se tient à Guéret le 19 juillet 1765. Par devant Philippe-Silvain Tournyol, seigneur du Clos, la Gorse et autres lieux, maire de Guéret, et François Devilestiveaud, échevin, comparaît Joseph-Louis Pichon de Bury, avocat au Parlement, Procureur du Roy, syndic de la dite ville, qui rappelle les prescriptions de l'édit précité et en requiert l'application.

Les différents corps et communautés de la ville, les marchands, artisans, laboureurs préalablement invités à se réunir et à nommer, chaque corps, un député qui doit prendre part à l'élection des notables, ont fait les désignations suivantes :

Jean Doussot, chanoine du chapitre Notre-Dame de Guéret, député par son corps ;

Antoine Boileau, prêtre communaliste, député par sa communauté ;

J.-B. Druillette de Ceylloux, conseiller du Roy en la sénéchaussée et siège présidial de la ville, député par les officiers du présidial ;

J.-B. Peyronneau, procureur du Roy aux eaux et forêts, député par les officiers de la maîtrise ;

François Desardilliers, conseiller du Roy, député par les officiers de l'élection ;

Niveau de Montlevade, doyen des avocats, député par son collège ;

François-Pierre Blandin, docteur en médecine, député par son collège ;

Pierre Peyronneau, notaire royal et procureur ès-sièges royaux, député par les deux communautés ;

Olivier Lemoine, marchand, député par les marchands ;

Léonard Poissonnier Desgranges, apothicaire, député par les chirurgiens.

Personne ne comparait pour représenter les nobles et officiers militaires, commensaux, bourgeois vivant noblement, non plus que pour les laboureurs, vignerons, artisans.

On procède immédiatement à l'élection des notables et le scrutin donne les résultats suivants :

Sont nommés :

Pour l'ordre ecclésiastique : François-Paul Niveau, prêtre communaliste ;

Pour les nobles et officiers militaires : Claude Chorllon, chevalier de l'ordre royal et militaire de Saint-Louis, ancien capitaine du régiment d'Enghien ;

Pour les différentes juridictions : J.-B. Druillette de Ceylloux ;

Pour les commensaux de la maison du Roy, avocats, médecins et bourgeois vivant noblement : J.-B. Sudre, avocat ; J.-B. Venassier de Beauvais, licencié ès-lois;

Pour les communautés des notaires et des procureurs : Gabriel Dissandes, notaire royal et procureur ès-sièges royaux ;

Pour les commerçants, marchands ayant boutique ouverte, chirurgiens et autres exerçant les arts libéraux : Pierre Purat, marchand ; Léonard Poissonier Desgranges, marchand apothicaire;

Et pour les laboureurs, vignerons, artisans, les personnes de : Jean Aubaile, laboureur, de Bordesoule ; François Vergne, perruquier.

L'assemblée des notables, ainsi constituée, se réunit au Corps de ville deux jours après, le 21 juillet, sous la présidence de Ch. de Nesmond, chevalier, seigneur de Banassat, la Chassagne et autres lieux, conseiller du Roy, lieutenant particulier en la sénéchaussée et siège présidial de la Marche, à l'effet de dresser une liste de trois noms à présenter au Roy pour faire choix d'un maire et d'élire ensuite deux échevins, un syndic receveur et un secrétaire greffier.

La liste de présentation pour le choix d'un maire fut ainsi composée :

1° Gervais Guillon de la Villatte-Billon, conseiller du Roy, lieutenant criminel ès-sièges, ancien maire ;

2° J.-B. Druillette de Ceylloux, conseiller du Roy ès-sièges et ancien conseiller de ville ;

3° J.-B. Sudre, avocat en Parlement, ancien maire.

L'assemblée nomme ensuite comme premier échevin : Pierre-André Baret, seigneur de Beauvais, et comme deuxième échevin : François Devilestiveaud, procureur ès-sièges, ancien échevin. Elle désigne Léonard Poissonnier Desgranges, ci-devant receveur de l'Hôtel de Ville pour remplir les fonctions de syndic-receveur, et François Bonnyaud, aussi procureur ès-sièges, pour occuper celle de secrétaire-greffier.

Il est arrêté que Poissonnier Desgranges fournira une caution de trois mille livres, comme percepteur des deniers patrimoniaux.

Dans la même séance, les nouveaux échevins, Baret de Beauvais et François Devilestiveaud, sont installés dans leurs fonctions par Philippe-Silvain Tournyol, maire en exercice.

Le lendemain, 27 juillet, une nouvelle réunion des notables a lieu sous la présidence de Ch. de Nesmond, en présence de Baret de Beauvais, premier échevin, remplaçant le maire non encore nommé, à l'effet d'élire les conseillers de ville.

Sont présents à cette réunion : MM. Baret de Beauvais, François de Devilestiveaud, Paul-François Niveau, J.-B. Druillette de Ceylloux, J.-B. Sudre, avocat, J.-B. Venassier de Beauvais, Gabriel Dissandes, Pierre Purat, Léonard Poissonnier Desgranges, François Vergne et Jean Aubaile.

A la pluralité des voix, M. J.-B. Peyronneau, avocat, conseiller du Roy, procureur de la Maîtrise des eaux et forêts, Louis Pichon de Bury, J.-B. Venassier de Beauvais et Gabriel Dissandes sont désignés comme conseillers de ville.

Le 12 septembre 1765, Gervais Guillon de la Villatte-Billon, qui a

reçu son brevet de nomination, le 12 août précédent, prête serment
et est installé comme Maire de Guéret. Couturier de Fournoue est
chargé des fonctions de Procureur du Roy.

L'année suivante, le 27 septembre, J.-B. Peyronneau, conseiller
de ville, est nommé échevin en remplacement de Devilestiveaud, dont
le mandat est expiré. Dans la même séance, Druillette de Ceylloux,
conseiller du Roy, et Sudre, avocat, sont désignés pour remplacer,
comme conseillers de ville, Peyronneau, nommé échevin, et Pichon
de Bury. — Le 6 juin 1767, Druillette de Ceylloux et Sudre sont remplacés comme notables par Tournyol de la Rodde, maître particulier
des eaux et forêts, désigné par les juridictions de la ville, et Gentil
Duvernet, élu par les commensaux de la maison du Roy, avocats,
médecins, bourgeois.

Le 10 juin 1768, Louis Antoine de Madot, seigneur de Souliers,
conseiller du Roi, lieutenant général de la sénéchausée et Présidial,
préside l'assemblée des notables réunis pour choisir un échevin, en
remplacement de Baret de Beauvais dont le mandat est expiré, et un
conseiller de ville au lieu et place de celui qui succèdera à Baret de
Beauvais. Druillette de Ceylloux est nommé échevin et prête immédiatement serment ; Dissandes de Bogenest le remplace comme
conseiller de ville.

Le 5 septembre 1768, nouvelle assemblée des notables présidée
par de Madot. Il s'agit de dresser la liste de trois membres à présenter au Roy pour le choix d'un maire à la place de Guillon de la
Villatte-Billon, qui a atteint la limite de son mandat.

Les trois candidats choisis sont :

J.-B. Druillette de Ceylloux, conseiller du Roy, échevin ;
J.-B. Duvernet, avocat, ancien échevin ;
J.-B. Sudre, avocat, ancien maire ;

Druillette de Ceylloux est nommé Maire. Le 6 décembre, il est
remplacé comme échevin par Venassier de Beauvais et ce dernier,
comme conseiller de ville, par Duvernet, père.

Le 27 novembre 1771, c'est-à-dire trois ans après, trois candidats
sont de nouveau présentés au choix du Roy pour remplir les fonc-

tions de Maire : Gervais Guillon de la Villatte-Billon, J.-B. Sudre et J.-B. Peyronneau. C'est ce dernier qui est nommé en remplacement de Druillette de Ceylloux ; mais il ne conserve sa charge guère plus d'une année, par suite d'une nouvelle modification de la constitution des municipalités.

Le système électif réglé par les édits de 1764 et 1765 prend fin en effet en 1771, après une durée de six ans. Un nouvel édit, du mois de novembre de cette dernière année, rétablit la vénalité des charges municipales. Sous prétexte « d'inimitiés et de divisions, par le désir des gens, souvent incapables de participer à l'administration et par la cabale et les brigues, qui s'introduisaient dans les élections et donnaient lieu souvent à des procès ruineux pour les villes, retardaient l'expédition de leurs affaires communes et jetaient le trouble et la confusion dans leur administration », cet édit crée des officiers municipaux qui, après avoir obtenu l'agrément du Roy « n'étant point redevables de leurs charges aux suffrages des particuliers et n'ayant plus rien à craindre de leurs successeurs, en exerceront les fonctions sans passion et avec toute la liberté nécessaire pour conserver l'égalité dans la distribution des charges publiques et qui, d'ailleurs, étant perpétuels, seront en état d'acquérir une connaissance plus autorisée des affaires... »

Les raisons invoquées pour justifier cet édit, étant données les conditions dans lesquelles se faisaient les élections aux fonctions municipales, paraissent vraies dans une certaine mesure, mais elles ne sont qu'accessoires. Le véritable motif du rétablissement des offices, le seul dont l'édit n'ose parler, est toujours le même : c'est le besoin d'argent. Le système a cependant été employé déjà ; il n'a pas donné de bons résultats, pas plus au point de vue financier qu'au point de vue administratif ; mais on n'a pas de choix à faire. On est réduit aux expédients, et Terray ne peut imaginer d'autre moyen de battre monnaie. Sans doute, pas plus que précédemment, les offices municipaux ne trouveront acquéreurs, car cette sorte de marchandise, pour employer l'expression de Tocqueville, est absolument discréditée (1) ; cela importe peu. N'est-on pas d'avance décidé à

(1) De Tocqueville. — Loc. cit.

imposer les villes, à les obliger à racheter ces offices qu'elles ont déjà payés plusieurs fois ?

Aux termes de l'édit de 1771, « les pourvus des dits offices jouissent des mêmes fonctions, rangs, séances, droits et prérogatives, dont avaient droit de jouir les précédents titulaires » ; ils sont exemptés « de logement de gens de guerre, collecte, tutelle, curatelle et nominations à icelles, guet et garde, milice, tant pour eux que pour leurs enfants, et de toutes autres charges de ville et de police ». Il leur est attribué « des gages sur le pied du denier vingt de leurs finances, à prendre par préférence sur les revenus patrimoniaux et d'octrois des villes, après néamoins que les arrérages des rentes et les autres charges et dépenses indispensables des dites villes auront été acquittées, desquels gages les pourvus seront payés de six mois en six mois, sur leurs simples quittances, par les Receveurs des dits deniers patrimoniaux et d'octrois.... ». A Guéret, « la finance » de l'office de Maire est fixée à 1,200 livres, celle de l'office de lieutenant de maire à 700 livres ; mais comme personne ne propose de verser « cette finance » au Trésor, la situation reste telle qu'elle était auparavant, c'est-à-dire que la ville continue à être imposée de 36 sols par poinçon de vin.

En 1772, le Roy nomme Baret de Beauvais, maire, Sudre et Venassier de Beauvais, échevins, et Devilestiveaud, secrétaire-greffier. Baret de Beauvais conserve ses fonctions pendant neuf ans, jusqu'en mars 1781, et durant cette longue période, il ne reste pas inoccupé. Sans parler des améliorations réalisées dans la ville sous son administration, améliorations dont les principales consistent en la création d'un grenier à blé et la construction d'un Hôtel de Ville, son attention est attirée sur l'étude de plusieurs questions qui intéressent particulièrement la cité. De concert avec les échevins, il demande à l'Intendant l'établissement d'une route de Guéret à Argenton, passant par Glénic, « bourgade importante, » Chéniers, Lourdoueix-St-Pierre et Aigurande, avec un embranchement se dirigeant sur la Châtre, d'où « La Marche tire la majeure partie de ses denrées. »

Dans un autre ordre d'idées, l'imposition du don gratuit, à laquelle

est soumise la ville et qui pèse si lourdement sur elle, fait l'objet de ses
constantes préoccupations. Créée en 1758 pour une durée de six ans
seulement, cette imposition continue à être perçue depuis cette époque à Guéret, où elle devient de plus en plus onéreuse pour les
habitants, alors que la plupart des autres villes de la Généralité ont
obtenu des modérations de cette charge. C'est une semblable modération que Baret 'de Beauvais sollicite pour les habitants de Guéret, et
pour arriver à ce résultat, il ne ménage ni son temps, ni sa peine.
De nombreux et substantiels mémoires, une correspondance qui se
poursuit d'une manière incessante pendant de longues années, démontrent d'une manière indubitable le zèle et l'activité qu'il a déployée
dans cette circonstance; ses efforts restent néaumoins stériles. Aussi,
en face des difficultés de toutes sortes qu'il rencontre pour entraver
la solution de cette dernière question, en même temps que pour faire
ajourner celle de procès, dans lesquels la ville se trouve engagée pour
la défense de ses intérêts et de ses droits, en présence de la force
d'inertie qu'il trouve partout devant lui, mal secondé du reste par
son entourage, il prend le parti de se retirer, et par la lettre suivante,
adressée à l'Intendant, il demande son remplacement :


« Monseigneur,

« Je prends la liberté de vous envoyer copie d'une lettre que
M. Damours, avocat aux Conseils et de notre ville, m'a écrite le trois
décembre dernier, par laquelle il me marque que le procès qu'elle
a dans ce suprème Tribunal, avec MM. les inspecteurs et régisseurs
des domaines, est sur le point d'être jugé et qu'il est essentiel que
notre député se rende à Paris dans la quinzaine, ce qui n'est pas possible, puisque vous n'avez pas jugé à propos d'homologuer le procès-
verbal d'assemblée du 6 août dernier, portant nomination de ce
député, quoique nous ayons eu l'honneur de vous en envoyer tout
de suite une expédition et que nous ayons eu depuis celui de vous en
parler, lors de votre dernier département en cette ville, et encore de
vous écrire à ce sujet, il y a trois semaines, sans avoir reçu aucune
réponse. Cependant rien de plus pressant et de plus intéressant que

cette affaire pour notre ville, que la régie prétend assujettie aux paiements de lods et vente tant pour le passé que pour l'avenir, quoiqu'elle n'en ait jamais payé, la décharge de ce droit se trouvant consigné dans un affranchissement de 1406, consenti par un ancien comte de la Marche. Mais s'agissant de l'intérêt du Roy, dont la cause est toujours favorable, nous avons tout à craindre, si nous ne sommes secourus par vous, Monseigneur, surtout si ce procès se juge hors la présence d'un député, en état de faire valoir nos droits, et qui ne peut parler en cette qualité sans votre agrément. Quel parti prendre dans cette circonstance critique ?

« Vous nous aviez aussi fait espérer, Monseigneur, que vous auriez la bonté d'agir pour faire nommer le sieur J.-B. Polier, notaire royal de cette ville, secrétaire greffier de l'Hôtel-de-Ville, au lieu et place du sieur Devilestiveaud, qui est hors d'état par son grand âge d'en continuer les fonctions. Vous jugeâtes même à propos de supprimer ce dernier des cottes d'office. Cependant les choses sont encore dans le même état, ce qui augmente nos peines et nos travaux, cet ancien greffier ne pouvant ni ne voulant plus nous prêter son ancien ministère.

« Enfin mon âge avancé et mes infirmités, qui accroissent journellement, ne me permettent plus de faire les fonctions de Maire de cette ville, dont les affaires et les embarras se multiplient et se joignent à des désagréments de toutes espèces. Je vous supplie, Monseigneur, d'agréer la démission que je réitère de cette place et de vouloir bien la faire donner à quelque autre personne, mieux en état que moi de la remplir, sinon de trouver bon que je cesse d'en faire les fonctions.

« Je suis avec un profond respect,

« Monseigneur,

« Votre très humble serviteur,

« BARET de BEAUVAIS. »

Guéret, le 4 Janvier 1781.


A la suite de cette démission, une ordonnance du Roy commet

Rougier de Beaumont, conseiller au Présidial, pour remplir les fonctions de Maire à la place de Baret de Beauvais. Sudre reste échevin avec Dumarest, qui a succédé à Vénassier de Beauvais, en 1775. Par la même ordonnance, qui nomme Rougier de Beaumont, et que nous reproduisons, de St Vaury est désigné pour remplacer Devilestiveaud, comme secrétaire greffier.

« De par le Roy, Sa Majesté étant informée que le grand âge du sieur Baret de Beauvais, maire de la ville de Guéret, ne lui permet plus d'en remplir les fonctions, et voulant remplacer le sieur Vilestiveaud, greffier de la ville, elle a sur les témoignages qui luy ont été rendus de la capacité, du zel et de la bonne conduite des sieurs Rougier de Beaumont, conseiller au présidial de la dite ville, et de St-Vaury, procureur au même siège, fait choix de leurs personnes pour exercer : sçavoir le dit sieur Rougier de Beaumont, la place de Maire de la ditte ville, le dit sieur de St-Vaury, celle de greffier ; — Veut Sa Majesté qu'ils jouissent des honneurs, authorité, rangs, séances et préeminance attribués aux dites places et qu'ils soient reconnus et aubeys de tous ceux et ainsi qu'il appartiendra, après toutes fois avoir été installés avec toutes les formalités prescrites, et sera la présente ordonnance lue, publiée et transcrite sur les registres de l'Hôtel-de-Ville de Guéret, afin que personne n'en ignore. Fait à Versailles, le 17 mars 1781. *Signé* : LOUIS, et plus bas.

« AMELOT. »

Il ne paraît pas que les habitants de Guéret aient eu beaucoup à se louer de l'administration de Rougier de Beaumont. Chargé des intérêts de la cité, ce dernier profite d'abord de sa situation pour usurper un passage appartenant à la ville, à laquelle il intentera plus tard, ainsi que nous le verrons, un long et coûteux procès, à l'occasion de ce passage. Ce n'est pas tout. Les Assemblées générales des habitants, interdites après les édits de 1764 et 1765, avaient été reconstituées après celui de 1771, et de nouveau convoquées pour délibérer sur les affaires de la communauté. Presque aussitôt entré en charge, Rougier de Beaumont veut se débarrasser de ces

Assemblées, qu'il trouve sans doute gênantes et peut-être trop disposées à contrôler ses actes. Il s'adresse donc à l'Intendant, lui demande d'établir un Conseil de ville et d'interdire les Assemblées générales. L'Intendant lui fait répondre qu'il ne lui appartient pas de prendre une pareille mesure, sur la nécessité de laquelle le Ministre de la Province, Amelot, peut seul se prononcer (1). Ce dernier est saisi de la question et donne satisfaction à Rougier de Beaumont. Le 27 septembre 1782, une ordonnance du Roy supprime les Assemblées générales d'habitants dans la ville de Guéret et fait défense aux officiers Municipaux de la dite ville et à tous autres, « d'en convoquer aucunes à l'avenir pour quelques causes et sous quelques prétextes que ce soit ».

Pour justifier cette suppression, l'ordonnance royale s'exprime ainsi : « sur ce qui a été représenté au Roy, étant en .son Conseil, que les Assemblées générales des habitants, que l'on a coutume de convoquer dans la ville de Guéret, occasionnent souvent du tumulte et que les affaires y sont toujours mal discutées, Sa Majesté a jugé avantageux, pour les intérêts de la dite ville, de supprimer les dites Assemblées et d'y substituer un Conseil politique, composé d'habitants choisis dans les différentes classes...... ». Ce Conseil politique doit tenir lieu des Assemblées générales et être convoqué dans toutes les circonstances, où peuvent l'être ces Assemblées. Il est composé du Maire, des deux échevins, du procureur du Roy au Présidial, du secrétaire greffier, du receveur des deniers patrimoniaux de la ville, des anciens Maires et en outre de douze conseillers, choisis dans les différentes classes d'habitants et nommés par le Roy. Le secrétaire greffier et le receveur des deniers patrimoniaux n'ont point voix délibérative.

Les douze premiers conseillers, désignés conformément à cette ordonnance, sont :

_______________

(1) « Je conçois, est-il dit dans cette lettre, que les assemblées générales péuvent être sujettes à des inconvénients, dans une ville telle que Guéret, et qu'un Conseil politique serait préférable; mais M. l'Intendant ne peut point autoriser cet établissement. Il est nécessaire que la ville s'adresse à M. Amelot, ministre de la province »,

Besse Dumas, doyen du chapitre ;

De Chastillon, curé, pour la communauté des prêtres ;

Coudert de Sardent, lieutenant général en la sénéchaussée et siège présidial ;

Tournyol de la Rode, maître particulier des eaux et forêts ;

Tixier de la Chapelle, président de l'Election ;

Gentil-Duvernet, président des Dépôts ;

Dissandes de Bosgenet, bâtonnier des avocats ;

Dissandes, procureur doyen ;

Cillet, notaire ;

Lasnier des Barres, lieutenant des chirurgiens ;

Purat, marchand ;

Marcillat, l'aîné, laboureur à Réjat.

Ces membres du Conseil politique sont nommés pour deux ans ; mais comme ce Conseil doit être renouvelé par moitié chaque année, il est stipulé dans l'ordonnance que six de ses membres seront remplacés à la fin de la première année. Presque au moment même, où ce Conseil politique est constitué, Rougier de Beaumont résigne ses fonctions. Prend-t-il cette décision spontanément, ou bien sa retraite lui est-elle imposée ? Il est impossible de répondre positivement à cette question. Toutefois, en l'absence de documents susceptibles de l'éclairer, on peut supposer que cette retraite ne fut pas volontaire. Rougier de Beaumont avait dû certainement, par les mesures qu'il avait provoquées, mécontenter les habitants de la ville et très probablement aussi éveiller les jalouses susceptibilités de personnages influents (1). On trouve implicitement la preuve de

(1) Des rivalités, des conflits de pouvoirs semblent avoir existé entre Rougier de Beaumont et le lieutenant criminel de la Sénéchaussée. La lettre suivante adressée aux officiers Municipaux paraît venir à l'appui de cette hypothèse :

« Messieurs, j'ai reçu la lettre que vous m'avez écrit le 24 du mois dernier, par laquelle vous me marquez que pour empêcher les vols et désordres qui se commettent pendant la nuit dans votre ville, vous avez délibéré d'établir une patrouille bourgeoise, composée de quatre hommes commandés par un cavalier de Maréchaussée, pour faire la ronde chaque nuit. On ne peut contester que les officiers municipaux des villes aient le droit de concourir, pour veiller à la sûreté publique,

ce mécontentement et de ces susceptibilités dans une requête adressée au Roy par les principaux habitants de Guéret, requête tendant à obtenir de racheter les offices et de conserver ainsi le droit d'élire les magistrats municipaux. Nous ne connaissons pas les termes de cette requête, mais voici la lettre par laquelle il y fut repondu, lettre qui en fait connaître clairement l'esprit et la portée :

« A Moulins, le 10 Octobre 1782.

« Il a, Messieurs, été présenté au Conseil un mémoire, au nom des officiers des différentes juridictions et des principaux habitants de la ville de Guéret. Il est en effet signé des officiers du Présidial, de l'Election, des Eaux et forêts, avocats et de quatre officiers, dont trois de St-Louis. Ils réclament contre la taxe, qui a été faite de l'office de Maire. Ils offrent d'en payer la finance et même celle de tous les autres offices municipaux. L'intention du Conseil a toujours été d'accorder aux villes la préférence, pour la levée de ces sortes d'offices ; mais il ne peut adopter la demande portée par le mémoire, qu'autant que la ville aura pris une délibération, pour demander la réunion de toutes ces charges, se soumettre à rembourser la finance, qui peut avoir été paiée pour l'office de Maire, intérêts et frais de provisions et de païer à la caisse des Produits Casuels une somme de 6000 livres, pour la finance de tous les autres offices. Je vous prie de communiquer ma lettre à la ville, que je vous autorise à assembler dans les formes ordinaires. C'est le seul moïen qu'elle puisse pren-

en ce qui dépend d'eux. Mais si vous n'avez point l'exercice de la police, vous devez délaisser aux officiers de police de votre ville ce qui sera de leur compétence. Vous devrez pareillement délaisser à M. le lieutenant criminel de la Sénéchaussée de votre ville, quand même vous auriez l'exercice de la police, l'instruction des délits qui seront dans le cas d'être poursuivis extraordinairement. Et si les cavaliers de la Maréchaussée font difficulté d'accompagner la garde bourgeoise, vous devrez y pourvoir, en nommant un habitant en état de remplir la fonction, qui lui sera confiée, et à faire des rapports en règle, soit aux officiers de police, soit à M. le lieutenant criminel de la Sénéchaussée de votre ville.

« Je suis Messieurs votre très humble et affectueux serviteur.

« JOLY DE [*FLEURY ?*] »

Paris, ce 12 Décembre 1782.

dre, pour conserver le droit d'élire ses officiers municipaux et, si ses revenus ne lui permettent pas de païer dans le moment le prix de ces finances, elle sera autorisée à emprunter. Je vous prie de remettre à M. de Fournoue la délibération qu'elle prendra, à moins que vous ne pensiez devoir me l'adresser directement.

« Je suis parfaitement, Messieurs, votre très humble et très obéissant serviteur.

« TERRAY. »

« A MM. les officiers municipaux, à Guéret. »

Quoi qu'il en soit, peu de temps après l'envoi de cette requête des habitants de Guéret, le Roy nomme, maire de cette ville, Antoine Ysaac Rochon de Vallette, assesseur civil, lieutenant particulier criminel en la sénéchaussée et siège présidial, qui a préalablement versé dans la caisse des revenus casuels « la finance de douze cents livres », à laquelle « le dit office a été taxé ». C'est la première fois depuis 1692 que nous trouvons la mention de l'achat de cet office à Guéret, fait par un particulier. Mais, avant d'entrer en charge, — pour des raisons qu'il nous est impossible d'indiquer faute de documents, — Rochon de Valette se démet de sa fonction en faveur de Ysaac Chorllon de Saint-Léger, lieutenant en la maîtrise particulière des eaux et forêts : cette démission est acceptée. Chorllon rembourse à Rochon de Vallette le montant de « la finance » de l'office de maire, est agréé à sa place et le Roy signe ses lettres de provisions, le 20 novembre 1782. — Sudre reste premier échevin, Fayolle remplace Dumarest comme deuxième échevin ; Dareau est nommé secrétaire greffier.

A la fin de 1783, expire le mandat de six des membres du conseil politique ; une nouvelle ordonnance royale du 29 novembre pourvoit à leur remplacement et désigne six autres conseillers, savoir :

Fayolle, premier vicaire et communaliste ;

Laire, chanoine et promoteur de l'officialité ;

Grellet de Beauregard, avocat du Roy en la sénéchaussée et siège présidial ;

Blandin, médecin ;

Desardiller de Neuville, officier vétéran en l'Election ;
Midre, avocat.

Les six conseillers sortant sont : Besse Dumas, de Chastillon, de Sardent, Tournyol de la Rodde, Tixier de la Chapelle et Dissandes de Bosgenet. Le 30 décembre 1784, les six autres membres, Gentil-Duvernet, Dissandes, Cillet, Lasnier Desbarres, Purat et Marcillat sont remplacés par Baret de Beauvais, lieutenant particulier au présidial, Beze, receveur particulier des finances, Peyrat, avocat, Lemoyne du Theil, greffier de la police, Cave, marchand cabaretier et Niveau, laboureur.

Ce Conseil politique ne paraît pas avoir existé pendant plus de quatre ans. Il fonctionna peu souvent du reste, et les délibérations prises par lui n'offrent qu'un intérêt secondaire. Les derniers membres appelés à en faire partie, sont :

Dumas, chanoine ;

Cave, prêtre communaliste ;

De Nesmond, ancien lieutenant particulier en la sénéchaussée ;

Tournyol, ancien capitaine d'infanterie ;

D'Albon, receveur particulier des finances ;

Cusinet, chirurgien.

En 1787, nous voyons que des assemblées générales des habitants de Guéret sont convoquées, comme avant l'établissement du Conseil politique, pour délibérer sur les affaires de la ville et de la communauté (1).

(1) Déjà auparavant des assemblées générales des habitants avaient été convoquées « par billets invitatoires et au son de la cloche », notamment en juillet 1783, pour délibérer sur une entreprise des fermiers généraux susceptible de porter atteinte aux privilèges et immunités du corps commun de la ville. Guillon de la Villatte-Billon, lieutenant général criminel et ancien maire, protesta contre la convocation de cette assemblée : « L'honneur du conseil politique est en quelque sorte compromis, dit-il, puisque on l'a cru incapable de délibérer seul. Il parait, par le discours, qui a été fait par M. le maire, qu'un des motifs qui l'a déterminé à demander la convocation d'une assemblée, était fondé sur ce que plusieurs membres du conseil politique ne pourraient délibérer dans une affaire ou le fermier était intéressé, puisque le conseil politique est composé de 21 membres et qu'il n'y en a que 4 tout au plus, qui pourraient avoir la délicatesse de ne point opiner contre les intérêts du fermier ».

Un des offices municipaux, institués par les édits de 1706 et de
1771, n'avait encore jamais été créé à Guéret ; c'est celui de lieutenant de maire. A la fin de 1785, cet office trouve un acquéreur :
Blandin de Longechaud, docteur en médecine, membre du Conseil
politique, le sollicite et l'obtient. Il verse sept cents livres dans la
caisse des produits casuels et reçoit ses lettres de provisions, signées
le 20 mars 1786. Après avoir fait remplir les formalités de l'instruction réglementaire, nécessaire pour son admission, il est installé
dans ses nouvelles fonctions et prête serment entre les mains du
premier échevin, Sudre, le 13 avril 1786 (1).

Chorllon de Saint-Léger, Blandin de Longechaud, Sudre et
Fayolle conservent leurs fonctions jusqu'en 1789. Sudre meurt dans
le courant de cette dernière année ; il est remplacé par Peyronneau.
Avant les premiers évènements de 1789, aucune particularité
importante ne semble avoir signalé leur administration. Soucieux
du bien-être général de leurs concitoyens, ils semblent s'être appli-
qués toujours à applanir les difficultés suscitées au sein de la cité, à
exercer leurs fonctions sans bruit et administrer la ville avec sagesse.
En 1788, cependant, bien qu'investis de leur autorité par le pouvoir
royal, ils donnent un témoignage manifeste de leur indépendance,
en prenant fait et cause pour le peuple, en blâmant avec lui les
édits de mai, substituant aux Parlements une cour plénière, nommée
par le Roy, par conséquent à sa dévotion, et chargée d'enregistrer à
leur place les impôts et les lois. Quelques mois après, ils acclament
la rentrée de Necker aux affaires et envoient à ce ministre une
adresse de félicitations.

Mais les évènements se précipitent ; les Etats Généraux sont

_________

(1) Dans un document de 1712, relatif au consentement donné par
les consuls de Guéret à l'établissement des Jésuites dans cette ville,
nous trouvons cependant la qualité de lieutenant de Maire, appliquée
à Jacques Josse, conseiller du Roy, lieutenant de la maîtrise des eaux
et forêts. Au bas de l'acte se trouve apposée la signature de Josse,
suivie de la même qualification. Cette particulrrité semble indiquer
qu'à Guéret, il y eut, tout au moins d'une manière intermittente, des
lieutenants de Maire, avant la nomination de Blandin de Longechaud.
Dans le même document, l'un des consuls, Lejeune, a également fait
suivre sa signature de la qualité de Maire. (*Archives départementales.
Jésuites de Guéret*).

convoqués. Les officiers municipaux de Guéret accueillent avec enthousiasme les principes de la Révolution, ainsi qu'en témoignent deux adresses à l'Assemblée Nationale, adresses vibrantes de patrio·tisme, empreintes des plus ardentes aspirations vers le progrès et la liberté.

Ce n'est pas tout : au milieu des circonstances difficiles, que crée l'effondrement de la vieille société d'une part, en présence, d'autre part, de l'effervescence que provoque l'éclosion des nouvelles idées de transformation sociale, effervescence qui se traduit autour d'eux comme partout, le zèle, l'activité de ces officiers municipaux doit se tenir constamment en éveil. Aussi, les voyons-nous toujours sur la brèche ; ils se multiplient pour faire face à toutes les situations, pour parer à toutes les éventualités. Grâce à leur attitude, à la fois ferme et vigilante, grâce aussi au sage esprit de la population, qui apprécie leur bonne volonté et leurs efforts et sait les reconnaître, la paix, le calme, la tranquilité règnent dans la cité, l'approvision-nement des marchés est assuré et de sages et généreuses mesures sont prises pour subvenir aux besoins des pauvres.

Nous avons exposé ailleurs le rôle joué par la municipalité de Guéret en 1789, rôle modeste sans doute, mais néanmoins plein de salutaires enseignements (1). Nous ne nous y arrêterons pas davan-tage. Disons seulement pour terminer, que les officiers municipaux, Chorllon de St-Léger, Blandin de Longechaud, Fayolle et Peyron-neau, après avoir donné leur démission dans les premiers jours de novembre de cette dernière annnée, sur la demande de l'assemblée générale des habitants, convoqués pour délibérer sur cette démis-sion, conservèrent leurs charges jusqu'au 9 février 1790. Ce jour-là, conformément aux décrets de l'Assemblée Nationale, eurent lieu des élections pour former la municipalité d'après les nouvelles lois éta-blies. Cette municipalité fut composée de la manière suivante : Maire, Dissandes de Bosgenet ; officiers municipaux : Marcillat de Réjat, Bazennerie, avocat, Baret du Colombier, Coudert Delavillatte, Niveau de Fressanges, Delage, procureur, et Tournyol de la Rodde.

(1) Guéret en 1789. Imprimerie Delage et Joucla, Guéret 1889.

# Liste des Consuls, Maires et Echevins
## de la ville de Guéret

1423. — Guillaume Meilhaud, notaire; Phélip Aubos, Vincent Labour, Jehan Vincent, *alias* Noye, marchands.

1446. — Jehan Veschière; Anthonin Simonaud.

1447. — Jehan Veschière ; Pierre de Nailhac.

1509. — Martial Rougier; Jean Sudre; Léonard Lerat.

1550. — Philippe Albert; Martial Rougier; Jean Garron.

1609. — Annet Cousturier; Antoine Branche ; Gabriel Prouhet ; Estienne Cillet.

1610. — Antoine Boucher; Jehan Rougier ; Pierre Migon ; Philippe Niveau.

1615. — Antoine Varillas; Voysin; Marlardier ; Bouezard.

1623. — Pierre Rougier, sieur de Bracone ; Michel Magistry, sieur de l'Age; François Prouhet, sieur de Malviseix.

1631. — Antoine Dumas, avocat ; Antoine Couturier, receveur des consignations ; Antoine Bourgeois, marchand.

1638. — Pierre Moreau de la Font-Martin, procureur au Présidial ; Paul Laurans, apothicaire ; Christophe Paillon, sergent royal en l'Election ; N. Bourgeois, marchand.

1642. — Gilbert Tournyol ; Olivier Roudaux ; Estienne Lemoyne ; Labourgt.

1647. — M. Brangon du Pertus, sieur de Maisonnioux, conseiller du Roi au présidial de Guéret.

1648. — Pierre Midre (1), avocat, conseiller du roi au Présidial de Guéret ; Antoine Tixier, avocat au présidial ; Claude Lacroix, huissier royal.

1652. — Jean Regnault ; Silvain Bourgeois ; Estienne Labourg ; Jacques Branche.

(1) Pierre Midre mourut pendant qu'il était en charge ; il fut inhumé dans le chœur de l'église paroissiale « à cause qu'il était consul de la dite ville ».

1660. — M. Antoine Tournyol, sieur du Râteau, avocat, conseiller du roi au présidial de Guéret; Léonard Boyleau, procureur; Jean Miette, procureur; Claude Perdrix, procureur.

1668. — M. Guillaume Roudeaux, sieur du Clos, avocat; Antoine Fouquet, notaire; Jean Niort, huissier.

1669. — Guillon de la Valazelle; Nigon de la Chassagne, avocat; Jacques Tixier, procureur.

1673. — Etienne Drouillette, sieur de Cherduprat; Etienne de Nesmond, avocat; Pierre Sudre, marchand.

1677. — Dissandes, Bourgeois.

1679. — Annet Nesmond, avocat; Pierre Guillon; Jacques Tixier, président du Présidial.

1680. — Antoine Vareillas, conseiller du Roy.

1681. — François Roudeaux, avocat, Conseiller du Roy; Silvain Fayolle; Annet Penot; Antoine Gouillard.

1684. — Jabriac; Regnauld; Bourgeois.

1689. — Mathurin Durand, avocat au Parlement; Etienne Lemoyne, sieur du Theil; Jacques François Jabrillac, procureur du Roy; Antoine Niveau.

1690. — Louis Bouéry, Conseiller du Roy; François Rebière, avocat au Parlement, François Bonnyaud, procureur; Antoine Aucante, bourgeois.

1691. — François Pénichon, sieur de Chierbardon, avocat; Joseph Lejeune, docteur en médecine; Jean Boutaud, procureur; Philippe Vincent, marchand.

1712. — Lejeune; Bourgeois; Rougier; Bourgeois.

1717. — Lejeune, sieur des Dauges; Jean Dumarest, procureur; Hubert Baret; Martial Labourgt.

1718. — Jacques Bonnet, sieur du Chatain; Marin Desrierges, procureur; Claude Regnaud, huissier; Antoine Banassat, marchand.

1719. — Charrière.

1720. — Tournyol de St-Léger; Bonnet de Chataïn; Chanaud Cyalis.

1725. — Niveau de Montlevade; Annet, avocat; François Rousset, bourgeois; Jean Fayolle; Jacques Peyral, marchand.

1726. — Nicolas Lejeune, sieur des Dauges, bourgeois; Jean-Baptiste Baret, procureur; Jean-Baptiste Boutaud, marchand; Jean Buronnet, cordonnier.

1728. -- Rousset.

1729. — J.-Joseph Midre, sieur de la Chabanne, conseiller au présidial; Maren des Rierges, procureur; Regnault Martial; Matheu Luche.

1730. — Etienne Labourg, avocat; Pierre Peyronneau, notaire et procureur; Dufour, l'aîné, bourgeois; François Neveu dit Biron, porte-bourse; Gabriel Geay, teinturier.

1731. — Peschaud d'Héridet, avocat; François Suard, notaire; François Boutaud, tanneur, porte-bourse; Pardoux Dumas; Antoine Coqueton.

1732. — Boileau.

1733. — Delafont; Coudert; Rougier; Niort.

1734. — Niveau de Montlevade; Baret, procureur et notaire; Frémon; Boutau.

1735. — Baret; Niveau de Montlevade; Druillette de Cher du Prat.

1736. — Bonnyaud de Champegaud; Pierre Rougier, notaire; Martin, de Brugnat; Simon Goumy, porte-bourse.

1738. — Boutaud; Delage; Tixier; Binet.

1739. — Gentil-Duvernet, avocat; Jean Fayolle; Annet Luche, chirurgien; Gabriel Geay, teinturier, porte-bourse; Jean Barathon, vitrier.

1740. — Baret; Bouezard; Rougier; Sureau.

1741. — Lagoutte; Meunier; Druillette de Cher du Prat; Boileau.

1742. — Pichon de Bury; Cyallis; Raby; Chanaud.

1743. — Labourgt; Dumas; Daniel; Raby.

1744. — Druillette; Galaire; Martin de Brugnat.

1745. — Midre de la Chabanne; Bonnyaud de Champegaud; Tourtaud; Lagoutte, tailleur.

1746. — Dissandes de Bosgenet; Devilestiveaud,

1747. — Dissandes de Bosgenet ; Devilestiveaud.
1748. — Jourdain ; Peyronneau ; Cassier ; Delacroix.
1749. — Dumarest; Rougier; Baret; Boileau.
1750. — Dumarest ; Banassat ; Rougier.
1751. — Gentil-Duvernet; Dumarest.
1752. — Baret ; Boileau ; Chateauvert.
1753. — Druillette de Cher du Prat; Esplaigne ; Boutaud ; Bernard.

*A partir de 1754 le premier consul reçoit la qualification de Maire.*

1754. — Guillon de la Villate-Billon, maire; Bonnyaud de Champegaud, Baret de Beauvais, Voysin de Gartempe, échevins.
1755. – Baret de Beauvais, maire; Voysin de Gartempe, Niveau de
Montlevade, Jean-Baptiste Gentil-Duvernet, échevins.
1757. — Niveau de Montlevade, maire; Gentil-Duvernet, Guillaume
Tournyol et Pierre Peyronneau, échevins.
1761. — Sudre, avocat, maire ; Jean-Baptiste Peyronneau, Gabriel
Dissandes, échevins.
1764. — Philippe Silvain Tournyol, maire; Joseph Dumarest de la
Valette, François Devillestiveaud, échevins.
1766. — Guillon de la Villatte-Billon, maire ; Baret de Beauvais,
François Devilestiveaud, échevins.
1767 — Guillon de la Villatte-Billon, maire ; Baret de Beauvais,
Jean-Baptiste Peyronneau, échevins.
1768. — Guillon de la Villatte-Billon, maire; Jean-Baptiste Peyronneau, Druillette de Ceylloux, échevins.
1769. — Druillette de Ceyloux, maire ; Jean-Baptiste Peyronneau,
Venassier de Beauvais, échevins.
1771. — Jean-Baptiste Peyronneau, maire ; Venassier de Beauvais,
échevin.
1772. — Baret de Beauvais, maire ; Sudre, Venassier de Beauvais,
échevins.
1773. — Baret de Beauvais, maire ; Sudre et Dumarest, échevins.
1781. — Rougier de Beaumont, maire ; Sudre et Dumarest, échevins.

1783- — Chorllon de St-Léger, maire; Sudre et Fayolle, échevins.
1790. — Dissandes de Bosgenest, maire ; Marcillat ; Bazennerie ;
    Baret de Beauvais; Coudert Delavillatte; Niveau de Fres-
    sanges; Delage et Tournyol de la Rodde, officiers Muni-
    cipaux.

## § II

## REVENUS ET CHARGES DE LA VILLE

Les revenus de la ville étaient de deux sortes. Ils comprenaient
d'abord le produit qu'elle retirait annuellement des biens fonds,
dont elle était propriétaire, biens dits *patrimoniaux*, consistant en
la seule forêt de Chabrières. Ils étaient ensuite représentés par le
produit de droits d'octroi, qui constituaient sans contredit la ressource la plus importante de la communauté.

En dehors de là, les recettes que pouvait réaliser la ville étaient
très aléatoires et toujours d'une très petite importance. Elles prove-
naient habituellement soit de la vente de matériaux inutiles ou hors
d'usage, soit le plus souvent d'amendes perçues pour contraventions
exercées dans les bois (1). Aussi en 1782, « à l'effet de remédier à
l'insuffisance des droits d'octroi et de revenus patrimoniaux », les
officiers municipaux de Guéret sollicitèrent-ils de l'Intendant le pré-
lèvement à leur profit d'une somme de 10 sols par chaque jugement
qui serait rendu dans les différentes juridictions de la ville. Celle-
ci eut certes trouvé là une abondante prébende, car les procès

---

(1) Des contraventions étaient fréquemment constatées dans les bois ;
des procès-verbaux étaient dressés et les délinquants condamnés à
une amende de 5 ou 10 livres, que la plupart ne pouvaient payer.
Quelquefois des animaux, des chevaux, des ânes étaient saisis dans
les bois et vendus ensuite au profit de la ville. En 1755, deux chevaux
saisis dans ces conditions furent vendus 12 livres, chacun.

étaient nombreux ; mais cette demande fut rejetée, et avec raison, les frais de justice n'étant déjà que trop considérables.

Chaque année un état de revenus de la ville, en même temps que les comptes et les pièces justificatives de dépenses, était envoyé par le corps Municipal à l'Intendant, qui après examen, arrêtait l'état des dépenses de l'année suivante, avec indication de crédits fixes, pour faire face aux frais d'entretien et de réparation des rues, places, fontaines et autres charges municipales. Ces charges étaient nombreuses et très variées : outre les impôts dûs au Roy, outre les gages des agents au service de la ville, sergents, tambours, garde-bois, leveur de boues, horloger, fontainier, etc. (1), nous voyons annuellement figurer, sur cet état de dépenses, les frais de prédications du carême et de l'avent, ceux des processions à l'occasion de la fête de la Trinité, de la Fête Dieu et de son octave, — les frais que nécessitent l'entretien du corps de garde, — l'arrivée de l'Intendant où de personnages importants, tels que commissaires du Roy, évêques, etc, — les réjouissances publiques, etc, etc. — Il ne s'agit là que de dépenses ordinaires, auxquelles d'autres viendront petit à petit s'ajouter encore.

Les deniers communaux, au fur et à mesure de leur versement, étaient placés dans une caisse fermant à trois clefs. L'une de ces clefs restait entre les mains d'un des officiers municipaux, la seconde entre celles d'un notable, la troisième était conservée par le receveur trésorier. Les notables indiquaient le lieu où devait être placée la caisse et la somme que le receveur pouvait en tirer, pour subvenir aux dépenses de chaque jour. Le receveur était tenu, sous peine de destitution, de se conformer strictement à cette dernière indication.

(1) Pendant les premières années du xviii° siècle, nous voyons que tous les ans la ville avait continuée, en vertu d'une tradition établie, d'offrir un repas aux nouveaux consuls : En 1706, ce repas de nomination lui coûta 18 livres. Il était aussi d'usage alors que les nouveaux consuls fissent une visite à l'Intendant et au gouverneur de la province : les frais du voyage étaient payés par la ville. Cette tradition ne se maintint pas, car aucune dépense de cette nature ne figure plus sur les comptes depuis 1720.

Il était obligé de fournir un cautionnement (2). Il ne pouvait affectuer aucun paiement sans un *mandement* signé du Maire, d'un échevin et du secrétaire greffier, — ou de deux échevins, et du secrétaire greffier, en l'absence du Maire. Il avait le droit de percevoir à son profit 6 deniers pour livre sur le montant de ses recettes ; il lui était alloué en outre, chaque année, 9 livres pour « les frais, façons et arrangements » de ses comptes. Le total de ses remises annuelles, y compris les 9 livres auxquelles nous venons de faire allusion, ne dépassait guère 40 à 50 livres.

A titre de document, nous allons donner ici un des états des revenus et des charges de la ville, adressés annuellement à l'Intendant.

## Etat des Revenus et des Charges tant ordinaires qu'extraordinaires de la ville de Guéret

### Revenus ordinaires

« Les revenus consistent en deux seuls objets :

« Le premier est une coupe de bois qui se fait chaque année dans, les bois taillis dépendant de la ville, qui ont été distribués en 18 coupes. L'adjudication s'en fait par les officiers de la maîtrise à la réquisition des Maires et échevins au plus mettant et dernier enché-

(2) Le 23 novembre 1772, Pierre Poissonnier, nommé par le roi receveur trésorier des deniers patrimoniaux et d'octroi de la ville de Guéret, donne comme caution de sa gestion une maison qu'il possède dans cette ville, un domaine qui lui appartient à Maisonnisses et plusieurs rentes, le tout d'une valeur de plus de 20,000 livres. Son cautionnemeut était fixée à 3,000 livres seulement.

risseur. Le prix moyen de chaque coupe est de 180 livres, par
an, cy...................................................... 180¹ »

« Le second consiste en un droit d'octroi sur les denrées que les étrangers font entrer dans la ville, à l'exception des grains. Ce droit est actuellement affermé sur le
pied de 1115 livres par an, suivant une adjudication
du 20 novembre 1775, authorisée par M⁰ʳ l'Intendant, cy.  1.115¹ »

Total des revenus .......... 1 295¹ »

## « Charges ordinaires

« 1° Pour le prédicateur du carême, la somme de 146 livres
cy......................................................  146 ¹ »

« 2° Pour celui de l'avent, 66 livres, cy............  66 »

« 3° Pour l'enlèvement des boues, dont le dernier
bail est daté du 29 décembre 1775, la somme de 96 liv.
par an, cy..............................................  96 »

« 4° Pour les gages des deux sergents de ville, à raison
de 30 livres chacun, 60 livres, cy....................  60 »

« 5° Pour ceux des deux tambours de ville, à raison de
10 livres chacun, 20 livres, cy.......................  20 »

« 6° Pour les gages des deux gardes bois, à raison de
60 livres chacun, 120 livres, cy......................  120 »

« 7° Pour les gages du particulier, qui monte l'horloge
de la ville, la somme de 60 livres par an, à laquelle il faut
ajouter 20 livres pour l'entretien des cordes et autres
réparations, ce qui fait la somme de 80 livres, cy......  80 »

« 8° Pour la rente due au Roy, payée par la ville, la
somme de 17 liv. 10 s., cy.............................  17 10

« 9° Pour les XX° et 2ˢ pour livre des revenus de la ville,
la somme de 132 livres, cy............................  132 »

« 10° Pour les frais des trois processions de la Trinité, Fête-Dieu, et de l'Octave, à chacune desquelles on fait tirer le canon, la somme de 60 livres, cy . . . . . . . . . . . . 60 »

« 11° Pour l'entretien des 3 fontaines publiques, la somme de 200 livres au moins, cy . . . . . . . . . . . . . . . . 200 »

« 12° La somme de 120 livres que la ville avait accoutumée de payer aux R. P. Barnabites, qui tiennent le collège. On a cessé d'en faire le paiement depuis deux ans, à raison des dépenses qui sont survenues depuis et qui ont fait manquer les fonds. . . . . . . . . . . . . . . . . . . . . . . . . . . . . . . .

« 13° Pour l'entretien des deux places, l'une appelée Flesselles et l'autre de Pont, la somme de 80 livres, y compris les salaires qu'on paie à ceux qui veillent à la conservation des arbres qui y sont plantés, cy . . . . . . . . 80 »

« 14° La somme de 160 livres à laquelle il a plu à M. l'Intendant de fixer au mois de juin 1777 le loyer des appartements occupés, dans la maison conventuelle des Récollets de la ville, par les officiers de judicature, en attendant le rétablissement du Palais et ce, à compter depuis le mois de janvier de la dite année 1777, cy. . . . . 160 »

Total des charges ordinaires. . . . . . . . . . . 1.237ᴸ10ˢ

## Charges Extraordinaires

« 1° Les dépenses qu'il convient de faire pour le corps de garde, lors des passages de troupes en cette ville, comme paille, bois et chandelle, lesquelles dépenses sont plus ou moins considérables, suivant le nombre de régiments et recrues et leur séjour, ce qui peut faire un objet, année commune, de la somme de 30 liv. par an, cy. . . . . . . . . . . . . . . . . . . . . . . . . . . . . . . . . . . . . . . . . . . . 30 »

« 2° Pour l'impression des billets de logement de troupes, papiers de contrôles tenus à cet effet, ports de
lettres et paquets adressés à MM. les officiers municipaux par d'autres personnes que celles dont les lettres
et paquets sont affranchis, cire à cacheter, bougie, chandelles, papier marqué et papier des procès-verbaux
d'Assemblées de ville et autres dépenses indispensables,
soit pour faire écrire les mémoires, requêtes et autres
écritures relatives aux affaires de la ville, tous objets
pouvant coûter annuellement de déboursés 40 liv., cy...     40 »

« 3° Pour les procès que la ville est obligée de soutenir,
soit pour la conservation de ses droits, soit pour défendre aux différentes demandes, que forment souvent les
particuliers, qui veulent se décharger de la taille et de la
collecte, la somme de 80 livres au moins pour chaque
année, y compris les frais des procès-verbaux des
assemblées de ville, cy............................     80 »

« 4° Pour les frais à faire pour les entrées et remplacer vins et présents de ville aux personnes, auxquelles
les honneurs sont dûs, avec la salve d'artillerie. Cet objet
ne se peut fixer et, lorsqu'il y a lieu d'en faire la dépense,
se monte aux environs de 150 liv., cy...............     150 »

« 5° Pour toutes les réjouissances d'autre part et feux
de joye, chaque fois qu'ils sont ordonnés, soit par M.
l'Intendant ou par le lieutenant du Roy de la province.
Cet objet est plus ou moins fort suivant les circonstances,
mais n'est jamais moindre de la somme de 30 liv., cy...     30 »

Total des charges extraordinaires.........     330 [1] »

« A l'égard des dettes de la ville, on n'en a contracté aucune
jusqu'à présent et il lui serait difficile de le faire dans les besoins
qu'elle pourrait en avoir, parce qu'il ne se trouverait personne qui
voulut lui prêter, à cause de la modicité de ses revenus, presque
absorbés par les seules charges ordinaires, et c'est sans doute par

ée motif qu'il n'a jusqu'à présent été contracté aucune dette par la ville.

« Nous, maire et échevins de la ville de Guéret, soussignés, certifions l'état ci-dessus sincère et véritable. A Guéret, le 6 septembre 1777. »

Dans l'exposé que nous allons faire des revenues et des chargés de la ville, nous suivrons exactement l'ordre indiqué dans l'état qui précède.

## § III

# REVENUS DE LA VILLE

## I. — Produit des coupes de bois

Par lettres patentes, datées de Castres, du 6 septembre 1424, Jacques II de Bourbon, comte de la Marche et de Castres, avait concédé « aux manans et habitants de Guéret et à leurs hoirs et successeurs » la forêt de Chabrières, moyennant une rente annuelle de 15 livres, payable tous les ans à la Saint-Michel, et une somme principale de deux cents écus d'or. Il s'était réservé en outre son chauffage et celui de ses hoirs, « en tant qu'ils seraient résidents et demeurant en la dite ville ». — Les deux cents écus d'or avaient été payés le 5 octobre de la même année, suivant quittance signée à Castres le même jour.

La forêt de Chabrières, qui devenait ainsi la propriété de la ville de Guéret, était contiguë aux bois fort étendus, précédemment concédés au Prieuré de cette ville, bois qui joignaient eux-mêmes ceux dont jouissaient déjà le Chapitre de la Chapelle-Taillefer et la Commanderie de Maisonisses ; par un autre côté, elle touchait aux bois de Sainte-Feyre. Entre ces diverses portions de la forêt, aucune délimitation n'avait été faite et cette situation subsista encore pendant plus de deux siècles, jusqu'au moment où fut appliquée l'ordonnance de 1669, — « une des œuvres maîtresses de Colbert », — ordonnance relative aux eaux et forêts (1). « Depuis Charlemagne, qui avait organisé le service si important des eaux et forêts, une multitude de lois confuses, contradictoires étant survenues, les préposés, sans direction et sans responsabilité, permettaient à la cupidité particulière les envahissements les plus préjudiciables au bien public. Le nouveau règlement.... fonda l'unité du système dans toutes les provinces et l'uniformité de jurisprudence pour tous les délits ; il fit constater avec exactitude la contenance et l'étendue des bois, détermina leur mode de conservation et d'aménagement, les précautions et les formalités relatives aux coupes et à la vente de leurs produits » (2).

Les inconvénients auxquels allait obvier l'ordonnance de 1669 et que font ressortir les lignes qui précèdent, étaient particulièrement observés dans la forêt de Chabrières. Jusqu'alors, il n'y avait jamais eu là aucune coupe réglée ; chacun allait dans la forêt à son jour et à son heure, coupait, taillait au hasard, suivant sa convenance et son bon plaisir. On ne ménageait rien ; c'était partout le gaspillage, le désordre et la déprédation, de telle sorte que la ville et ses habitants, hormis quelques uns, ne retiraient de leur bois qu'un profit relativement restreint et nullement périodique. De temps en temps, en effet, lorsque la ville était à bout de ressources, une coupe plus ou moins étendue suivant les besoins, était mise en vente, afin de permettre de parer aux nécessités les plus pressantes de la communauté. C'est ainsi qu'en 1661 nous voyons que la vente d'une coupe de bois permet de réaliser une somme de 450 livres et qu'une autre en 1706 produisit une recette de 155 livres. Dans l'intervalle sans doute,

(1) « L'ordonnance des eaux et forêts de 1669 est un de ces monuments qu'on peut renverser, mais qu'on ne remplace pas, car ils sont l'ordre et la raison même, et le Code forestier de 1827 est loin d'être un progrès sur le Code de 1669 ». — Henri Martin. *Hist. de France*, T. XIII, pag. 91.

(2) Clément. — *Hist. de Colbert*, pag. 243.

d'autres ventes eurent lieu ; mais elles ne paraissent pas avoir jamais été arrêtées longtemps d'avance, pour être effectuées à des époques déterminées.

L'ordonnance de 1669 ne reçut cependant pas son exécution immédiate et il fallut attendre encore plus de soixante ans avant de la voir appliquée à la forêt de Chabrières. Ce n'est en effet qu'en 1732 que cette forêt fut délimitée et divisée en coupes réglées, conformément aux arrêts du Conseil d'Etat, des 7 juin 1729 et 14 juin 1732. L'opération de la délimitation des bois et de leur division en coupes, commença le 19 août de cette dernière année et dura près d'un mois, jusqu'au 16 septembre suivant. Elle fut faite par les soins d'Olivier Tournyol de la Rodde, conseiller du Roy, maître des eaux et forêts de la Marche, et de Pierre Tournyol de Bournazeau, conseiller procureur du Roy en la dite maîtrise, commissaires nommés, assistés du greffier Goguier et de Joseph Jaumet, arpenteur.

Le résultat de cet opération démontra que l'étendue des bois, appartenant à la ville, était de 723 arpents et 45 perches (l'arpent composé de 100 perches carrées et la perche de 22 pieds (1). Au moment où cette constatation fut faite, les bois, — tous bois taillis, — étaient âgés de cinq, six, sept et huit ans. Nous avons dit que, précédemment, il n'y avait jamais eu dans les bois de coupes réglées et que l'on taillait tout sans aucune réserve et sans laisser de baliveaux. Une portion de la forêt cependant en contenait : cette partie fut délimitée, suivant l'ordonnance de 1669 et des arrêts du Conseil d'Etat, qui en furent la conséquence. Elle mesurait une étendue de 176 arpents et 15 perches : elle forma le quartier dit de réserve. Le surplus de la forêt, — 557 arpents et 30 perches, - fut ensuite divisé en vingt-cinq coupes ; chaque coupe avait une superficie de 22 arpents et 25 perches. La ville eut la faculté d'exploiter, chaque année, une de ces coupes.

---

(1) La perche carrée représentait 53 mètres carrés 29 décimètres carrés ; l'arpent 53 ares et 29 mètres carrés. L'étendue des bois appartenant à la ville était de 385 hectares, 52 ares 65 centiares. Le quartier de réserve avait une superficie de 93 hectares 87 ares. Le surplus de la forêt, 291 hectares 65 ares 66 centiares, fut divisée en 25 coupes de 11 hectares 66 ares 62 centiares chacune.

La totalité de ces bois fut en outre aménagée en dix cantons, qui reçurent chacun un nom particulier. Le quartier de réserve comprit les cantons de Puymandebas, de Lacharaud et de Puymandehaut. Il fut enjoint aux habitants de Guéret de faire creuser des fossés autour de ce quartier de réserve et défense expresse leur fut faite d'y couper du bois.

L'exploitation de la première coupe ordinaire eut lieu l'année qui suivit les opérations de délimitation et d'aménagement de la forêt, c'est-à-dire vers la fin de l'année 1733. Cette première coupe était située dans le canton de la fontaine la Goutte.

En 1753, les consuls demandèrent l'autorisation de faire exploiter chaque année, en même temps que la coupe ordinaire, les baliveaux qui pouvaient s'y trouver, âgés de plus de quarante ans. Ils exposaient d'une part que ces baliveaux, par l'ombrage qu'ils étendaient autour d'eux, empêchaient de croître les taillis et que de plus, ces mêmes baliveaux, arrivés à cet âge, ne prospéraient plus. Ils faisaient valoir enfin, à l'appui de leur demande, la nécessité dans laquelle ils se trouvaient de se procurer du bois convenable pour réparer leurs bâtiments et entretenir les édifices communaux.

Le 29 janvier 1754, un arrêt du Conseil d'Etat ordonna que « la réserve serait et demeurerait consacrée dans les endroits où elle est, pour continuer à croître en futaye, sans que les suppliants, leurs successeurs, ni autres puissent, sous quelque prétexte que ce soit, y faire aucune coupe, si ce n'est en vertu d'arrêts et de lettres patentes ,dûmement vérifiées et conformément à l'article 4 du titre vingt-quatre de l'ordonnance des eaux et forêts du mois d'août 1669, — que le règlement des coupes ordinaires du surplus des dits bois, fait à l'âge de vingt-cinq ans, serait exécuté selon sa forme et teneur et que lors des dites coupes, il serait réservé par chaque arpent vingt-cinq baliveaux de l'âge du taillis, et tous les baliveaux de l'âge de quarante ans et au-dessous qui y seront et, en outre, six arbres anciens, aussi par chaque arpent, des plus sains et des mieux venans, pour continuer à croître en futaye, le tout de brin et essence chêne, autant que faire se pourra, — et pour indemniser les suppliants du reculement des dites coupes et les mettre en situation de pourvoir à l'entretien, tant de leurs particuliers que des édifices publics, étant à leur charge, Sa Majesté leur permet d'exploiter, au fur et à mesure des dites coupes, et jusqu'à leur révolution seulement, à commencer par celle destinée pour l'ordinaire de 1755, le restant des arbres de l'âge au-dessus de quarante ans, qui s'y trouveront et ce, suivant la marque et délivrance, qui en sera faite de deux ans en deux ans, par celui de la maîtrise particulière des lieux que le sieur de Bazencourt, grand maître des eaux et forêts du département du Poitou, jugera à propos de commettre... » L'ordonnance ajoute : « .... seront les dits suppliants tenus d'établir, si fait n'a été, les gardes nécessaires pour veiller à la conservation des dits bois, faute de quoi, il y sera pourvu par le sieur Grand-Maître, qui décernera les exécutoires sur les revenus de la ville, si elle en a, sinon contre les dits suppliants pour le paiement des salaires des dits gardes ».

Le produit de la coupe ordinaire des bois ne procurait pas à la ville proprement dite une bien grande ressource et cela s'explique, si on considère que, par une clause spéciale et formelle, l'adjudicataire de la dite coupe ne pouvait vendre le bois, qui en provenait, qu'aux seuls habitants de Guéret et moyennant un prix extrêmement modique, fixé d'avance, et qu'il lui était absolument interdit de majorer. Ainsi, dans l'espace de vingt-quatre ans, de 1763 à 1789, le produit le plus élevé de cette coupe ne dépasse pas 500 liv.; le plus souvent il n'atteint guère que la moitié de ce dernier chiffre. Quelquefois, il est beaucoup moindre et se trouve réduit à 120 liv. en 1769 et à 130 liv. en 1777, de telle sorte que sa moyenne durant ces vingt-quatre ans atteint avec peine 256 liv. En 1778, le rendement peu élevé de chaque coupe frappa particulièrement l'Intendant de la généralité. Aussi, considérant que le produit de la coupe de l'année précédente était en grande partie absorbé par les gages des deux gardes-bois, qui recevaient annuellement 50 liv. chacun, il ordonna de supprimer l'emploi de l'un d'eux et de modérer les gages de l'autre. Il recommandait, en même temps, aux officiers municipaux de prendre les mesures, qu'ils jugeraient les meilleures, pour arriver à obtenir un rendement plus grand de la vente de leurs bois,

En présence des déprédations fréquentes, toujours constatées dans la forêt, malgré la surveillance dont elle était l'objet, la suppression de l'un des gardes bois était une mesure intempestive. Il aurait plutôt fallu augmenter le nombre de ces agents. C'est ce que les officiers Municipaux remontrèrent à l'Intendant, en même temps qu'ils lui firent observer que le bois coupé chaque année était exclusivement destiné au chauffage des seuls habitants de la ville, dont il était du reste la propriété, et qu'il était difficile d'exiger d'eux un prix trop élevé. Pour pouvoir obtenir un résultat conforme à l'ordonnance de l'Intendant, en ce qui concernait le revenu provenant de la vente annuelle des bois, ils demandèrent la réduction à quinze du nombre des coupes, qui était de vingt-cinq. Ils ajoutaient qu'après quinze ans le bois ne croît plus dans un terrain maigre et escarpé, comme celui où se trouve la forêt. Ils renouvelaient aussi leur demande relative à la coupe totale des baliveaux au-dessus de quarante ans, insistant sur ce fait que, passé ce dernier âge, ces arbres s'opposent à la belle venue des taillis.

La requête des officiers Municipaux fut entendue, du moins en partie. Un arrêt du Conseil du Roy, du 28 octobre 1772, révoqua le règlement en vingt-cinq ans des coupes ordinaires et ordonna une nouvelle division de la forêt en dix-huit coupes : il devait être réservé dans chaque coupe vingt-cinq baliveaux par arpents (1).

(1) Il existe aux Archives municipales un plan de la forêt de Chabrieres, appartenant à la ville de Guéret, avec la délimitation du quartier dit de réserve, et la division du reste de la forêt en 18 coupes ordinaires. Ce plan a été dressé, en avril 1775, par Dugros, « géomètre arpenteur royal des eaux et forêts de Sa Majesté. Voici, d'après ce plan, le nom des coupes de chaque année, avec leur étendue :

1° « La coupe pour l'ordinaire de 1776, située au canton des Tours, contient 28 arpents 62 perches ; — A.

2° « La coupe pour l'ordinaire de 1777, située au dit canton des Tours, contient 31 arpents 75 perches ; — B.

3° « La coupe pour l'ordinaire de 1778, au canton des Caurades, contient 45 arpents 19 perches ; — C.

4° « La coupe pour l'ordinaire de 1779, au canton des Guanes ou de Cher de Lamazade, contient 28 arpents 23 perches ; — D.

5° « La coupe pour l'ordinaire de 1780, au canton de Goute-au-Loup, contient 33 arpents ; — E.

La coupe ordinaire avait lieu tous les ans au mois de décembre. Elle était ordonnée sur la demande du Maire et des échevins, « qui représentaient, qu'aux approches rigoureuses de l'hiver, il était nécessaire que chacun s'approvisionnât de bois pour son chauffage ».

L'adjudication avait lieu à la bougie, et au rabais ; elle était prononcée après le 3e feu, en faveur du plus fort et dernier enchérisseur.

Les charges imposées à l'adjudicataire étaient nombreuses. En dehors des charges générales, — relatives au moment où la coupe devait être commencée et où elle devait être finie, — au nombre de balliveaux réservés, au mode de paiement du montant du prix d'adjudication, dont moitié devant être versé de suite entre les mains du

6º « La coupe pour l'ordinaire de 1781, au canton des Grandes Herbes, contient 25 arpents 11 perches : — F.

7º « La coupe pour l'ordinaire de 1782, au canton des Fourches, contient 26 arpents 36 perches ; — G.

8º « La coupe pour l'ordinaire de 1783, au canton de Ligne, contient 28 arpents 5 perches ; — G.

9º « La coupe pour l'ordinaire de 1784, au canton de Pellechy et de Roche, contient 26 arpents 46 perches ; — I.

10º « La coupe pour l'ordinaire de 1785, au canton de la Plaine de Lazerat, contient 27 arpents 80 perches ; — K.

11º « La coupe pour l'ordinaire de 1786, au canton de ......, contient 29 arpents 85 perches ; — L.

12º « La coupe pour l'ordinaire de 1787, au canton de Vergne, contient 51 arpents 20 perches ; — M.

13º « La coupe pour l'ordinaire de 1788, au canton de Pont Parraud, contient 36 arpents 18 perches ; — N.

14º « La coupe pour l'ordinaire de 1789, au canton de la Croix Niord, contient 25 arpents 44 perches ; — O.

15ᶜ « La coupe pour l'ordinaire de 1790, au canton de la Font du Noyer, contient 29 arpents 31 perches ; — P.

16º « La coupe pour l'ordinaire de 1791, au canton au dessus de la Font du Noyer, contient 3 arpents 86 perches ; — Q.

17º « La coupe pour l'ordinaire de 1792, au canton des Guaches, contient 30 arpents 86 perches ; — R.

18º « La coupe pour l'ordinaire de 1793, au canton de la fontaine de la Goutte, contient 28 arpents 68 perches. — S. »

receveur et l'autre moitié six mois après, — nous en mentionnerons quelques autres spéciales et particulièrement intéressantes :

« Ne pourra (l'adjudicataire) faire travailler le dimanche, ni jour de fête dans la dite coupe, ni laisser prendre du bois, à peine d'amende contre les uns et les autres ».

« Donnera aux R. P. Barnabites de cette ville cent vingts sommes et charges de bois prest et coupé et le bois nécessaire pour faire deux milliers de fagots de la manière ordinaire, qu'on le fait dans les bois, qu'ils seront tenus d'envoyer chercher, — aux termes de leur contrat de fondation et établissement dans cette ville, du 23 avril 1699, et de la délibération faite au bas par les habitants de cette ville, le 20 juin suivant, — si mieux n'aiment les dits pères Barnabites prendre la valeur du dit bois en argent à leur choix, suivant le prix ci-après fixé pour les habitants — et encore de donner deux cordes de bois, mesure de cette ville et un cent de fagots, le tout rendu, conduit, pour l'Hôtel de Ville, ou pour les deux cordes et fagots la somme de vingt livres, au choix des Maires, échevins ».

« Sera tenu, avant de pouvoir ouvrir la dite vente, de la faire exploiter dans son intégralité et ne pourra exiger des habitants de cette ville et de ceux envoyés de leur part, auxquels seuls il délivrera du bois, que douze sols par charlée à deux bœufs, trois sols par charge de cheval et autre beste de somme, six deniers pour chaque charge d'homme ou de femme et quatre sols par chaque charge de branchage et de fagotage ».

« Ne pourra délivrer du bois de la coupe à d'autres qu'aux habitants de la ville et faubourgs, ou à leur usage, sous peine de cent livres d'amende ».

Outre la concession faite aux Barnabites et que nous venons de mentionner, la ville avait déjà auparavant constitué au profit des religieuses hospitalières de l'Hôtel Dieu une redevance annuelle de cinquante charges de bois. Cette concession fut consentie en 1668 ; mais dans le cours du XVIIIe siècle, nous ne la voyons plus figurer parmi les charges de la ville. Il est probable qu'elle ne dura qu'un certain temps et fut ensuite supprimée. Une autre concession de bois

fut faite par la ville en faveur des sœurs de l'Instruction chrétienne
de la Croix, qui vinrent s'établir à Guéret en 1762 ; mais, comme la
précédente, cette concession ne fut que temporaire et n'apparaît que
comme la manifestation de sentiments bienveillants pour la nouvelle institution, et non comme l'obligation résultant d'un contrat
analogue à celui qui liait la ville envers les Barnabites.

Ainsi que nous venons de le voir, la vente du bois provenant des
coupes annuelles de la forêt devait être exclusivement limitée aux
habitants de Guéret et de ses faubourgs. Toute infraction à cette
clause était passible d'une forte amende, avec confiscation du bois
vendu. Il était encore expressément défendu de délivrer du bois la
nuit : toute contravention sur ce point était punie d'une amende de
vingt livres.

Les conditions de l'adjudication, relatives au prix auquel le bois
devait être vendu, ont subi diverses variations. Ainsi, avant 1763,
la chartée de bois à deux bœufs était cédé moyennant cinq sols seulement, et chaque charge de cheval moyennant un sol et trois deniers.
En 1763, le prix fut relevé et porté aux chiffres indiqués précédemment. A partir de 1783, il fut décidé, par une délibération, que le bois
de chaque coupe serait mis en cordes et demi-cordes, que la corde
de huit pieds de largeur, quatre pieds de hauteur et trois et demie de
longueur se vendrait 4 livres, et le cent de fagots, 25 sols.

Si la ville, considérée comme communauté, ne retirait pas un
grand profit de ses bois, par contre ses habitants, surtout les pauvres, trouvaient dans un pareil mode d'administration de la forêt,
un avantage considérable. L'adjudicataire, non plus, en présence
des charges qui lui incombaient et de la limitation de prix qu'il ne
pouvait dépasser, ne réalisait pas de grands bénéfices. Quelquefois
même, il se trouvait en perte et ne pouvait payer le montant du
prix de son adjudication, dont il avait les frais à sa charge, frais
relativement fort élevés. C'est là ce qui résulte d'une lettre adressée
à l'Intendant par un nommé Etienne Bayard, bûcheron de Guéret,
adjudicataire de la coupe de 1776, moyennant la somme de 348 liv.
Etienne Bayard expose dans cette lettre que les frais ordinaires, qui
lui incombent par le fait de l'adjudication, s'élèvent, « soit pour

l'arpenteur, le buvetier et le tribut des R. P. Barnabites, à 84 liv. 10ˢ, ce qui fait un total de 432 liv. 10ˢ ». Mais, ajoute-t-il, ayant fait exploiter les dits bois, il vit « avec chagrin, qu'il s'était trompé dans son attente, n'y ayant pas à beaucoup près du bois pour son argent, ce qui le détermina à faire des remontrances à Messieurs les officiers municipaux, qui furent touchés de sa perte, qu'il n'est pas assurément en état de supporter, ayant été obligé d'emprunter pour faire un paiement à la ville de 200 liv., étant hors d'état par sa misère et sa nombreuse famille de payer au-delà ».

Le revenu médiocre, que retirait la ville de la vente des coupes annuelles, joint à ses autres revenus, était insuffisant pour lui permettre de s'acquitter des charges nombreuses et de toutes natures qui lui incombaient. Mais elle devait trouver une ressource importante, dans le produit de la coupe extraordinaire du quartier de réserve et dans les coupes de baliveaux, qu'elle était autorisée à exploiter, dans des conditions précédemment indiquées. Sans cette ressource, il lui eût été difficile, on peut même dire impossible, de faire face à la fois aux dépenses, que lui occasionnaient l'entretien de ses bâtiments, de ses rues, de ses places, de ses fontaines et les mille exigeances de la vie communale, en même temps qu'à celles nécessitées par des améliorations, qui s'imposaient chaque jour dans une cité de son importance, capitale de la Province et siège de toutes les juridictions.

Nous avons parlé du quartier de réserve ; nous avons dit quelle en était l'étendue. En 1771, le maire et les échevins, autorisés par une délibération de l'Assemblée générale des habitants, demandèrent la mise en vente de ce quartier de réserve, « pour le prix en provenant être employé à l'achat d'une maison devant servir de grenier à blé et d'une halle propre à établir des boucheries ». — Nous reviendrons plus loin, sur ce dernier projet. Disons seulement de suite qu'un arrêt du conseil du Roy, du 20 octobre 1772, autorisa la vente demandée, mais avec cette mention qu'un dixième du produit de cette vente serait affecté « au soulagement des pauvres communautés de filles religieuses ».

L'adjudication de la vente du quartier de réserve eut lieu le 20 janvier 1774. Elle fut prononcée au profit du nommé Jeandonnet, moyennant le prix principal de 15,400 livres et 26 deniers pour livre en sus. — Sur ces 26 deniers, 14 revenaient au Roi, en conformité des arrêts du 15 janvier 1724, et 12 étaient destinés à subvenir au paiement des journées, vacations, et autres frais de l'adjudication. Le montant du prix total se trouvait ainsi porté à 17068 liv. 6 s 8 d. Ajoutons enfin, qu'à titre d'épingles, Jeandonnet avait dû verser 400 livres le jour même de l'adjudication et en sus du prix principal de 15,400 livres.

Parmi les charges qu'avait en outre à supporter l'adjudicataire, notons les suivantes :

Il était tenu : 1° de laisser « 578 vieux baliveaux chênes, 1611 baliveaux jeunes, même essence, 20 vieux baliveaux hêtres, 811 baliveaux jeunes, essence hêtre, et 5 jeunes châtaigniers » ; 2° de donner « cent vergnes à choisir pour faire des cors pour les fontaines » ; 3° de fournir sur pied seulement « tout le bois nécessaire pour la construction des boucheries » et les réparations de la maison acquise pour faire un marché au blé.

Huit ans étaient donnés à l'adjudicataire pour exploiter la coupe, dont il devait effectuer le paiement en plusieurs termes, ainsi déterminés : « six mille livres aux fêtes de Pâques 1775, le tiers du surplus un an après et ainsi continuer d'année en année, jusqu'à paiement final ».

Sur la somme principale de 15,400 liv., prix de l'adjudication 12403 liv. 5 s 10 d seulement furent attribués à la ville. Le surplus fut réparti de la manière suivante :

1° Remises aux officiers des eaux et forêts............  729 liv.

2° Honoraires perçus pour diviser la coupe et former le quartier de réserve....................  828 liv.

3° Un dixième de la somme principale attribué aux communautés de « pauvres filles religieuses »...... ........ 1.540 liv.

Total................... 3 097 liv.

Quant aux 26 deniers pour livre, perçus en plus de la somme de

15,400 livres, ils donnèrent 1,668 l. 6 ˢ 8 ᵈ, sur lesquels 898 l. 6 ˢ 8 ᵈ, furent d'abord prélevés pour être versés au Trésor du Roy. A titre de remises le Receveur général reçut pour sa part 426 liv. 14 ˢ 2 ᵈ ; le reste, c'est à-dire 343 liv. 5 ˢ 3 ᵈ, fut absorbé par les autres frais de l'adjudication.

La somme de 12,403 livres, revenant à la ville, fut versée, suivant l'arrêt du Conseil du 20 octobre 1792, non dans la caisse du Receveur des revenus patrimoniaux, mais entre les mains du Receveur des domaines et bois de la Généralité de Moulins, qui était alors un sieur Labord. Ce Labord fut remplacé par le nommé Mauduit, qui fit faillite, avant d'avoir payé à l'entrepreneur du grenier au blé les sommes qui lui restaient dues sur son entreprise. Cette situation fut, pour le Maire et les échevins, la source de grandes inquiétudes et de sérieuses difficultés. L'entrepreneur les menaçait de poursuites judiciaires ; ils durent se pourvoir au Conseil d'Etat, en vue de contraindre solidairement Labord et Mauduit au paiement des sommes touchées par eux au profit de la ville. Ces difficultés ne se seraient sans doute pas produites, si le Conseil d'Etat, par son arrêt, avait ordonné que le montant de l'adjudication fut versé entre les mains du Receveur trésorier de la ville.

Quelques années plus tard, la ville retira encore de ses bois une ressource extraordinaire, accidentelle il est vrai, mais importante, résultant de l'établissement de la route de Guéret à Limoges : cette route avait été commencée en 1768. Le 13 février 1769, l'ingénieur du Roy et des Ponts et Chaussées, de Vaux, « certifie qu'il a été pris pour la route de Moulins à Limoges la quantité de 5,250 toises carrées de bois taillis, appartenant à la ville, estimés à raison de 2 ˢ 6 ᵈ la toise, à la somme de 656 liv. 5 ˢ ; certifie en outre qu'il serait indispensable, pour la sûreté des voyageurs, de faire des essartements de trente toises de part et d'autre du point milieu de la route, ce qui ferait encore une perte de 31,500 toises carrées, faisant au prix ci-dessus la somme de 3,937 l. 10 ˢ, au total, celle de 4593 l. 15 ˢ ».

Le 8 juin 1777, la ville n'avait pas encore touché cette indemnité, ainsi qu'il résulte d'une lettre, adressée à ce sujet à l'Intendant par le Maire, Baret de Beauvais. Déjà précédemment, à diverses reprises, les officiers Municipaux en avait réclamé le paiement. Une lettre de l'Intendant de Pont, datée du 20 septembre 1775, leur en faisait espérer le remboursement, aussitôt qu'il serait en possession de la deuxième partie des fonds, imposés sur la Généralité, pour la construction de la route. Nous n'avons trouvé aucun document, qui nous permette d'indiquer l'époque précise du règlement de celte indemnité.

La vente des baliveaux réservés dans chaque coupe, vente autorisée par l'arrêt du Conseil du Roi de 1754, devait procurer à la ville une nouvelle et très sérieuse ressource. Cette vente s'effectuait à des intervalles plus ou moins éloignés, suivant les besoins qui se manifestaient. Le produit en était variable ; mais il ne paraît pas qu'il ait jamais été inférieur à 1,200 livres ; deux fois même, il fut bien supérieur, car en 1783 il atteignit le chiffre de 2,048 livres et, en 1785, celui de 6,300 livres (1). Ces deux dernières recettes arrivaient à une bonne heure, car jamais plus qu'à cette époque la ville n'avait éprouvé d'aussi pressants besoins.

(1) En 1787 — une nouvelle coupe de baliveaux fut adjugée à Martial Desloges, moyennant la somme de 2,640 livres, payables en trois termes, à la St-Martin 1787, 1788 et 1789. — Les frais d'adjudication s'élevèrent à 460 livres ; on réservait dans la coupe 320 baliveaux, 285 chênes et 35 hêtres ; l'adjudicataire devait en plus fournir à l'Hôtel de ville quatre cordes de bois.

## Produit annuel de la coupe ordinaire des bois

| ANNÉES | NOMS DES ADJUDICATAIRES | Montant du prix de la coupe | OBSERVATIONS |
|---|---|---|---|
| 1756 | Vergnaud .......... | 139 livres | |
| 1157 | Pâquet............. | 115 » | |
| 1760 | Louis Bourbon...... | 300 » | |
| 1761 | id............. | 200 » | |
| 1762 | Malherbaud......... | 150 » | |
| 1764 | Gerbaud .......... | 220 » | |
| 1765 | Buchonnet ........ | 162 » | |
| 1766 | Laurent, boulanger.. | 254 » | |
| 1767 | Buchonnet ..... ... | 227 » | |
| 1768 | id............. | 250 » | |
| 1769 | id... .... .... | 120 » | |
| 1770 | Malherbaud ........ | 150 » | |
| 1771 | Fayard, dit Pitou.... | 156 » | |
| 1772 | Deglaude........... | 200 » | |
| 1773 | Henri Betonnet..... | 240 » | |
| 1774 | Pierre Vincent et J. Jollivet.. | 328 » | |
| 1775 | Etienne Bayard..... | 294 » | Remise avait été faite de 52 l. |
| 1776 | Silvain Froment..... | 130 » | |
| 1777 | id........... | 290 » | |
| 1778 | Adenis............. | 360 » | |
| 1779 | Valery Jollivet...... | 292 » | |
| 1780 | Silvain Froment..... | 260 » | |
| 1781 | Jean Tixier........ | 295 » | |
| 1782 | Pierre Vincent...... | 340 » | |
| 1783 | id ........... | 250 » | |
| 1784 | François Vincent, dit Chabrier. | 304 » | |
| 1785 | Petit, dit Malet...... | 500 » | |
| 1786 | Cassier Petit........ | 240 » | |
| 1787 | Antoine Malherbaud. | 425 » | |
| 1788 | Petit ............. | 240 » | |

## II. — Produit de l'Octroi

Il est difficile de préciser l'époque du premier établissement à Guéret d'un droit d'octroi ; nous ne trouvons aucune indication formulée à ce sujet (1). En 1786, dans une lettre adressée au contrôleur Général des Finances, l'Intendant de Moulins, de Mazirot, déclare qu'il ne possède aucun renseignement sur l'origine des droits d'octroi à Guéret, non plus que sur la manière, dont ces droits étaient perçus dès le début et sur l'emploi qui en était fait. L'établissement de ces droits ne semble pas toutefois remonter au-delà du commencement du XVe siècle. A ce moment, Guéret obtenait ses chartes de franchises et, peu après, la concession de la forêt de Chabrières. Elle commençait à vivre de son existence propre et se trouvait dans l'obligation de faire face à toutes les nécessités de la vie communale. Il est probable qu'alors, trouvant ses ressources insuffisantes pour parer à ces nécessités, elle fit comme la plupart des autres villes ; elle eut recours au souverain et en obtint l'autorisation de lever sur elle-même des droits dits d'octroi.

. Dans les temps plus reculés, en effet, lorsque les rois demandaient aux villes ce qu'on appelait alors *des aides*, ils accordaient souvent qu'une portion du produit prélevé ainsi, restât entre les mains des officiers municipaux pour être employé aux nécessités urgentes de leur communauté. Cela se produisit-il à Guéret ? Il est difficile de l'affirmer.

Quoi qu'il en soit, la première mention que nous trouvons de ces droits d'octroi est du mois de Mai 1487; mais le parchemin, sur lequel est inscrite la concession faite à la ville de Guéret, est si détérioré,

---

(1) « La plupart des octrois sont d'une si grande ancienneté qu'il en est peu dont l'établissement soit bien connu, et en général, leur perception n'est réglée que par les baux anciens et par l'usage ». (*Recueil de règlement concernant la municipalité*, par M...., avocat, 1785, T. II, page 328.)

qu'il est impossible de savoir exactement en quoi consistent ces droits et les objets sur lesquels ils portent (1).

En 1508, à la suite d'une requête des consuls, exposant les dépenses auxquelles la communauté est obligée pour réparer les tours, portails, murs et fossés de la ville, Louis XII, cédant aux sollicitations de la duchesse de Bourbon et d'Auvergne, par lettres patentes datées du 28 mai, autorise la communauté des habitants de Guéret à percevoir pendant dix ans, à partir de la date des dites lettres, un droit de souchet, c'est-à-dire d'octroi, sur certaines marchandises entrant en ville, et dont le produit sera affecté aux réparations des murailles et autres nécessités de la communauté.

Le 15 mars 1509, le sénéchal du Poitou, André de Vironne, seigneur de la Châtaigneraie, nomme Bernard Berthon, vicomte de Montbas, seigneur de Lubignac, de Naillac et du Fay, — et François Autord, châtelain de Guéret, — commissaires chargés de l'enquête relative à l'établissement de ce droit, — enquête dont le procès-verbal fut dressé en présence des consuls et des habitants de Guéret.

Ce procès-verbal fut suivi de l'ordonnance des dits commissaires, rendant exécutoires les lettres du Roy, qui établissaient de la manière suivante le nouveau droit à percevoir :

| | |
|---|---|
| Pour une aune de drap gros............. | 1$^d$ tournois. |
| — — de drap fin............... | 2 » |
| Pour chaque pourceau................. | 5 » |
| Par charge de fer................... | 5 » |
| — de futaille..... ........... | 5 » |
| — d'huile .................... | 10 » |
| — de fromage.................. | 5 » |
| — de chanvre... ............ | 5 » |
| — de poisson...... .......... | 5 » |
| — de quincaillerie............ | 10 » |

(1) « On sait aisément que ces octrois ont été établis suivant la faculté, le commerce, les productions et le territoire de chaque ville; il y en a presque autant d'espèces différentes qu'il y a de villes, qui jouissent de pareilles concessions : ces octrois diffèrent non seulement par rapport aux objets sur lesquels ils frappent, mais aussi quand à la nature des droits et à la forme de leur perception », (M.... avocat, loc. cit. T. 1I, page 327.)

Les lettres patentes sont très explicites relativement à l'emploi du produit de ces droits ; elles disent expressément qu'ils sont autorisés *« pour faire levée de deniers sur certaines denrées, pour être employés aux fortifications et embellissement de Guéret et non ailleurs »*.

Durant le XVI<sup>e</sup> siècle, notamment en 1542 et 1557, d'autres concessions sont encore faites à la ville.

Une ordonnance de Mai 1579, spécifie de nouveau l'emploi des ressources provenant des droits d'octroi, mais en étendant le nombre des objets auxquels ils sont destinés : « Les deniers d'octroy et impositions, accordés par les Rois nos prédécesseurs et nous aux villes du Royaume, pour les réparations, garde et embellissements d'icelles, seront employés à l'effet à quoi ils sont destinés, par les ordonnances des eschevins et non ailleurs, sous peine de répéter sur eux ce qui aura été ordonné au contraire : entendons toutefois estre compris en la dépense des dites réparations, celles qui concernent l'entretenement des horloges, gardes des portes et guets. Et pour le régard de l'entretenement des fontaines, prédicateurs et maistre d'écoles, nous entendons être fait le semblable, pourvu que la dite dépense n'excède la somme de cent livres et qu'il n'y ait deniers patrimoniaux pour y satisfaire ».

En 1600, Henri IV, par lettres patentes, datées de Lyon, autorise la communauté de Guéret à percevoir pendant 6 ans, à partir du 1<sup>er</sup> janvier 1601, un nouveau droit :

Sur chaque cordonnier tenant banc au marché..... 2 <sup>d</sup> tournois.
Sur chaque charge d'aux et d'oignons............ 5 <sup>d</sup> tournois.

Quelques années plus tard, une nouvelle concession, datée de Saint-Germain, est encore accordée à la ville.

En 1647, à la suite de la guerre qui se termina par le traité de Westphalie, une déclaration du Roi ordonna « que tous les deniers d'octrois et autres, qui se levaient au profit des villes et communautés, seraient portés à l'épargne et que ces mêmes droits seraient levés à l'avenir par doublement dans les dites villes et communautés ». Cette déclaration ne fut pas suivie d'exécution ; mais une nouvelle déclaration de 1681 spécifia que la moitié du produit des

octrois serait attribuée au Roi et l'autre moitié seulement aux villes
et communautés, sous la condition expresse que cette seconde moitié servirait à acquitter les charges, pour lesquelles les concessions
d'octrois avaient été autorisées.

Un arrêt du Conseil du 14 juin 1689, confirma cette déclaration.
D'après cet arrêt, dans les villes, comme Guéret, qui étaient sièges
d'élections, les baux d'octrois devaient être passés pour six ans, par
devant les officiers de l'élection et le Trésorier de France, en présence des officiers Municipaux, « lesquels avertiront le procureur du
Roy du bureau des Finances, un mois avant la fin du bail, à peine de
50 livres d'amende ».

Les adjudications étaient gratuites ; les droits du greffier ne pouvaient dépasser 10 livres. L'adjudicataire, pour l'enregistrement du
bail en l'élection, devait cependant payer un sol pour livre, « en sorte
cependant, que, quel que fût le prix de l'adjudication, les officiers
de l'élection ne pouvaient percevoir plus de 50 livres, sous peine de
concussion ».

Les élections connaissaient en première instance de toutes les
contestations, qui pouvaient survenir relativement à la perception
des octrois appartenant à Sa Majesté, mais non sur les constestations
relatives aux octrois appartenant aux villes. Les prescriptions stipulées par l'arrêt du Conseil de 1689, relatives aux adjudications des
octrois, s'appliquaient à tous les droits de même nature, « même à
ceux qui se lèvent en entier au profit des villes, sans partage au profit du Roy ».

Ce dernier cas semble avoir été celui de la ville de Guéret. Le produit de son octroi parait sans doute être trop peu important pour
faire l'objet d'un partage. Nous voyons en effet qu'en 1661, d'après
les comptes de gestion des consuls, le produit des droits d'octroi
atteint seulement le chiffre de 465 liv., se décomposant ainsi :

Produit du grand et du petit souchet.......... 340 livres.
Produit des quartes...................... 125 »

En 1706, le grand et le petit souchet produisent 414 livres.

Le 15 février 1729, un arrêt du Conseil d'Etat établit un nouveau règlement des droits du souchet de Guéret. Cet arrêt est pris à la suite d'une requête présentée par les habitants de la ville, le 9 novembre 1728. Dans cette requête, ils exposent les lourdes charges que leur impose « le passage considérable des gens de guerre, que souvent on y envoie des troupes en quartier, qu'elle (la ville) a plusieurs dépenses annuelles à faire, tant par rapport au casernement des dites troupes, que pour payer les prédicateurs de l'avent et du caresme, les gages de l'horloger, ceux des valets de ville et des tambours, l'entretien des fontaines et pavé des places publiques », d'où résultent des dépenses ordinaires, extraordinaires et nécessaires. Ils ajoutent que « la ville n'a de revenu, que cent et quelques livres de rente provenant de la ferme d'un bois taillis et ce que peut produire le droit vulgairement appelé Souchet, qui ne rapporte qu'environ 300 liv. chaque année, ce qui n'est pas suffisant à beaucoup près pour subvenir aux charges ». Ils demandent donc au Roy, « d'augmenter le droit de souchet consistant en une levée de deniers sur certaines marchandises à l'entrée et à la sortie de la ville, pour en être le produit employé à acquitter les charges de la dite ville, le tout suivant le nouveau tarif qu'ils en ont fait dresser ».

Le Roy, en son conseil, ayant égard à la dite requête, homologue la délibération des habitants de Guéret, « ce faisant, ordonne que, hors le droit de bourgeoisie, consistant aux choses et denrées, qui se consomment par les bourgeois et habitants dans leurs maisons, et celles qui se recueillent dans leurs biens et héritages, à moins qu'elles n'entrent en mains étrangères par quelque commerce », il sera perçu, par les fermiers et adjudicataires des deniers patrimoniaux, un droit d'octroi sur tous les étrangers et marchands, de la manière suivante, savoir :

1° Sur les voitures de bois, 2ˢ 6ᵈ — Pour chaque chartée de bois qui entrera dans la ville et faux-bourgs, tant pour le gros bois, bûches, que pour les fagots et bois rond.

$2^o$
- Pour chaque charge de cheval...................... 6 d
- Pour chaque charge d'homme ou de femme......... 3 d
- Pour chaque chartée d'écorce...... ............... 5 d

3° Sur le vin étranger qui rentrera dans la ville et les fauxbourgs et y sera conduit et vendu par les dits marchands forains..........
- Par chaque tonneau de vin venu par charrette.... 10 s
- Par chaque charge de cheval............... 5 s
- Et de même pour les vins et vinaigre.......... 5 s

Et pour les vins et vinaigres qui sortiront et seront vendus, seront payés pareils droits par les acheteurs.

4° Pour chaque charge de cheval pour marchandises d'étoffes, toiles, sucre, savon, épiceries et eau-de-vie, pots, poëles de fer et autres ferrailles, cuivre, en œuvre ou autrement, plomb, étain, vieux drapeaux, papiers, cuirs de bœufs, vaches, veaux, moutons, tannés ou non, chèvres, brebis, huiles de toutes sortes, vaisselle ou terre de faïence, pots de terre, sabots, pains étrangers et pour toutes autres charges de chevaux, sera payé................. 5 s

Sans comprendre les voitures de sel dont il sera fait mention ci-après.

5° Pour chaque voiture de sel, pour chaque charge de cheval, 5 s.

Pour le droit d'entrée et pour les charrettes à proportion, et pour la sortie, sera aussi payé par toutes personnes à l'exception de celles de la dite ville au leveur établi à la porte du dépôt, savoir :

- Pour un minot.... ............... 1 s
- Par boisseau.................... 6 d
- Par coupe..................... 3 d

6° Pour chaque charge de cheval de charbon de pierre ou de bois........................................... 1 s »

6° Et pour chaque charge d'abricots, pêches, poires, pommes, prunes, noix, cerises, châtaignes, et autre nature de fruits....................................... 5 s »

7° Et pour  chaque paire de roues  de charrettes  pour entrée, passage et sortie ....... ................. ...    5 <sup>s</sup> »

8° Pour chaque chartée de  foing à quatre bœufs.......    10 <sup>s</sup> »

          —          — à deux bœufs........    6 <sup>s</sup> »

Pour chaque charge de cheval de foing ou de paille ....    2 <sup>s</sup> »

Et pour chaque chartée de  paille...................    4 <sup>s</sup> »

9° Pour  chaque  chartée  chargée de poutres, soliveaux, planches, limandes et  autres  bois d'ouvrage, ribardeaux, lattes, tuiles et  briques...........................    5 <sup>s</sup> »

10° Sera payé par ceux qui vendront des cuirs en poils :

Par chaque cuir  de  bœuf........... ...........    5 <sup>s</sup> »

Par chaque cuir de vache.......................    3 <sup>s</sup> »

    —      —   de veau ou chèvre...................    1 <sup>s</sup> »

    —      —   de brebis ou mouton................    » 6 <sup>d</sup>

11° Sera payé par les voituriers de bled, pour droits d'entrée et mesurage des froments, seigles,  orges, avoines, pois, fèves, millets, bleds noirs et autres grains, par septier....    2 <sup>s</sup> »

Et  pareil  droit  sera  payé  à la sortie  des dits  grains, qui seront vendus dans la dite ville et fauxbourgs.

12° Plus, sera payé pour droit d'entrée,  passage et sortie :

Pour chaque bœuf  qui sera vendu en foire ou marché..    5 <sup>s</sup> »

Pour chaque vache.........................    4 <sup>s</sup> »

Pour chaque veau........................    2 <sup>s</sup> »

Pour chaque mouton ou brebis................    » 6 <sup>d</sup>

Pour chaque bouc ou chèvre........ ...........    » 10 <sup>d</sup>

Pour chaque cheval ou jument................    10 <sup>s</sup> »

Pour un  poulain ou pouline................    5 <sup>s</sup> »

Pour chaque cochon ou  truye.................    3 <sup>s</sup> »

Et chaque nourin...........................    1 <sup>s</sup> »

Le tout payable par les vendeurs des dits bestiaux.

Le dit adjudicataire  prendra, suivant l'ancien usage, lors des foires, sur les marchandises de bois, comme sabots, sceaux..... tamis, pelles et autres, aussi bien que sur la faïence exposée par les  marchands forains étrangers, une pièce de chaque marchandise, appelée vulgairement la pièce d'ouvrage, et sera néanmoins libre aux marchands de payer *dix sols* au lieu de la pièce d'ouvrage, le tout sans préjudice de tous autres droits, qui pourront être dus, et à la charge par les particuliers sujets au paiement des dits droits à les acquitter sans fraude, à peine de confiscation et de 50 livres d'amende, et de faire sous les mêmes peines déclaration de leurs marchandises aux postes et burreaux qui pourraient être étably par l'adjudicataire des droits ».

Ce dernier était tenu, d'après le règlement, de verser ces droits entre les mains du receveur des deniers patrimoniaux de la ville, pour être ensuite « par lui employés à acquitter les charges ordinaires et extraordinaires de la dite ville, sur les mandements donnés par les Consuls en charge, lesquels mandements ne seront exécutoires et payés qu'après avoir été visés par l'Intendant ».

Cet arrêt du Conseil du Roy du 15 février 1729, après avoir établi les droits précédents au profit de la ville de Guéret, stipulait qu'il serait perçu au profit du Roy, en sus de ces droits, 8 $^s$ pour livre. Ces 8 $^s$ pour livre furent ensuite portés à 10 $^s$. D'autre part, la bière et le cidre, qui ne figurent pas dans le tarif y furent plus tard incorporés. Quant au vin, on faisait déduction de six tonneaux aux cabaretiers pour leur consommation.

Dans la nomenclature précédente des objets imposés, d'autres, qui n'y sont pas compris y furent également ajoutés. Notons les principaux d'entre eux :

« Hottes, corbeilles, panières......................... 2 $^s$ »
« Charge de ballets........................... perçu un ballet
« Charge de bourinches ou filets pour attraper le poisson...................................................... 1 $^s$ »
« Pièce d'étoffe................................... 2 $^s$ 6 $^d$
« Chaque marchand de boutons, tabatières en bois, canules, fuseaux, jambiges etc........................... 2 $^s$ 6 $^d$
« Chaque marchand cordonnier, chapelier, taillandier, cordier, tanneur, ferblantier, lanternier, beurrier, savetier, coutellier, marchand de violons, baromètres, pendules,

sabots, sceaux, cribles, fûts, huile, tamis, pelles, cannes,
parapluies, etc...................... ........ .. .......... 2ˢ 6ᵈ
  « Chaque charge de cheval....... .................. 5ˢ »
  « Chaque marchand verrier qui vendra autre chose que
du verre............................................. 2ˢ 6ᵈ

L'application de tous ces nouveaux droits d'octroi se traduit
immédiatement, pour la ville de Guéret, par une augmentation de
recettes telles, que le produit de ces droits se trouve presque tri-
plé. Avant 1729, ce produit ne dépassait guère 3 ou 400 l. en
moyenne ; la première année de l'application du nouveau tarif, il
atteint plus de 900 livres (1).

La perception de ces droits ainsi établis, se continue sans inci-
dents pendant 40 ans. Mais en 1768 surgissent des difficultés. La Cour
des Aydes de Clermont-Ferrand fait défense de continuer cette perception, invoquant pour prétexte, un peu tardif, que les lettres
patentes, confirmant la perception de ces droits, n'ont pas été
promulguées et par suite n'ont pu être enregistrées au greffe de cette
Cour.

Cette injonction de la Cour des Aydes a un résultat facile à prévoir : c'est une brusque diminution des recettes. Tous les jours de
nombreuses contestations s'élèvent entre les contribuables et l'adjudicataire. Les premiers, forts de l'ordonnance de cette Cour, heureux de trouver un moyen de se soustraire au paiement d'une
imposition, refusent d'acquitter les droits qui leur sont réclamés.
L'adjudicataire, de son côté, se trouve dans l'impossibilité d'exiger
ces mêmes droits de ceux qui ne veulent pas s'y soumettre volontairement.

Singulière situation, qui ne peut se prolonger, sans porter une

______

(1) Malgré cette augmention du produit de l'octroi, il arriva un
moment, où la multiplicité des dépenses toujours croissantes mit la
ville, dans la nécessité de solliciter une surélévation des droits établis.
En 1765, les officiers municipaux adressèrent à ce sujet un mémoire
à l'Intendant . ils demandaient l'établissement d'un nouveau droit
« de 18 sols, sur chaque muid de vin et autres boissons entrantes en
ville ». Cette demande ne fut pas prise en considération.

grave atteinte aux intérêts de la ville ! En présence d'un pareil état de choses, les officiers Municipaux s'adressent au Contrôleur Général et lui demandent quelle conduite ils doivent tenir. Voici la réponse qui leur est faite :

A Paris, le 29 décembre 1768.

« Monsieur,

« J'ai reçu la lettre que vous m'avés fait l'honneur de m'écrire le 22 du présent mois, avec copie de l'arrêt du Conseil d'Etat du 15 février 1729, portant approbation du tarif du droit de souchet qui est un revenu patrimonial et d'octroi appartenant à la ville de Guéret, afin de servir aux dépenses ordinaires et extraordinaires dont elle est chargée, pour en être le compte rendu par les Consuls et Receveurs par devant M. l'Intendant, auquel il est enjoint de le faire exécuter, à l'effet de quoi M. l'Intendant a rendu son ordonnance.

« Vous me faites l'honneur de me mander, que MM. de la Cour des Aydes d'Auvergne exigent que vous obteniés des lettres patentes sur cet arrêt, et de vous faire sçavoir s'ils peuvent vous y obliger.

« J'ignore quelles poursuites ont été faites par la Cour des Aydes. Telles quelles puissent être ou d'avertissement ou de juridiction, il faut d'abord présenter requête au Conseil, pour les exposer et supplier Sa Majesté d'y pourvoir, ainsi qu'elle avisera bon être. S'il intervient arrêt, pour ordonner qu'il soit expédié des Lettres Patentes sur celui du 15 février 1729, alors en produisant en chancellerie l'expédition du dit arrêt, il vous sera accordé des Lettres Patentes conformes à icelui. Ces lettres et l'arrêt pourraient bien coûter au delà de trois cent soixante livres ou environ, si on y énonce la jouissance pour 20 ans seulement, et s'il est accordé à perpétuité, cette dépense excèdera cinq cents livres, c'est-à-dire qu'il en pourra coûter environ 520 liv. à 530 livres.

« Il ne m'est pas possible de vous dire ce qu'il en coûtera pour l'enregistrement à la Cour des Aydes d'autant que je ne sache pas qu'y ait aucun motif arrêté au Conseil ni ailleurs, mais vous pourriez le savoir en écrivant à Clermont.

« Je désirerais, Monsieur, qu'il dépendît de moi de vous marquer plus particulièrement les sentiments respectueux avec lesquels j'ai l'honneur d'être votre, etc.

« DE VILLANTROY. »

Aussitôt après la réception de cette lettre et conformément aux instructions qu'elle renferme, dans les premiers jours de 1769, le Maire et les échevins adressent au Roy une requête, dont nous devons rappeler les principaux passages, car elle peint, d'une manière saisissante, la situation économique et financière de la ville de Guéret, à cette époque :

« Année commune, disent-ils, les revenus de la ville ne vont qu'à la somme d'environ onze cents livres, dérivant de deux objets : l'un de neuf-cent-quatre-vingt livres pour le prix annuel du bail de ses octrois et l'autre de la somme de cent vingt livres, à laquelle monte le produit de la coupe ordinaire de ses bois.

« Il n'y a pas d'apparence de voir augmenter ses revenus ; ils peuvent au contraire diminuer. D'un côté, on a tracé dans les bois la route de Moulins à Limoges, de l'autre les fermiers des octrois allèguent une perte réelle, en ce que la Cour des Aydes a rendu un arrêt, qui parait porter atteinte à la perception de ces mêmes droits, et on ne trouve point d'adjudicataire pour le renouvellement du bail. Cependant les charges ordinaires auxquelles le revenu de la ville est affecté atteignent annuellement 1,040 livres.

« Outre ces charges nécessaires, indispensables, il en est d'autres extraordinaires, qui consistent dans les dépenses à faire pour fournitures au corps de garde, lors du passage des troupes, qui est très commun, — dans l'entretien des trois fontaines publiques, qui sont sujettes à de fréquentes réparations, et dont la dépense annuelle excède 100 livres, — dans l'entretien des pavés et réparations des places publiques, — dans la réfection urgente d'un conduit ou égoût au bas de la ville, où se déchargent tous ceux d'icelle et qui interdit le passage dans le lieu où il est situé, qui est une des avenues de la ville, — dans les procès qu'elle est obligée de soutenir, — en outre aux frais et déboursés pour les réjouissances et feux de joye chaque fois qu'ils sont ordonnés pour les entrées, réceptions et présents de ville, aux personnes auxquelles ils sont dus, — dans les remises accordées au receveur des deniers patrimoniaux, tant sur sa recette que pour les frais de son compte, dans les appointements du greffier de l'Hôtel de Ville.

« Si la ville n'est pas engagée encore dans des emprunts, c'est à force d'économie et en reculant ses paiements. Les gardes de ses bois avaient autrefois cent livres ; elle les a réduits de moitié.

« La modicité de ses revenus la prive d'une multiplicité de choses nécessaires, dont plusieurs villes moins importantes sont pourvues. Cette ville capitale, qui réunit dans son sein toutes les juridictions ordinaires aux grandes villes n'a point d'Hôtel de Ville, ni de lieu pour déposer ses archives. C'est la maison du Maire qui en tient lieu. La ville n'a pu se procurer les instruments nécessaires pour arrêter les progrès des incendies..... Elle a presque constamment une garnison et il lui est impossible d'avoir une caserne. Elle est obligée de faire sortir des locataires et souvent même des propriétaires de leurs maisons pour loger les troupes qui lui sont envoyées.... Il n'y a point d'abreuvoir pour les chevaux : on est obligé de les conduire à un étang, qui est à un quart de lieue et dont le chemin est fort mauvais.... Il n'y a point de boucheries ; l'on étalle la viande sur la place de la Halle, au milieu de la ville, ce qui procure un air très mauvais et très malsain.... ».

A la suite de cette requête, le Roy, par un arrêt de son Conseil, en date du 23 juin 1769, « approuve et confirme la perception des droits d'octroi, qui a été faite jusqu'à présent et, comme la ville a besoin de cette ressource pour acquitter ses charges, permet aux officiers Municipaux de continuer cette perception pendant vingt-ans, suivant l'arrêt de 1769, à la seule exception du droit établi sur les grains, tant à l'entrée qu'à la sortie, lequel demeurera éteint et supprimé pour toujours », dispense la ville de la formalité des lettres patentes et de l'enregistrement d'icelles, « en considération de la

modicité du produit de ces droits et du deffaut de ressources nécessaires pour satisfaire aux frais ». — Ces frais étaient en effet relativement considérables et étaient évalués à 1,200 livres *environ*, toutes
dépenses comprises.

Cette grosse question de l'enregistrement des lettres patentes
autorisant la perception des droits d'octroi, qui avait été pour
les officiers Municipaux l'objet d'une vive préoccupation, était donc
résolue. On pouvait donc penser que toutes difficultés seraient désormais supprimées, et que cette perception se ferait sans encombre et
sans donner lieu à aucune contestation. Malheureusement, il n'en
fut pas ainsi. Nous voyons en effet que tous les jours de nouvelles et
incessantes discussions surgissent entre l'adjudicataire et les habitants de la ville, discussions puisant leur source, dans les termes
vagues ou ambigus de l'arrêt de 1769, et que chacun interprétait
suivant son intérêt. Pour donner une idée de la nature des contestations journellement soulevées entre l'adjudicataire des droits et les
assujettis, nous ne saurions mieux faire que de reproduire les observations renouvelées chaque année et que nous trouvons consignées
sur les états des revenus et des charges de la ville, états adressés
annuellement à l'Intendant par les officiers Municipaux.

« L'Intendant est prié d'applanir les difficultés qui se présentent
chaque jour dans la perception des droits d'entrée. Pour éviter l'emprunt ou l'impôt pour subvenir aux charges, c'est de faire disparaître l'obscurité qui règne dans la rédaction de l'arrêt de 1729, qui
amène chaque jour des contestations entre l'adjudicataire et les redevables des droits.

« Suivant cet arrêt, tout marchand, qui achète pour revendre, est
sujet aux droits d'entrée qui sont payés par les marchands de la ville
pour les vins, de liqueur et eaux-de-vie qu'ils ont fait entrer en ville
pour leur commerce ; néanmoins les cabaretiers ont eu le talent
jusqu'à présent de s'exempter de ce droit pour le vin qu'ils font rentrer et débitent dans leur cabaret.

« Pour prévenir toute contestation, on aurait proposé aux cabaretiers de leur passer six pièces de vin pour leur consommation,

sans payer de droits, mais quoi que on leur ait prouvé par la lecture de l'arrêt du conseil, que le droit de bourgeoisie ne pouvait s'étendre sur les denrées qu'ils débitaient aux étrangers dans leur cabaret, il n'a pas été possible de les y soumettre, article, qui quoique porté sur l'arrêt, nous paraîtrait devoir mériter une explication, pour faire cesser les oppositions et refus de ces cabaretiers, qui pourraient peut-être se porter à des excès contre l'adjudicataire, si, par un arrêt du conseil, cet article n'était pas interprété à leur égard.

« Lors de la délibération de l'arrêt de 1729, il n'y avait que deux foires établies à Guéret. Quoique l'article 12 de cet arrêt veut qu'il soit payé, pour tout droit d'entrée de bestiaux qui se vendront en foire, une certaine somme, cependant, sous prétexte que les autres foires ont été établies après cet arrêt, les marchands refusent de payer le droit d'entrée pour les bestiaux, qui se vendent dans les dites foires, quoique l'arrêt n'en fasse pas exception.

« Il en est de même de plusieurs autres droits d'entrée, qui ne se perçoivent pas, parce que les redevables prétendent que les objets ne sont pas spécialement déterminés par l'arrêt, soit aussi parce ce que l'adjudicataire des dits droits préfère son repos à la réclamation du droit, auquel ils se refusent par des interprétations contraires à la loi.

« Les officiers municipaux demandent à l'intendant d'intervenir auprès du conseil pour adoucir les charges de la ville, en faisant rendre un arrêt interprétant celui de 1729, relativement au droit d'entrée en ville. »

Les contestations les plus fréquentes étaient soulevées à l'occasion du droit de bourgeoisie, spécifié dans l'arrêt du 29 juin 1729. Ce droit de bourgeoisie consistait à exonérer des droits d'octroi les bourgeois et habitants de Guéret, qui faisaient entrer en ville des objets destinés à leur usage et consommation personnels, ainsi que ceux receuillis dans leurs héritages ou propriétés. Or, qu'arrivait-il ? C'est que, pour éviter le paiement de ces droits, des marchands conduisaient leurs produits aux environs de la ville, après s'être entendus avec certains habitants, auxquels ils livraient leur marchandise et qui la faisaient ensuite entrer sans rien payer. D'autres

amenaient cette marchandise en ville, déclarant qu'ils l'avaient
vendue sur place, et qu'ils étaient bien libre de faire, avec les habitants qui l'avaient achetée, des marchés séparés pour la conduire à
domicile. Enfin, il se produisait encore fréquemment ce fait, que
des propriétaires faisaient entrer en ville des denrées, provenant
de leurs héritages et qu'ils vendaient ensuite à divers habitants sans
payer de droit. — Il y avait là, comme on le voit, une source permanente d'abus, qu'il était impossible de réprimer faute d'un texte
clair et précis. Maintes fois, en dehors des observations consignées
annuellement et auxquelles nous venons de faire allusion, les officiers municipaux appelèrent particulièrement l'attention de l'Intendant sur ces faits, en le priant de vouloir bien prendre des mesures,
qui permissent d'en prévenir le renouvellement. L'Intendant ne
répondait pas toujours et, lorsqu'il répondait, ce n'était jamais que
d'une manière évasive ou ambigüe, comme le texte qu'il s'agissait
d'interpréter, de telle sorte que les abus signalés continuaient à se
perpétuer. Cette situation se maintint ainsi jusqu'à la Révolution.

Quoi qu'il en soit, le produit des droits d'octroi constituait pour
la ville sa ressource ordinaire la plus importante : de 1769 à 1789,
ce produit a varié entre 1,090 livres et 1,150 livres. L'adjudication
de ces droits était faite pour une durée de trois, cinq ou six ans ; le
prix était payé par douzièmes égaux, entre les mains du receveur des
deniers patrimoniaux. En sus de ce prix, l'adjudicataire devait chaque année verser la somme de trente livres pour l'achat des gants
et rubans, « qu'on a coutume de donner pour la procession de la
Trinité, de la Fête-Dieu et de son Octave ». Quelquefois, une partie
du montant de l'adjudication était affectée d'avance au paiement de
certaines dépenses à faire, ou déjà faites, et incombant à la ville.
Ainsi, en 1777, nous voyons que François Villemalard, adjudicataire, « est tenu de payer sur les premiers fonds, provenant des
droits d'octroi, 160 livres, pendant cinq ans consécutifs, pour le
prix des appartements des Récollets, servant à l'administration de
la justice, jusqu'au 1er janvier 1782, époque fixée pour la réception
des réparations » du palais des juridictions. Il était tenu en outre
de payer 414 livres 15 sols pour réparations faites à la maison des

Récollets et « au conduit des latrines de la Prison ». Tous les ans, nous trouvons que des affectatons, de pareille nature, étaient faites sur les ressources provenant de l'octroi.

## Produit de l'Octroi

| ANNÉES | NOMS DES ADJUDICATAIRES | Montant du produit annuel | OBSERVATIONS |
|---|---|---|---|
| 1661 | ........ » ........ | 340 liv. | Produit du grand et petit souchet. |
| | | 125 » | Produits des quartes (autres droits de souchet. |
| 1706 | ........ » ........ | 414 » | Produit du grand et petit souchet. |
| 1729 | ........ » ........ | 900 » | Octroi perçu en vertu de l'arrêt du Conseil d'Etat du 15 février 1729. |
| 1749 | Guillaume Deshéraud | 960 » | Durée du bail : 6 ans. |
| 1755 | Martial Ducherbardon | 700 » | Durée du bail : 6 ans. |
| 1765 | Sylvain Deprès...... | 980 » | — 6 ans. |
| 1771 | Malherbaud......... | 1.090 » | — 4 ans. |
| 1775 | ........ » ........ | 1.060 » | — 1 an. |
| 1776 | Vincent dit Parisien. | 1.115 » | — 4 ans. |
| 1780 | ........ » ........ | 773 » | — 1 an. |
| 1781 | Pâquet dit Malet..... | 1.110 » | — 3 ans. |
| 1784 | André Malherbaud.. | 1.150 » | — 3 ans. |
| 1787 | id........ | 1.150 » | Continué par tacite reconduction. |

## § IV

# CHARGES DE LA VILLE

Dans l'état, reproduit dans un des paragraphes précédents, concernant les revenus et les charges de la ville, ces dernières sont divisées en ordinaires et extraordinaires.

En réalité, toutes les charges, qui sont mentionnées dans cet état, ne constituent que des charges ordinaires, se reproduisant la plupart nécessairement chaque année. Quelques-unes seulement se présentent avec un caractère accidentel, mais sont toujours susceptibles de reparaître tous les deux ou trois ans, quelquefois même plus tôt. Nous ne ferons donc entre elles aucune distinction et nous les considérerons toutes comme des charges ordinaires. Nous aurons soin du reste d'indiquer, à propos de chacune d'elles, les diverses particularités qui peuvent s'y rattacher, aussi bien au point de vue de leur origine, que de leur reproduction plus ou moins fréquente et de leur importance.

## I. — « Pour le Prédicateur du Caresme. — Pour celui de l'Avent »

La mise à la charge de la ville des frais de prédication du Carême et de l'Avent est sans doute fort ancienne et doit très probablement remonter à l'origine de la cité, en tant que communauté (1). Cette

(1) Le choix du prédicateur du Carême et de l'Avent était fait par les Marguilliers ; il devait être approuvé par l'évêque. Et « pour le salaire desquels prédicateurs, au cas qu'il y eût différent, ne s'en pourront adresser à nos juges ordinaires, mais seulement par devant nos dits archevêques et évêques ou leurs officiaux ». (Edits de Henri IV, 1806, et déclaration de Louis XIV, 1666). — Les marguilliers étaient eux-mêmes nommés par une assemblée de Paroisse, et choisis parmi les plus notables des paroissiens. Ils devaient être laïques, « de bonne vie et mœurs, d'une probité reconnue, sachant lire et écrire, et par leur état ou profession pouvant remplir leurs devoirs avec assuidité ».

dépense fut-elle dès le principe imposée à la ville, comme une redevance envers le clergé, qui l'aurait réclamée comme un droit, ou bien fut-elle acceptée et consentie par les habitants ? A cet égard on peut se livrer à toutes sortes de conjectures. Toutefois, la seconde hypothèse ne saurait être rejetée comme inadmissible, si on considère l'esprit général, qui devait dominer dans une cité, dont les éléments constitutifs antérieurs lui avaient valu, pendant plusieurs siècles, la dénomination significative de Bourg-aux-Moines. Quoi qu'il en soit, faute de documents pour élucider cettte question, bornons nous à relater les constatations que nous avons pu faire.

En 1661, nous trouvons, sur le compte des dépenses de la ville, la mention suivante :

« Il a été payé pour la dépense du prédicateur de l'Avent, y compris huit jours de repos, 42 jours à 3 livres ............ 126 liv.

« Pour le prêche du Caresme, y compris 4 jours de voyage et 8 jours de repos, 46 jours à 3 livres................. 174 »

« Pour la prédication de l'Octave 20 livres............ 20 »

En 1706, la dépense fut un peu moins élevée ; le prêche du caresme ne coûta que 146 liv. 10 s. et celui de l'Avent, 64 liv. 12 s. Jusqu'en 1765, ces deux sommes figurent chaque année sur les comptes du Receveur des deniers communaux.

Le 12 septembre de cette dernière année, dans une Assemblé générale des habitants de Guéret, les revenus et les dépenses de la ville furent l'objet d'un examen approfondi. De cet examen, il résulta que les charges ordinaires de la communauté absorbaient à peu près tous ses revenus et qu'il ne restait que de faibles ressources pour parer aux dépenses extraordinaires, telles que les réparations des fontaines publiques, les procès à soutenir pour défendre les droits et prérogatives de la ville, les frais occasionnés par les fréquents passages de troupes, etc. Dans cette situation, l'Assemblée se demanda s'il ne serait pas possible de réduire les dépenses ordinaires, et elle pensa que c'était « par une complaisance déplacée que jusque alors la ville avait payé plus de 210 livres, pour la rétribution du prédicateur de l'Avent et du Carême, rétribution qui devait être à la charge de la fabrique ou de tous autres que de la ville, au moyen de quoy on devait retrancher cet objet de dépense. »

Malgré cette décision, les frais de prédication de l'Avent et du Carême continuèrent à être payés par la ville.

Le 6 décembre 1768, le Maire et les échevins soumirent de nouveau la question à l'Assemblée des notables. La situation précaire de la ville fut de nouveau établie, comme en 1765 ; on insista particulièrement sur les lourdes charges imposées à la communauté par les nombreux procès qu'elle avait à soutenir, sur les difficultés suscitées par la Cour des Aydes de Clermont dans la perception des droits d'octroi, difficultés qui mettaient la ville dans la nécessité d'obtenir des lettres patentes autorisant ces droits et de les faire enregistrer, « ce qui coûterait une somme qu'elle ne serait point en état de fournir sans recourir à un emprunt, ou à une imposition sur le général des habitants ».

A la suite de cette discussion, il fut de nouveau décidé que les dépenses de « l'honoraire des prédicateurs de l'Avent et du Caresme continuera d'être rayé à perpétuité des dépenses de la ville ». Cette nouvelle décision fut mise cette fois à exécution et appliquée pendant six années consécutives, jusqu'en 1774. En 1775, nous retrouvons, dans le compte des dépenses de la ville, la mention des frais de prédication du Carême ; ceux de prédication de l'Avent seuls n'y figurent pas. La somme inscrite à ce chapitre est, comme avant 1768, de 146 livres ; elle figure ensuite tous les ans, sans modification, jusqu'en 1782. En 1783, le crédit de 146 livres est augmenté et porté à 200 livres, chiffre qui fut maintenu chaque année, jusqu'en 1789 inclusivement.

## II. — « Pour l'enlèvement des boues. »

L'enlèvement des boues de la ville était fait par voie d'adjudication et au rabais. Cette adjudication était renouvelée tous les ans, tous les trois ans, quelquefois seulement tous les cinq ans. La dépense variait, suivant les diverses adjudications entre 55 livres et 150 livres par an.

En 1740, l'adjudicataire, un sieur Dallon, « maître des œuvres », devait procéder à l'enlèvement des boues deux fois par semaine, le lundi et le vendredi. Il recevait pour ce travail une rétribution de cent vingt livres, payables sur état et par trimestre, plus une gratification, une fois donnée, de soixante livres, pour lui permettre d'acheter un tombereau. Mais, par contre, il subissait une amende de trois livres, chaque fois qu'il manquait à son service.

En 1755, Jean Jollivet, fut déclaré adjudicataire moyennant une rétribution annuelle de 150 livres.

A titre de document, nous allons reproduire les principales clauses de l'adjudication de 1783, clauses qui figurent du reste dans tous les procès-verbaux antérieurs, sauf de légères modifications de détail :

« L'adjudicataire, à partir 1er février doit enlever les boues mises en tas dans toutes les rues, fausses rues et culs de sac de la ville, ensemble dans tous les fauxbourgs, l'un appelé de Montpellier ou de St-Vaulry, l'autre de Chenevert, l'autre appelé Piquerelle et la Gasne, un autre appelé Marchedieu et un autre appelé du Clos, et ce tous les Mardys et Vendredys de chaque semaine, depuis la Toussaint jusqu'à Pâques, et tous les Mardys seulement depuis Pâques jusqu'à la Toussaint, sans que sous prétexte qu'ils ne pourrait faire les dits enlèvements en un seul des dits jours, il puisse se dispenser de continuer le lendemain.

« Il sera payé en deux termes, après l'échéance de six mois, et ne pourra demander de mandement qu'en apportant un certificat signé des deux commissaires de police ou de l'un d'eux, qu'il a exactement passé dans les rues les susdits jours et enlevé les immondices.

« Il sera retenu trois livres chaque fois qu'il manquera, sur le simple certificat des dits commissaires, à moins de cause majeure ou imprévue ou autre cause.

« Il ne sera pas tenu d'enlever les décombres des bâtiments, mais de les signaler aux officiers de police.

« Outre les jours sus-indiqués, il sera tenu d'enlever les boues les jours de procession ou des cérémonies ordinaires ou extraordinaires, quand même ils ne tomberaient pas aux jours d'obligations.

« Il sera tenu de nettoyer les places publiques et les entrées des portes de la ville.

« Il sera tenu de mettre à son tombereau une clochette à ses frais pour avertir les habitants de son passage ».

En dehors de ces clauses, la ville mettait un tombereau et des harnais à la disposition de l'adjudicataire, tombereau et harnais que ce dernier était tenu de prendre et qu'à la fin du bail il devait restituer dans le même état qu'il les avait pris.

En 1781, la mise à prix de l'enlèvement des boues fut fixée à 150 livres : cinq soumissionnaires se présentèrent. L'ajudication fut prononcée au profit d'Antoine Giraud, dit Briquet, laboureur métayer de Faulette, sur sa dernière mise à prix de 60 livres.

Le précédent leveur de boues, Henri Bétonnet, ayant déclaré qu'il gardait le tombereau et les harnais de la ville, il fut stipulé qu'il paierait au nouvel adjudicataire une somme de 40 livres, que ce dernier serait tenu de verser à fin de bail entre les mains de son remplaçant.

A la fin de 1786, une nouvelle adjudication eut lieu : elle fut prononcée au profit du nommé Cassier, moyennant la somme annuelle de 120 livres.

---

### III. — « Pour les gages des deux sergents de ville, — de ceux des deux tambours de ville, — pour les gages des deux garde-bois. »

Les sergents de ville étaient des officiers subalternes établis pour exécuter les ordres et les « mandements » de la justice. Dans le principe, ils n'étaient que de simples domestiques des officiers municipaux ; on les appelait valets de ville.

Une ordonnance de Charles VIII, en 1485, exige qu'ils sachent lire et écrire. Une autre de Charles IX, en 1563, leur enjoint « d'écrire leur seing manuel et paraphe dans le registre du greffier, pour y avoir recours au besoin ». Un édit de Mai 1709, érigea leurs fonctions en offices héréditaires, en même temps que celles des tambours fifres, etc, et délimita leurs attributions; mais cet édit ne reçut pas d'exécution. Il fut abrogé par l'édit d'avril 1710, qui dispose : « Les dits Maires, lieutenants de maire et échevins nous auraient partiellement remontré que de tous temps les sergents, trompettes, tambours, etc..., qui sont aux gages et appointements des villes, ont été à leur nomination, que si ces co...missions étaient exercées par des titulaires, la faculté *d'instituer* et de *destituer*.. serait anéantie, la subordination mal observée et notre service et celui des villes tout à fait négligé..... A ces causes..... voulons que les sergents de ville, qui seront nommés par les maires, lieutenants de maire et échevins ayent la liberté de signifier et mettre à exécution les sentences et jugements rendus par les dits maires, lieutenants de maire et échevins, les mandements, ordonnances, sommations et généralement tous actes émanés tant de l'Hôtel de Ville, de quelque nature qu'ils soient..... »

En ce qui concerne les trompettes et tambours, l'édit de 1710 spécifie leurs attributions : « feront exclusivement à tous autres les publications de paix ou de guerre, proclamattons et autres actes à cri public, émanés tant de l'Hôtel de Ville, que de la part des officiers de police ».

A Guéret, en 1755, il y avait deux sergents de ville et deux tambours : ils furent maintenus jusqu'en 1790. Les gages de chacun des sergents de ville étaient de 20 livres ; en 1773, l'Intendant de Pont autorisa les officiers municipaux à les élever à 30 livres. Les gages des tambours étaient de 10 livres pour chacun.

En 1788, les deux sergents de ville se nommaient Seignamarcheix et Antoine Bourbon ; les deux tambours, Chillat et Alexis Ducellier (1).

Les garde-bois furent institués par l'ordonnance de Colbert de

_______

(1) En 1755, les deux sergents étaient Louis Bourbon et François Bauchet, et les deux tambours, Jean Chilliat et Jean Delaseiglière.

1669, mais ils ne paraissent avoir été établis à Guéret, qu'après que ia forêt de Chabrières eût été, en 1733, délimitée et divisée en coupes régulières.

Un arrêt du Conseil d'Etat, du 29 janvier 1754, relatif à une requête des officiers municipaux au sujet de la vente des coupes de bois, leur rappelle la nécessité d'instituer des gardes pour veiller à la conservation de la forêt et leur enjoint d'en établir, s'ils ne l'ont déjà fait. — Il y avait alors deux garde-bois qui recevaient chacun 25 liv. de gages par an. La surveillance qu'ils devaient exercer ne constituait pas une sinécure ; car ils avaient fort à faire pour empêcher les déprédations, les vols qui se commettaient journellement dans les bois. Quelques années après, ces gages furent doublés et portés à 50 livres ; mais vers 1760, l'intendant de Bérulle, en présence du faible rendement de la coupe annuelle des bois les ramena à 25 livres, malgré les observations du corps municipal. « Aussi, lisons nous dans un document de 1765, la modicité de cette rétribution fait-elle que la ville ne trouve personne, qui veuille remplacer un garde que son âge et ses infirmités rendent incapable d'aucun service. » Cette situation ne fut modifiée qu'en 1773. A ce moment l'intendant de Pont autorisa à porter les gages des garde-bois à 36 livres. Quelques années plus tard, on leur alloua à chacun 60 livres par an.

En 1765, l'un des garde-bois s'appelait Louis Bourbon ; — en 1787, les deux garde-bois étaient Seignamarcheix et Pierre Lejeune.

## IV. — « Pour le particulier qui monte l'Horloge. »

Il est propable que l'établissement de l'horloge de la paroisse de Guéret, remonte à une époque assez éloignée ; nous n'avons toutefois connaissance d'aucun document, qui ait pu nous renseigner positivement à cet égard. Pierre de Cessac, dans son intéressant travail sur l'Eglise paroissiale, est absolument muet sur ce point, auquel il ne fait même pas la moindre allusion.

C'est dans les comptes de la Ville que nous avons trouvé tout d'abord la mention de l'horloge. La dépense annuelle occasionnée pour son remontage était de 20 livres avant 1760. En 1761, cette horloge eut besoin de réparations importantes : on s'adressa pour les exécuter à un horloger de la ville et il intervint alors entre ce dernier, les marguilliers et les officiers municipaux le traité ci-joint, que nous reqroduisons textuellement :

« Nous, Marguilliers de l'Eglise paroissiale de St-Pierre et St-Paul de la ville de Guéret et Mayres et échevins de la dite ville, moy, Antoine-Alexandre Paschal, marchand horloger, sommes convenus de ce qui suit, scavoir : Moy, Paschal, de mettre et changer la dite horloge en pendule et pour cet effet d'y faire une roue neuve moyenne avec son arbre et son pignon, une roue à rochet avec son arbre et son pignon, une verge de palette avec ses deux coqs et son croissant, une roue de remontoire, deux roues de chant et deux pignons pour la quadrature, une verge de pendule, deux chappes de fer avec deux poulies portant les poids, le tout à neuf pour et moyennant la somme de cent vingt livres, que nous Marguilliers promettons lui donner à la fin du dit ouvrage, après la visite d'ycelui faite ; sommes en outre convenus, scavoir, moy Paschal de monter et entretenir à mes frais et dépens la dite horloge, de façon qu'elle sonne d'une manière régulière et être entendue dans la ville et paroisse, moyennant la somme de soixante livres, dont nous marguilliers promettons lui payer à la fin de chaque année la somme de quarante livres et Messieurs les Mayres et échevins, sur les octroys des deniers de la ville, celle de vingt livres ; convenons en outre de payer à François Chopinet la somme de trois livres pour faire et tourner en bois deux cylindres, cinq poulies en bois, moyennant la somme de trois livres, que moy Chopinet promet de remettre au dit sieur Paschal ; convenant en outre de fournir au dit Paschal pour la première et dernière fois les pierres et cordes nécessaires pour la dite horloge, ce qui a été accepté de toutes les parties, en présence de M. le Curé de Guéret, en foy de quoy nous avons signé les présentes doubles à Guéret, le 7 décembre 1761.

« En ce que le dit ouvrage sera fait et parfait dans l'intervalle de six semaines, à compter du 1er janvier 1762. »

« *Signé* : DUBREUIL DEVILLE, curé de Guéret; DISSANDES de BOGE-NEST, marguillier; PASCHAL, François CHOPINET. »

Ce traité paraît avoir été ponctuellement exécuté pendant sept ans, car de 1762 à 1768 nous ne voyons figurer dans les comptes de la ville, qu'une somme de 20 livres pour les gages de l'horloger. Mais au mois de décembre 1768, l'Assemblée des notables ayant supprimé le crédit affecté au paiement du prédicateur de l'Avent et du Carême, la Fabrique usa de représailles et refusa à son tour, malgré le traité intervenu, de contribuer pour sa quote part de 40 livres au paiement de ces gages. Comme le défaut de fonctionnement de l'horloge pouvait devenir un sujet de mécontentement pour la population et provoquer des plaintes, le Maire crut devoir faire payer annuellement par la ville, la somme entière de 60 livres.

Nous avons vu précédemment, article 1er, que le crédit pour les frais du prédicateur du carême et de l'avent fut rétabli en 1775. Il n'en fut pas ainsi pour les gages de l'horloger, en ce qui concerne la Fabrique, car ces gages continuèrent à rester à la charge exclusive de la ville, jusqu'en 1789.

## V. — « Pour la Rente due au Roi. »

Nous avons vu précédemment que le Comte de la Marche, en 1406, avait donné à la ville de Guéret sa charte d'affranchissement, moyennant une rente annuelle de 35 livres. Au comte de la Marche se substitua le Roi pour la perception de cette rente, lorsque en 1527, la province de la Marche fut annexée à la Couronne.

Par édits de 1705 et 1708, le Roi ordonna l'aliénation d'une partie de son domaine, dans laquelle se trouvèrent compris ses droits en la Châtellenie de Guéret. Le rachat devait être fait sur le pied du principal au denier douze.

En conséquence, les habitants de la franchise de Guéret furent taxés, par un rôle arrêté en Conseil royal, le 8 août 1709, à la somme de 420 livres, sans compter les 2ˢ par livre, destinés à couvrir les frais de recouvrement pour le rachat et amortissement de la rente de 35 livres qu'ils devaient. Cette somme de 420 livres fut payée au sieur de la Forcade, commis de Florent Sollier, chargé du recouvrement des sommes provenant du domaine royal. Deux quittances en font foi ; elles figurent au dossier et portent les dates des 4 mai et 10 octobre 1711.

Le rachat de cette rente de 35 livres se trouve ainsi parfaitement établi et on peut croire les habitants de Guéret absolument libérés vis-a-vis du Trésor. Il n'en est rien cependant, car à la date du 1ʳʳ juillet 1721, Jean Turnemys de Nointel, garde du Trésor, donne quittance d'une nouvelle somme de 420 livres, à lui payée par la communauté des habitants de Guéret, en vertu d'un rôle arrêté au Conseil du roi, le 12 janvier 1721, pour le rachat des mêmes 35 liv. de rente, dont l'aliénation avait été autorisée par édit du 22 décembre 1708. Le fait est absolument certain, car la quittance originale en parchemin est annexée au dossier. Ce second rachat ne peut trouver une explication plausible, que dans l'invocation qui aurait été faite du principe de l'inaliénabilité du domaine royal : la suite de l'affaire semble du reste venir à l'appui de cette dernière manière de voir.

Depuis ce second rachat en 1721, la ville de Guéret, jouissait pleinement de l'exemption du paiement de la rente de 35 livres. Mais en 1740, le fermier du domaine dans la généralité de Moulins, Etienne Verdier, éleva des prétentions au sujet de la rente rachetée, dont il réclamait la continuité. En formulant sa réclamation, il se fondait sur deux arrêts du Conseil, en date des 14 et 23 juin 1721, ordonnant le premier que les possesseurs de rentes, *albergues*, et redevances aliénées du domaine de Sa Majesté, ne seraient retenus dans la possession des dites rentes, qu'en payant le double de la finance versée primitivement pour l'acquisition de ces rentes, dont l'aliénation avait été faite sur le pied du denier douze. Faute de se conformer à cette dernière injonction, la jouissance de ces rentes serait seulement réduite de moitié à partir du 1er janvier 1721, et l'autre moitié devrait être versée au Trésor.

En ce qui concerne la ville de Guéret, il y a tout lieu de penser que la seconde finance payée en 1721 (quittance Turnemys) n'avait pas pour but de doubler le premier paiement, car dans la procédure qui s'engage à la suite de la réclamation d'Etienne Verdier, les consuls de Guéret ne font nullement valoir ce second paiement, qui les avait complétement libérés.

Quoi qu'il en soit, par exploit des 23 novembre et 19 décembre 1740, le représentant d'Etienne Verdier, P. René Tirel, faisait sommation aux Consuls de payer les arrérages de la rente de 35 livres. Ce qu'il y a de singulier, c'est que bien que l'amortissement de la moitié de cette rente fut régulièrement acquis à la ville, en vertu des derniers arrêts de 1721, le fermier continuait cependant à réclamer le paiement de la rente entière, c'est-à-dire 35 livres et on voit qu'à chaque exploit le montant des arrérages demandés allait en augmentant. Aussi le 17 septembre, la somme réclamée était de 665 livres, pour dix-neuf années d'arrérages échus à la St-Michel 1739. Le 23 novembre, cette somme atteignait 700 livres : la St-Michel de la vingtième année était arrivée dans l'intervalle du 1er et 2e exploit. Enfin, l'exploit de 1740, réclamait 1,015 livres pour 29 années d'arrérages : on faisait dans le 1er exploit, remonter le rachat de la rente à la quittance de 1721 et dans le troisième à la quittance de 1711.

Il est vrai que dans ces exploits, il était dit que dans le cas où les habitants de Guéret auraient acheté la dite rente au denier 12 ou 15, ils devaient représenter leur titre d'affranchissement pour ne payer la dite rente que suivant la réduction portée par les arrêts du Conseil des 14 et 23 juin 1721, c'est-à-dire la moitié, soit 17 livres 18 sols.

Aussi le fondé de pouvoir, Tirel, dans sa réponse aux arguments présentés par les Consuls, reconnaissant que cette rente était une *albergue*, rachetée au denier 12, demandait seulement la continua-

tion des paiements de la moitié de cette rente, 17 livres 10 <sup>s</sup>, à partir
de 1721.

Les moyens opposés par la Municipalité se bornèrent à combattre
la régularité de la procédure engagée et la compétence du bureau
des Finances, devant lequel ils étaient assignés. Faisant droit à leur
demande, l'Intendant rendit une ordonnance le 29 novembre 1741,
par laquelle il évoquait l'affaire à lui, comme il en avait le pouvoir.

Là s'arrête la procédure. Mais dès ce moment, on pouvait déjà
prévoir que la ville succomberait à coup sûr et qu'elle aurait où à
verser une nouvelle somme de 420 livres pour être libérée complétement, où à continuer à payer chaque année 17 livres 10 <sup>s</sup>. C'est là
en effet ce qui eût lieu, car nous voyons figurer annuellement et jusqu'en 1789, la somme de 17 livres 10 <sup>s</sup> sur les comptes de dépenses
du Receveur des deniers patrimoniaux.

## VI. — « Pour les XX<sup>e</sup> et deux sols pour livres des revenus de la ville »

C'est en 1710 que fut créé cet impôt des *vingtièmes*, impôt de
quotité, qui porta d'abord le nom de *dixième* et astreignit tous les
citoyens privilégiés ou non à verser au trésor le dixième de leur
revenu brut (1). Ce dixième fut modéré en 1715 et prit le nom de
vingtième ; en 1741, on le rétablit. Il devait être supprimé à la paix ;
mais une ordonnance de mai 1749 le convertit de nouveau en un
vingtième de tous les revenus, sans faculté d'abonnement et de
rachat. On y ajouta ensuite un sol, puis deux sols pour livres ; en
1756, on créa un deuxième vingtième et quelques années plus tard
un troisième vingtième, qui, comme les précédents, devaient,

(1) Le haut clergé protesta vivement contre cet impôt, réclamant
comme un droit l'exemption de toute contribution publique. Il renou-
vela plusieurs fois ses protestations en 1726 et 1749, considérant
comme un avilissement et une humiliation, pour les ministres du
culte, d'être réduits à la condition des autres citoyens et confondus
avec eux.



7

disait-on, être temporaires et supprimés à la paix. Il n'en fut rien :
le deuxième vingtième fut constamment maintenu jusqu'en 1789 ;
quand au troisième, qui seul avait été supprimé pendant un moment,
il fut rétabli en 1752.

Le montant de cette imposition devait nécessairement varier suivant le nombre de vingtièmes établis. En 1760, nous relevons sur
les comptes de la ville la mention suivante :

« Il est payé pour les vingtièmes du revenu de la ville, au receveur des tailles de l'élection :

| | | | |
|---|---|---|---|
| Pour le 1er xxe............ | 20$^l$ | 10$^s$ | |
| »   2$^s$ pour livre..... | 1 | 2 | |
| »   2e xxe........... | 20 | 10 | 67$^l$ 13 |
| »   3e xxe........... | 20 | 10 | |
| »   2$^s$ pour livre..... | 2 | 1 | |

« Sur les droits qui se perçoivent aux foires
et marchés de la ville :

| | | | |
|---|---|---|---|
| Les 2e xxe............ | 20 | » | |
| »   2$^s$ pour livre........ | 2 | » | |
| »   3e xxe............. | 10 | » | 33   » |
| »   2$^s$ pour livre........ | 1 | » | |

Total................ 100$^l$ 13$^s$

Notons encore pour le même objet, le montant de la dépense des
années suivantes :

En 1770, il fut payé pour les xxe............. 134$^l$ 4$^s$
En 1784        —        —     ............. 160 3
En 1785        —        —     ............. 102 »
En 1786        —        —     ............. 116 »
En 1788, pour les deux premiers vingtièmes... 99 »

A diverses reprises, le Maire et les échevins, alléguant les charges
considérables qui incombaient à la ville, avaient sollicité une modération de cette imposition, mais sans obtenir satisfaction. En 1779,
se fondant sur les dépenses qu'avait nécessitées le passage des trou-

pes, particulièrement fréquent cette année-!à, ils renouvelèrent leur demande en réduction. L'intendant de Reversaux, appréciant la justesse de leur réclamation, réduisit de 12 livres le premier xx°, dont le montant était de de 45 liv. 2 s.; mais en faisant observer que la mesure qu'il prenait était tout à fait exceptionelle, et ne permettait aucunement de préjuger une nouvelle réduction pour l'avenir.

## VII. — « Pour les frais des trois processions de la Trinité, Fête-Dieu et de l'Octave. »

La fête de la Trinité semble avoir été célébrée à Guéret, dès les premiers âges de la Cité. Suivant Thuot, elle aurait été instituée en commémoration du triomphe dans cette ville du dogme de la *Consubstantialité*, triomphe obtenu par Saint-Pardoux, sur les derniers habitants de l'oppidum du Puy-de-Gaudy, venus se grouper autour de son monastère, et qui avaient professé jusque-là la religion arienne. Cette dernière différait de la religion catholique sur un point : tandis que celle-ci déclare divines et consubstantielles les trois personnes du Père, du Fils et du Saint-Esprit et les honore toutes trois, les Ariens distinguaient ces trois personnes et honoraient le Père seulement. Ce serait donc en souvenir du résultat des enseignements du premier abbé de Guéret, qui reçut l'abjuration des derniers Ariens du Puy-de-Gaudy, que le jour de la fête de la Trinité devint celui de la fête de Guéret. Ce jour-là, les reliques de Saint-Pardoux « sont portées solennellement en procession par les rues de la ville, sous un dais porté par le Maire et les échevins, avec un concours extraordinaire de toute la province » (1). Aujourd'hui encore, « l'Eglise déploie, le jour de la Trinité, toutes

(1) Vie de Saint-Pardoux, traduite par Couturier de la Prugne en 1791, — *Remarques du Traducteur* — page 148. — Dugenest imprimeur 1853.

les pompes du culte dans les cérémonies dont l'objet est la glorification de la consubstantialité des trois personnes divines » (1). Autrefois, la fête ne durait pas moins de 3 ou 4 jours.

Dans le cours du XVIII° siècle, comme dans celui des siècles précédents, cette fête présentait à Guéret un aspect dont nous ne pouvons actuellement nous faire une idée qu'en considérant la participation de la ville dans les dépenses qu'elle nécessitait, participation qui lui donnait une sorte de cachet officiel, en dehors de son caractère religieux. Cette participation de la ville ne se limitait pas du reste à la seule fête de la Trinité ; elle s'étendait aussi, par une conséquence forcée, à la Fête-Dieu et à son Octave.

Les dépenses, habituellement occasionnées dans ces trois circonstances, variaient entre 60 livres et 80 livres par an : quelquefois elles dépassaient 100 livres.

En 1706, il fut payé, par la ville pour chacune des trois processions 22 livres 10 s., « pour la poudre à canon, les cierges, les rubans et les écussons »; en 1764, pour les trois processions, 60 liv.

En 1787, la seule fête de la Trinité occasionna une dépense de 90 livres 2 sols, ainsi répartie :

| | |
|---|---|
| Pour gants et rubans...................... | 49 ¹ 16 ˢ |
| Pour la poudre à canon.................. | 24 ¹ 12 ˢ |
| Pour les cierges........................ | 15 ¹ 14 ˢ |

En 1788, il fut payé à Antoine Seignamarcheix, concierge de l'Hôtel de Ville, 78 livres « pour la dépense qui se fait chaque année à l'occasion des processions de la Trinité, Fête-Dieu et de l'Octave, laquelle somme a été avancée par lui ».

En dehors des processions annuelles, auxquelles nous venons de faire allusion, la ville participait encore, ainsi qu'en témoignent les registres de dépenses des receveurs des deniers patrimoniaux, à d'autres frais de même nature, occasionnés par des circonstances spéciales et tout à fait accidentelles. Nous relevons, en effet, à diver-

(1) Thuot. — *La forteresse vitrifiée du Puy-de-Gaudy et la ville de Guéret*, page 215.

ses reprises, dans le courant du XVIIIᵉ siècle, comme du reste dans les siècles précédents, la mention de sommes payées pour dépenses de processions instituées, en vue particulièrement de conjurer certaines épidémies. En 1706 notamment, une grande procession, qui dura plusieurs jours, fut organisée pour donner satisfaction à un vœu de la population, décimée par la maladie : elle fut dirigée vers les bourgs de Salagnac, Saint-Sébastien, les Places et la Chapelle-Balloue. Le montant des frais nécessités par cette procession ne se trouve pas indiqué sur le document, que nous avons eu entre les mains ; mais il n'est pas douteux qu'ils furent payés par la ville. Une seconde procession, qui eut lieu la même année, et inspirée par les mêmes causes, le mardi de la Pentecôte, « à nôtre Dame de Glénie », occasionna une dépense de 10 livres.

## VIII. — « Pour l'entretien des trois fontaines publiques »

La question des eaux destinées à l'alimentation a toujours fait, dans tous les temps, l'objet de l'une des principales préoccupations des hommes. Les peuples anciens la plaçaient en première ligne, à tel point qu'ils revéraient comme des divinités les sources et les fontaines. Les Grecs personnifiaient ces dernières en de gracieuses nymphes, qui protégeaient leurs cités et inspiraient leurs poëtes. Les Gaulois, nos pères, les avaient en grande vénération et leur attribuaient des vertus mystérieuses et sacrées. N'est-ce pas sur leurs bords, sur les fraîches rives du ruisseau qui s'en écoule, qu'ils allaient cueillir l'*herbe* de la Montagne, souveraine après le *gui* du chêne, pour la guérison des maladies ? (1) Ces traditions se sont

(1) Ossian *passim :*

 « Pauvre enfant, la main de Gaul pourrait-elle te guérir ?
Je connais les plantes de la Montagne ; je sais les choisir
aux bords des torrents solitaires. Souvent ma main ferma
la blessure des héros et leur voix reconnaissante a béni
le fils de Morni.... »    (*Enlèvement d'Oithona*)

continuées jusqu'à nous : la forme sans doute s'est modifiée, mais le fond reste le même. « Le culte des fontaines, dit le D<sup>r</sup> Vincent, est tellement en vigueur, qu'il est peu de bourgs qui n'aient leur fontaine sacrée, dédiée au patron de la paroisse et à laquelle de nombreux malades vont demander leur guérison : l'usage d'étrenner les fontaines au premier jour de l'an, en y jetant un morceau de pain graissé de beurre ou un fruit, rappele les sacrifices d'aliments et d'objets précieux que les Gaulois faisaient aux fontaines et aux lacs sacrés » (1).

Ces naïves croyances, accréditées par la légende, se sont propagées et entretenues à travers les âges ; aujourd'hui encore, malgré les progrès de la science moderne, elles existent toujours et, bien qu'elles soient loin de revêtir leurs formes poëtiques primitives, elles ne semblent pas sur le point de disparaître. Quelle cause invoquer pour les expliquer, sinon le Mystère, qui attire et fascine ? « Ce ne sont point seulement le charme et l'utilité des fontaines qui les font aimer, dit E. Reclus, c'est aussi le mystère de leur origine. On aime à se demander d'où viennent ces eaux pures, quelles voies elles ont suivies avant d'arriver à la lumière du jour. Cette nymphe charmante, dans quelle grotte séjourne-t-elle, et du haut de quelle montagne est-elle descendue ? Telles sont les questions que l'ignorant se pose à la vue des sources et que le savant est loin d'avoir résolues ? » (2).

En ce qui concerne les fontaines de la ville de Guéret, il est incontestable que quelques unes d'entre elles ont été à l'origine, comme partout ailleurs, l'objet d'un culte spécial, qui, s'il ne s'est pas toujours conservé avec son intensité primitive, paraît cependant avoir laissé une trace, que l'on peut suivre à travers les siècles. Qui oserait affirmer que, aujourd'hui encore, en dehors de leurs qualités intrinsèques, les eaux des fontaines Piquerelle et de Guère ne jouissent pas pour tout vrai Guérétois de propriétés spéciales et particulières ? Il y aurait là, certes, d'intéressantes considérations psychologiques à

(1) *Bul. S. S. N. et arch. de la Creuse*, T. III p. 367.

(2) E. Reclus. *La Terre*, T. I, page 313.

présenter, mais elles constitueraient un hors-d'œuvre et nous éloigneraient de notre sujet.

Evidemment, la première fontaine qui servit à l'alimentation de la cité naissante, fut celle à laquelle il est fait allusion dans la vie de St-Pardoux (1). Une des principales préoccupations du premier abbé de Guéret dut être en effet d'assurer à son établissement une abondante quantité d'eau potable. Mais en quel lieu était exactement située cette fontaine ? Sur ce dernier point les opinions diffèrent et on est réduit aux conjectures. Les seules indications sur lesquelles, on puisse se baser, se trouvent consignées dans les lignes suivantes, sans grande valeur pour une telle appréciation, après plus de dix siècles passés : « *Vade ad fontem qui dicitur Pardulphi,... deinde in oratorio beati Silvani,... juxta fontem posito....* » L'oratoire de Saint Sylvain a disparu depuis longtemps, sans laisser la moindre trace positive, et il n'existe plus aucun point de repaire.

Suivant Coudert de Lavillatte, traducteur de la vie de St Pardoux, cette fontaine ne serait pas celle, qui se trouve placée au-desous du lieu, où s'élevait le monastère. La fontaine construite par St-Pardoux, — « *quem ego construere rogavi,* » — se trouverait dans la rue des Gayes, dans la cave d'une maison, sur l'emplacement de laquelle aurait été construit l'oratoire de St-Sylvain. Il trouve la confirmation de cette dernière opinion dans le fait de l'existence dans le mur de cette maison, à l'est, en allant vers la Grande Rue, d'un reste de contrefort, en pierres de taille, qui semble avoir fait partie d'un édifice religieux. Il pense enfin que c'est en commémoration de cet oratoire, que fut élevée la chapelle de St-Sylvain, annexée, à l'Hôtel des Moneyroux (2). Pierre de Cessac ne partage point cette manière de voir. La fontaine, — « *qui dicitur Pardulphi,* » — serait plutôt, suivant lui, celle de Vère ou de Guère et non celle des Gayes (3). Il

______

(1) *Vie de Saint-Pardoux.* — Textes latins du VIII<sup>e</sup> et du XII<sup>e</sup> siècle, traduits par Coudert de Lavillatte, pages 14 et 122.

(2) Coudert de Lavillatte. — *Traduction de la vie de Saint-Pardoux*, page 122, notes 1 et 2.

(3) P. de Cessac. — *Quelques notes sur l'Église paroissiale de Guéret*, p. 16, note 1.

pense que cette dernière est celle à laquelle fait allusion Joullietton, qui jaillit subitement en août 1631 (1), et que c'est sur cette fontaine que fut bâtie une chapelle en l'honneur de St-Pardoux.

Si l'opinion de Coudert de Lavillatte ne repose que sur des vues purement hypothétiques, ne s'appuie sur aucun fondement précis, plusieurs objections peuvent également être formulées contre celle de P. de Cessac, dont l'autorité est cependant grande en pareille matière. Ce qui frappe tout d'abord en effet, c'est la distance relativement grande, qui séparait le monastère de St-Pardoux, situé au pied de la colline de Grandcheix, de la source de la fontaine de Vère, qui émerge au-dessus du niveau du tiers supérieur de cette colline et se trouvait ainsi éloignée de près d'un kilomètre de cet établissement. Dans de telles conditions, il semble bien extraordinaire que le premier abbé de Guéret, pour alimenter son monastère, soit allé chercher l'eau potable à une aussi grande distance, lorsque tout autour de l'établissement, il pouvait trouver des sources suffisamment abondantes, pour pourvoir aux besoins d'un nombre relativement restreint d'individus. Pourquoi, d'autre part, s'il a utilisé l'eau de la source de la fontaine de Vère, en créant cette fontaine, n'a-t-il pas fait conduire cette eau tout au moins dans le voisinage immédiat de son monastère ? Enfin, il est démontré, par des découvertes faites à diverses reprises, par les traces de débris gallo-romains trouvés dans son voisinage, que les alentours de la fontaine de Vère ont été habités bien antérieurement à la fondation du monastère. Dès lors, n'est-il pas rationnel de penser que cette fontaine a servi à ces premiers habitants ? S'il en est ainsi, et tout porte à croire qu'il ne sauraiten être autrement, la fontaine de Vère ne peut donc pas être la fontaine de St-Pardoux, — « *quem ego construere rogavi* ».

Il est une particularité importante, qui ne semble pas avoir beaucoup attiré l'attention et nous paraît cependant susceptible d'éclairer d'un jour nouveau cette question controversée. Elle résulte d'un document, remontant à l'année 1801, qui relate que cette même année, Isaac Chorllon fit remplacer par des « cors » le conduit, qui amenait

(1) Joullietton. — *Histoire de la Marche*, T. I, p. 352.

dans sa cour l'eau de la fontaine Piquerelle. En pratiquant des fouilles dans le sol de la maison Delâge, contiguë à cette cour, on découvrit trois pierres, à la surface desquelles était taillée « une rigole » et dont l'une traversait le mur mitoyen, séparant la cour de la susdite maison, « ce qui fit supposer que la dite eau avait le même cours, lorsqu'on a fait murer la ville (1) ». Chorllon s'empressa de faire part de cette découverte et on s'accorda généralement à la reconnaître comme fort intéressante et très probante ; mais il ne paraît pas que la question ait été autrement étudiée ni approfondie.

Quoi qu'il en soit, en présence des constatations faites, il ne répugne nullement d'admettre comme fondée l'hypothèse émise en 1801. S'il en est ainsi, s'il est vrai que, dans les lieux précédemment indiqués, une conduite d'eau ait préexisté aux murailles de la ville, cette conduite ne pouvait servir qu'à déverser le trop plein des eaux de la fontaine Piquerelle. Dès lors, l'origine reculée de cette fontaine ne saurait faire l'objet d'un doute et il serait difficile, à notre avis, de ne pas voir en elle la fontaine — « *qui dicitur Pardulphi* ».

Tout concourt du reste à justifier cette manière de voir, aussi bien sa proximité du monastère, au pied duquel elle se trouvait située, que le respect de sa forme rustique et primitive, qu'elle a conservée, pendant plus de onze siècles, presque jusqu'àn os jours, alors que les autres fontaines de Guéret, même la fontaine de Guère, ont été l'objet de fréquentes et presque incessantes modifications. Ne semble-t-il qu'au maintien de cette forme se rattache un sentiment de respectueux souvenir que confirme la tradition qui veut encore, pour un certain nombre, que la fontaine Piquerelle soit la fontaine construite par le premier abbé de Guéret? On objectera sans doute l'absence des traces de l'oratoire de St-Silvain. Mais qui oserait affirmer que cet édifice, situé près de la fontaine et ainsi placé dans le voisinage du monastère, n'a pas disparu en même temps que ce dernier et par suite des mêmes causes qui en ont détruit tous les vestiges? On peut bien dire aussi, avec Coudert de Lavillatte, mais sans preuve à l'appui, que c'est en commémoration de ce premier

(1) *Archives municipales.*

oratoire que fut édifiée plus tard la chapelle annexée à l'Hôtel des Mouneyroux, ou plutôt, avec P. de Cessac, une chapelle voisine, qui aurait donné son nom à la précédente, laquelle semble avoir porté un certain temps le nom de Chapelle de Notre-Dame.

Mais laissons là ces conjectures et, traversant les âges, dont nous ne pouvons pénétrer l'obscurité, arrivons au XVIII<sup>e</sup> siècle, pour noter des faits plus précis.

Des nombreux documents, que nous avons compulsés, il résulte cette constatation, que pendant toute la durée de ce siècle. l'Administration municipale de Guéret ne se préoccupe que de l'entretien et du bon fonctionnement « des trois fontaines publiques », qui alimentent la ville et que, parmi ces trois fontaines, ne figure pas celle qui porte le nom de Piquerelle. La seule mention, que nous ayons trouvée de cette dernière, est datée du 5 avril 1742. En voici le résumé.

« Par devant Pierre-Alexis Couturier, écuyer, seigneur de Fournoue, conseiller, procureur du Roy au Présidial et sénéchaussée de la Marche et en la juridiction de cette ville, exerçant la charge de lieutenant général de police, par intérim, est comparu Maître Louis Pichon de Bury, conseiller du Roy au dit siège et premier consul de la ville, qui a représenté que souvent pendant l'hiver les eaux, qui s'écoulent de la fontaine appelée Piquerelle, se déversent sur la place qui l'environne, qu'il en résultait des inconvénients pour le public et les maisons du voisinage, les eaux se répandant sur la place et sous la porte de ville, et qu'il conviendrait de faire un conduit couvert pour prendre les eaux et les conduire jusqu'au-delà de la porte de ville et les diriger ensuite dans les prairies. »

A ce moment, se présenta Alexis Chorilon de St-Léger, greffier en chef de l'élections qui dit que « pour éviter à la ville les frais du dit conduit, il offre d'en faire faire un à ses frais et couvert, de l'entretien duquel il se charge, à condition qu'il fasse passer l'eau sortant de la dite fontaine dans la cour qu'il a près de la porte de ville, et d'établir ce conduit de façon à ne diminuer en rien l'eau de la fontaine, qui devra toujours pouvoir monter au même niveau, déclarant en même temps qu'il fera aussi un conduit, pour conduire l'eau de chez lui au ruisseau public, à ses frais et de l'entretenir ».

Cette proposition fut acceptée : nous venons de voir que c'est en faisant réparer la conduite d'eau ainsi concédée, qu'Isaac Chorllon, fils d'Alexis, découvrit l'ancienne canalisation, par laquelle s'écoulait le trop plein de la fontaine Piquerelle.

Si cette fontaine ne semble pas avoir attiré souvent l'entretien des administrateurs de la cité, cela tient sans doute à cette circonstance, que la source, ou plutôt les sources, qui alimentaient alors cette fontaine, naissaient sur place, que les eaux pour y arriver n'avaient pas besoin d'être canalisées, et que par suite de ce chef, aucun travail d'entretien n'était nécessaire, pas plus que du côté de son installation extérieure. Elle se présentait en effet sous la forme d'une simple cuvette creusée dans le sol, à parois intérieures revêtus de moellons, et recouverte extérieurement, à sa partie supérieure, par une dalle de granit. Elle a du reste conservé cet aspect primitif jusque vers la fin de la première moitié du siècle actuel (1).

Les trois seules fontaines, dont il est fait mention, dans les états de dépenses de la ville de Guéret, pendant presque toute la durée du dix-huitième siècle, sont la fontaine de Guère ou de Wère, la fontaine de la Halle et la fontaine Lejeune.

FONTAINE DE GUÈRE. — Nous avons fait allusion précédem-

----

(1) Il existe encore beaucoup d'habitants de Guéret, qui ont conservé le souvenir de la disposition de cet fontaine, installée d'une façon primitive comme celles que l'on voit dans la plupart de nos villages. La fontaine Piquerelle stagnante était formée par la réunion de plusieurs filets de source qu'il était impossible de réunir dans des canaux, puisqu'ils partaient de points opposés. Pour assurer le débit régulier de cette fontaine, la ville acheta en 1821 une source appartenant aux dames Homedieu, moyennant la somme de 400 francs.

La fontaine Piquerelle est alimentée aujourd'hui par une source qui se trouve dans une cave de la rue des Gayes, Maison Michelat ; elle recevait aussi l'eau d'une source située dans une cave de la maison Jarrijeon (Grande-Rue). La conduite qui amène l'eau à cette fontaine maintenant jaillissante a été réparée en 1865.

ment à l'ancienneté de la fontaine de Guère, qui, suivant une opinion émise par A. Fillioux, aurait donné son nom à la ville (1).

La source qui alimente cette fontaine, distante de cette dernière de cinq ou six cents mètres, était située dans un pâtural dépendant du domaine du Clos (2). Les eaux étaient captées et retenues là dans un réservoir, d'où elles étaient amenées au moyen de conduits en bois, susceptibles de s'altérer assez rapidement. Une telle installation devait nécessairement exiger de fréquentes et coûteuses réparations d'entretien. En 1731, la conduite fut complètement refaite en même temps que le réservoir, qui retenait les eaux de la source. Nous lisons dans un document relatif à cette réfection : « .... Il convient de relever et de refaire à neuf le repos,.... et faire le dit repos en pierres de tailles jointes avec de la chaux, ciment, et crampons de fer et avec porte double en bois avec bandes, gons et serrures, pour y voir et nettoyer, en cas de besoin.... Plus creuser les fossés qui font tout le cours de la dite fontaine, depuis la source jusqu'à la pyramide qui est dans la cour de M. de Madot, et de la continuer jusqu'à la dite place où est située la dite fontaine et placer dans les dites fosses, qui passent en divers héritages de suite les uns des autres appartenant aux sieurs Sudre, Desardilliers, Gentil, Rousseau, Lejeune et un de l'Hôtel-Dieu et dans la dite place publique, le nombre de 390 cors ou tuyaux avec des anneaux ou vires de fer et tous les dits fossés bien couverts ou comblés ».

La dépense nécessitée par ces travaux, y compris la fourniture des matériaux, s'éleva à 1,584 livres. Sur cette somme, une partie fut prélevée pour quelques réparations urgentes à la fontaine de la Halle. Les travaux furent exécutés par Jean Jaquet, Noël Gautier, Sylvain Gory et Jean Janot, déclarés solidairement adjudicataires.

_________

(1) « Notre ville devrait son nom à une belle et abondante source qui alimente aujourd'hui la fontaine située sur la Place de la Préfecture et qui de temps immémorial est appelée fontaine de Were ou de Guère ». (A. Fillioux. – *Bulletin de la Société des Sciences Naturelles et Archéologiques de la Creuse*, T. III, page 347).

(2) Le réservoir de cette source se trouve aujourd'hui dans l'intérieur des bâtiments du Lycée de jeunes filles.

En 1748, de nouvelles et importantes réparations sont faites à la fontaine de Guère, réparations occasionnées par l'usure des conduits d'une part, et d'autre part par la reconstruction de la maison Madot, contigüe à cette fontaine (1). Le devis de ces réparations est précédé d'un exposé justificatif, dont nous détachons les passages principaux : « Il appartient à la ville une fontaine considérable appelée Guère, autrement du Chancelier, construite et jaillissante en une Pyramide de pierres de taille, posée près de la maison de M. de Madot, écuyer, seigneur de Jouillat et de Boisfrancs, conseiller du Roy, lieutenant général au présidial et sénéchaussée, lequel s'étant trouvé obligé de faire rebâtir une nouvelle maison, au lieu de son ancienne qui tombait en ruine, on se trouva engagé en raison des alignements de faire suspendre le cours et usage de la dite fontaine ; mais depuis les choses ont été disposées pour le rétablissement de la dite fontaine, laquelle est commune avec mondit sieur de Madot et la ville ».

Les travaux de réparations à exécuter furent adjugés à Jean Constant, fontainier, moyennant la somme de 790 livres. Ces réparations consistaient : 1° « à rétablir à neuf le grand repos où est la source et où se ramassent les eaux » ; 2° « à creuser les tranchées depuis le dit repos jusqu'au jardin de Madot, en passant et traversant divers héritages se suivant et appartenant à divers particuliers » ; 3° « à placer des cors en bois joints les uns aux autres avec de bonnes vires en fer ». Il est dit ensuite que « toutes les dites branches et fosses seront comblées et couvertes, en sorte que les particuliers propriétaires des dits héritages, dans lesquels les dites fosses et plassages de cors auront leur cours, ne puissent y rien toucher ni fouiller en aucune manière.... » La conduite aboutissait à deux pyramides, l'une située dans la cour de la maison de Madot, pyramide fermée, c'est-à-dire ne permettant pas à l'eau de s'écouler à jet continu, et la seconde sur la place qui se trouvait au devant de cette cour. Cette dernière pyramide dut être déplacée ; on la recons-

_____

(1) La maison de Madot, s'élevait sur l'emplacement actuellement occupé par la Préfecture.

truisit « en la mettant au-dessous de la Croix » (1). Comme cette réfection avait été nécessitée par la construction de la maison de Madot, ce propriétaire dut supporter une partie des dépenses : la portion laissée à sa charge fut de 190 livres.

FONTAINE DE LA HALLE. — La fontaine de la Halle, qui a toujours porté le même nom, a une origine fort ancienne, qu'il nous est impossible de préciser. Sa source, éloignée d'elle de six à sept cents mètres environ, se trouve située à la partie inférieure du plateau de Rochefort. Cette source n'était pas la propriété exclusive de la ville ; elle alimentait aussi une propriété et une maison appartenant à Alexandre Seiglière de Cressat, conseiller du Roy, premier président en l'Election. En 1681, un des consuls de la ville, Antoine Vareillas, dans le but de rechercher le cours que suivent les eaux pour arriver à la fontaine de la Halle, fit faire des tranchées, qui amenèrent la cessation de l'écoulement de ces eaux, dans la propriété de de Cressat. Ce dernier déposa une plainte contre la ville, le 3 décembre de la même année, en la châtellenie de Guéret.

Le lieutenant général de la sénéchaussée et siège présidial, de Madot se transporta sur les lieux avec les consuls et un certain nombre de notables habitants. Là, il fut reconnu « *au doigt et à l'œil* » que les travaux exécutés avaient réellement occasionné la privation d'eau, dont se plaignait de Cressat. Une assemblée générale des habitants fut convoquée, assemblée qui chargea les consuls, afin d'éviter un procès, de s'entendre à l'amiable avec de Cressat. Un arrangement eut lieu et un contrat fut signé devant Desardilliers, notaire royal, contrat aux termes duquel deux réservoirs devaient être établis à frais communs, l'un « au-dessous de la croix, qui est à la fourche des deux chemins de Rochefort et de Champegaud, pour y recevoir et retenir toutes les eaux qui viennent des environs et au-dessus de la dite croix » et l'autre servant à partager les eaux

(1) Depuis cent cinquante ans, l'aspect de cette pyramide ne paraît pas avoir été jamais modifié. Elle existe toujours avec son bassin circulaire en granit ; seule, la croix à laquelle il est fait allusion a disparu.

par moitié « au bout du jardin des hoirs Lapasques, proche la muraille du jardin de Pierre Barret, notaire royal » (1).

Ce n'est pas la seule contestation qui fut soulevée par les eaux, qui alimentaient la fontaine de la Halle : d'autres devaient encore se produire.

En 1725, un sieur Baret Antoine, marchand cabaretier, propriétaire de l'auberge des Trois-Roys, possédait un pré dans le voisinage de la source de Rochefort ; il détourna l'eau de cette source pour la diriger dans ce champ. Il fut mis en demeure par l'Intendant, Brunet d'Eury, qui s'était lui-même rendu sur les lieux, avec le fontainier Malitte, de produire ses titres de propriété, et comme il se trouva dans l'impossibilité de justifier sa prise de possession, il fut condamné à une amende de 500 livres, au profit des pauvres de l'hôpital. Pour prévenir le retour d'une nouvelle tentative de sa part, l'Intendant décida qu'une conduite « en cors en bois neuf devait passer le long du chemin (de Rochefort) jusqu'au repos, aux frais du sieur Baret ».

Le même Antoine Baret, en 1749, c'est-à-dire plus de vingt-cinq ans après, revint de nouveau à la charge, mais sous une autre forme. Il exposa qu'il possédait à titre successif le domaine de Rochefort, « dont dépend une fontaine, qui était dans le fond et qui était la seule eau que son métayer ait pour boire et pour abreuver les bestiaux », qu'en 1725 on s'était emparé de la dite eau pour « grossir celle d'une fontaine », qui était dans la cour de la maison du lieutenant général, de Villerambaud. Il demanda à être remis en possession de cette source. La réclamation de Antoine Baret fut déclarée mal fondée et injustifiée ; toutefois, comme la source dont il est question prenait naissance dans sa propriété, les consuls consentirent à lui donner à titre d'indemnité une somme de 100 livres, pour lui permettre de faire creuser un puits. — Quelques années auparavant, en 1745, la fontaine de la Halle avait cessé de fournir de l'eau, par suite du mauvais état de sa canalisation, qu'il fallut refaire en grande partie. La dépense pour cette réparation, qui fut exécutée par Jean Constant, s'éleva à 545 livres.

(1) Voir pièces justificatives.

Quarante ans plus tard, en 1784, cette canalisation nécessita de nouveaux travaux, qui devinrent le point de départ de graves discussions. Il nous semble intéressant de résumer les principales circonstances, qui précédèrent le procès qui s'en suivit.

Nous avons déjà fait allusion à la maison de Cressat ; en 1725, elle appartenait au marquis de Pontchâteau, qui la vendit à cette époque à Rogue de Villerambaud, lieutenant général de la sénéchaussée et siège présidial. Elle devint ensuite la propriété du sieur de Laval, seigneur de Muratel et des Ternes ; enfin, au commencement de 1767, Rougier de Beaumont en fit l'acquisition.

Cette maison, suivant ces actes de vente successifs, avait pour « bornes : du *midi et occident* les rues publiques et les murailles de la ville, d'*orient* un passage ou rue par laquelle on va du coin de la maison des héritiers de défunt Pierre Richard, maître chirurgien, joindre la rue qui est le long de l'écurie de la maison, et de *septentrion*, le devant de la dite maison et le jardin de devant et *une rue entre deux*, joignant le jardin du sieur Niveau de Villedary, et celui du sieur Bonnyaud, procureur et greffier ».

Cette dernière rue, au devant de la maison, donnait accès précédemment, avant la démolition des murailles de la ville, à la poterne appelée Tour-Neuve, attenante à ces murailles et qui avait une issue sur les remparts : c'était donc une voie publique. A maintes reprises, cependant, les propriétaires de la maison de Cressat, dans le but sans doute d'isoler leur habitation et de l'embellir, avaient tenté de s'emparer de ce passage. En 1726, de Villerambaud l'avait déjà fermé au moyen de barrières : sur la réclamation des consuls, une ordonnance du bureau des Finances de Moulins intervint, qui prescrivit la destruction de ces barrières et la libre circulation dans le passage. Lorsque Rougier de Beaumont fut devenu propriétaire de la maison de Cressat, il profita du moment où il était maire de la ville, pour incorporer à son jardin la rue située entre ce jardin et les murailles et qui aboutissait à la rue Ferragüe. Il alla plus loin ; il voulut usurper le passage auquel nous venons de faire allusion et voici à quelle occasion il éleva ses prétentions.

En 1783, des plaintes graves furent formulées par un grand nombre d'habitants contre l'insuffisance des eaux de la fontaine de la Halle et surtout contre leur insalubrité. La conduite, qui amenait ces eaux, après avoir suivi le chemin de Rochefort, traversé les terrains qui longeaient les fossés de la ville, pénétrait dans la rue de la Mothe qu'elle suivait dans toute sa longueur, avant d'arriver à la fontaine. Or, un examen sur place démontra que, dans la dite rue de la Mothe, cette conduite, assise sur un terrain peu solide, était détériorée et en fort mauvais état. De nombreuses et larges fissures s'étaient produites, d'où l'eau s'échappait et allait inonder les caves du voisinage. Ce n'est pas tout : la conduite longeait les latrines de la prison et les eaux étaient ainsi contaminées par des infiltrations de matières fécales. C'est là ce qui résulte de la déclaration des médecins de la ville, qui certifient « que tant que les cors qui conduisent l'eau à la fontaine, appelée de la Halle et par suite sur ou à côté ou à très peu de distance du conduit des latrines des prisons royales, les eaux de cette fontaine et qui servent au moins la moitié des habitants, ne seront point salubres et ne pourront que leur occasionner des maladies, que même ils sont persuadés que s'il règne dans la ville des fièvres putrides et malignes, elles sont occasionnées par les mauvaises eaux dont on est obligé de se servir, par la mauvaise disposition des canaux où elles passent en petite quantité, tandis que avec la précaution de choisir d'autres voies, il n'est point de ville où on peut se procurer des eaux plus saines et plus salutaires à la santé et en même temps plus abondantes ».

A la suite de ces diverses constatations et affirmations, il fut décidé, — et il ne pouvait en être autrement, — que la condnite d'eau de la fontaine de la Halle serait déplacée et qu'au lieu d'accéder à cette fontaine par la rue de La Mothe, elle serait établie sous le passage, bordant en avant la maison de Cressat, pour gagner de là la Grande Rue et ensuite la place de la Halle. Un devis des dépenses fut dressé; il s'élevait à 1646 livres 13 sols (1).

(1) En 1786, il fut payé à Planier de la Sablière, architecte-ingénieur 437 livres 17 sols « pour les plans et devis estimatifs de la nouvelle fontaine de la Halle »,

C'est alors que Rougier de Beaumont intervint, en revendiquant la propriété du passage (1) et, par de nombreuses manœuvres dolosives chercha à agir soit auprès des habitants de la ville et d'un certain nombre de membres du Conseil politique, soit auprès de ses collègues de la Sénéchaussée et siége présidal, pour faire reconnaître la légitimité de ses prétentions. Les frais occassionnés par le procès, qui dura plusieurs années et n'était pas encore terminé en 1789, furent considérables : dans un premier mémoire, nous voyons que, sans parler des honoraires des avocats, ces frais atteignent le chiffre de 1420 livres 13 sols. Finalement, la ville eut gain de cause et la conduite projetée fut établie, comme il avait été antérieurement convenu.

FONTAINE LEJEUNE. — La fontaine Lejeune, située dans l'espèce de carrefour, formé par la rue du Prat et la rue Gayet (2), s'élevait à proximité de la maison habitée par les Lejeune de Fressanges, châtelains de Guéret : de là sans doute le nom qui lui fut donné. Cette fontaine, que l'on appelait aussi fontaine du Prat, avait sa source en ville, dans les dépendances de l'Hôtel des Moneyroux. Dans un document de l'année 1760, elle est mentionnée comme alimentant « les trois principales rues qui font plus de la moitié de la ville » et ayant besoin de grandes réparations : refection de « sa pyramide » et de sa canalisation ; le chiffre de la dépense nécessitée

---

(1) Dans l'instruction à laquelle donna lieu cette affaire, nous voyons que les plus âgés des habitants de Guéret, interrogés sur la légitimité des prétentions de Rougier de Beaumont, déclarent : « qu'il est à leur connaissance qu'il existait une tour appelée Tour Neuve, dans laquelle on allait par la rue, qui borde la maison du sieur Rougier de Beaumont, qu'ils n'ont pas connu d'autre chemin pour aller à la dite Tour que la sus dite rue, — que cette rue communiquait à une autre derrière la maison du sieur Rougier de Beaumont, qui aboutissait à la rue Ferraguë, de laquelle le sieur de Beaumont s'était emparé et dont il avait fait une cour, que le dit sieur Frogier de Villerambaud ayant fait mettre des barrières aux dites rues, ils virent M. de Madot, accompagné d'un grand nombre d'habitants, faire abattre ces barrières et que depuis ce temps on y avait toujours passé de nuit et de jour, excepté dans celle dont le sieur de Beaumont s'était emparé depuis quelques années et en avait fait une cour ».

(2) Rue de la Mairie.

fut de 100 livres 10 sols. En 1784, la canalisation fut de nouveau complétement renouvelée et coûta 474 livres.

En dehors de la question de son entretien ordinaire, la fontaine Lejeune ne semble pas, à aucun autre moment, avoir fait l'objet de préoccupations particulières de la part des administrateurs de la ville.

Outre les dépenses extraordinaires, qu'elles nécessitaient fréquemment, les trois fontaines auxquelles nous venons de faire allusion occasionnaient encore des frais annuels d'entretien assez considérables. Ces dépenses s'expliquent aisément si on considère la nature des conduites d'eau, établies au moyen d'une canalisation en bois tendre, — d'aulne habituellement, — très friable et d'une usure rapide. Les tuyaux, les « cors » ,dont on se servait, avaient une longueur de six pieds ; ils étaient ajustés bout à bout au moyen de viroles en fer, qui en comprimaient les extrémités préalablement recouvertes d'étoupe enroulée autour d'elles (1). Nous avons relevé le montant de ces dépenses ordinaires pour un certain nombre d'années prises au hasard ; voici les chiffres que nous avons constatés :

En 1749, la ville traite avec Constant, architecte et fontainier qui s'engage à entretenir les trois fontaines moyennant 46 livres par an, pendant cinq années. En 1757, un autre traité est passé avec Gaumet, entrepreneur, pour une durée de six ans, moyennant 150 livres par an. — En 1774, l'entretien des trois fontaines coûte 145 livres ; — en 1775, 205 livres dont 180 pour la fontaine de la Halle ; — en 1785, 209 livres 18 sols ; — la fontaine de Guère seule exigea une dépense de 282 livres en 1787 et 296 livres en 1789.

Avant de terminer la question des fontaines, nous devons, pour être complet, dire un mot de deux autres sources appartenant à la ville ou appelées à devenir sa propriété.

En 1705, le supérieur des Barnabites adressa au châtelain de

---

(1) Le prix d'un « cor » de six pieds de long était de 5 sols ; celui d'une virole de 4 sols ; la livre d'étoupe était vendue 8 sols.

Guéret une supplique en vue d'obtenir, pour son établissement alors en construction, la concession d'une source « qui sort dans le chemin public, allant de cette ville à la Chapelle-Taillefer, qui n'appartient à personne ». Cette source n'appartenait pas à la ville ; elle était la propriété de Guillon de la Valazelle, conseiller du Roy, de Melchior Reynaud, prêtre bachelier en théologie, doyen de l'Eglise collégiale de Notre-Dame de la Chapelle-Taillefer, et de Jean Reynaud des Villettes, son frère, garde du corps du Roy. Ces derniers, par un traité passé le 5 janvier 1709 avec Dom Sébastien Poncheron, supérieur des Barnabites, concédèrent à l'établissement tenu par ces Religieux la moitié de l'eau de la fontaine leur appartenant et dont la source « est à côté du grand chemin de cette ville à la Chapelle-Taillefer, proche la montagne de Grandcher et le pré de M. Roudeau du Clos». Les Barnabites devaient entretenir le réservoir de cette source et en conduire, à leurs frais, les eaux jusqu'à leur établissement. — Il ne paraît pas que ces derniers aient jamais utilisé cette concession au profit de leur collège (1).

Dans ce même chemin de Guéret à la Chapelle-Taillefer, dit de Grandcher, il existe une autre source dont le réservoir se trouve dans le milieu du chemin. Cette source était la propriété de la ville, qui en donna la jouissance aux Récollets. Ces derniers firent établir une canalisation pour amener l'eau jusque à leur jardin. En 1790, la commune acheta ce jardin et fit établir une fontaine à l'entrée du faubourg du Clos (2).

Joullietton parle encore d'une fontaine miraculeuse qui surgit ino-pinément à Guéret, en Août 1634 (3). En quel point de la ville se pro-duisit le phénomène ? Nous n'avons pas trouvé un seul document

(1) La source à laquelle il est fait allusion alimente actuellement l'Hôpital et le Lycée de jeunes filles.

(2) Aujourd'hui fontaine Bonnyaud.

(3) Joullietton. loc. cita.

faisant la moindre allusion à cet étrange événement (1). Nous né nous y arrêterons pas davantage.

Il nous resterait encore beaucoup à dire sur la question des fontaines, dont les habitants de Guéret ont toujours et dans tous les temps vanté la fraîcheur, l'excellence des eaux ; mais nous devons nous limiter et nous renfermer dans le cadre que nous nous sommes tracé (2).

IX. — « La somme de 120 liv. que la ville avait accoutumée de payer au R. P. Barnabites, qui tiennent le collège. »

Dans la seconde partie de ce travail, nous parlerons de l'établissement des R. P. Barnabites à Guéret, et nous ferons l'histoire de l'origine du collège qu'ils y ont fondé. Aujourd'hui, nous nous bornons

(1) « .... L'épouse de l'avocat du Roi, femme très dévote, était malade depuis longtemps d'une fièvre quarte, qui l'incommodait fort et qui était compliquée de phénomènes extatiques. Une nuit, il lui apparut un fantôme, qui lui causa d'abord de la frayeur, mais qui ne tarda pas à la rassurer, par des propos pleins de douceurs et en lui promettant de la guérir si elle voulait le suivre..... Elle se leva et fut conduite dans un certain endroit de la ville où, à l'aspect du fantôme, la terre s'ouvrit, laissant paraître tout à coup une fontaine très bien construite. Le fantôme mit lui-même la malade dans la fontaine, puis disparut. C'était peu de temps avant le jour. Au lever du soleil, une personne vint à passer et ne fit pas peu surprise de trouver en cet endroit une fontaine et d'y voir une femme, qui en sortit dans ce moment même. Les voisins s'étant attroupés, la malade leur raconta ce qui lui était arrivé. Elle se retira chez elle, se sentant une nouvelle vie, et depuis ce temps là elle n'eut plus de fièvre. Les habitants de Guéret attribuèrent ce miracle à Saint-Pardoux et firent bâtir dans ce même lieu une chapelle. La nouvelle fontaine étant ainsi accréditée, plusieurs personnes, atteintes de goutte et d'autres infirmités, vinrent s'y laver et crurent y trouver du soulagement. Cependant sa réputation ne se soutint pas ; car plusieurs années avant la Révolution, elle était comblée et la chapelle était tombée en ruines ». — Joullietton — *Histoire de la Marche*, T. I, page 352.

(2) Au XVe siècle, Nicolas Caillet, annotateur des Coutumes de la Marche, en parlant des fontaines de Guéret, s'exprime ainsi : « Ut autem Garactum est caput omnium urbium et oppidorum Provinciæ, ita illis, cum.... *fontium limpidissimorum amœnitate....* facile prœcellit ». (*Coutumes de la Marche*, Préface de la 4e édition, par Couturier de Fournoue, 1744).

à expliquer ici l'inscription du crédit de 120 livres sur les états de dépenses de la ville.

Le collège était administré par un supérieur, sous les ordres duquel se trouvaient trois régents et un frère lai. L'un des régents était chargé de la classe de Rhétorique ; un second, des classes de 2ᵉ et de 3ᵉ ; l'autre enfin des classes de 4ᵉ et de 5ᵉ. Il n'y avait pas de maîtres pour les classes inférieures. C'était là un grave inconvénient et c'est pour y obvier que l'Assemblée Municipale, par une délibération en date du 31 janvier 1762, décida d'allouer aux Religieux Barnabites une somme annuelle de 120 livres, à titre d'indemnité, pour un régent qui serait chargé des basses classes (1).

Cette indemnité de 120 livres fut régulièrement payée jusqu'en 1775. A ce moment, elle ne fut pas supprimée, mais elle ne figura plus que pour mémoire sur les états de dépenses de la ville avec cette mention : « on a cessé d'en faire le paiement en raison des dépenses qui sont survenues et qui ont fait manquer les fonds ».

X. — « Pour l'entretien des deux places, l'une appelée Flesselles et l'autre de Pont. »

La Place Flesselles s'étendait en avant de la porte du Chancelier ou porte Marchedieu (2). En 1678, elle portait le nom de Place du Cimetière (3) ; elle fut ensuite appelée place Marchedieu. En 1763,

(1) Cette somme de 120 livres avait déjà été payée par la ville aux Barnabites. Pour des motifs qui ne sont pas venus à notre connaissance, elle fut sans doute supprimée peu d'années avant 1762. Nous lisons en effet dans les comptes de 1755 : « Payé 120 livres pour la pension et la rétribution que la ville a coutume de donner aux barnabites chaque année en considération des peines que les dits Pères se donnent pour enseigner la jeunesse ».

(2) La Place Flesselles est aujourd'hui la Place Bonnyaud.

(3) *Mémoires du Président Chorllon*, publiés, par Autorde, pag. 128. — Il se trouvait là en effet un cimetière dont l'existence paraît remonter à l'origine de la ville et qui ne fut abandonné qu'au XVᵉ siècle.

l'Intendant de la Généralité de Moulins, voulant orner la ville de Guéret d'une place convenable, la fit planter d'arbres et, à cause de cette circonstance on lui donna le nom de Flesselles, nom de cet intendant.

L'établissement de cette place exigea d'assez fortes dépenses, qui furent en partie couvertes par une souscription volontaire, dont le produit s'éleva à la somme de 352 livres 16 sols. — Les bois qui servirent à former les poteaux et les barrières de la place coûtèrent d'achat et de mise en œuvre 377 liv. 5 s. 6 d. Le prix des ferrements employés fut de 55 liv. ; celui de la peinture de 258 liv. Les arbres, dont elle fut plantée, étaient 139 peupliers de Hollande, envoyés de Moulins par l'Intendant : leur port coûta 45 livres.

Le total des dépenses atteignit 725 livres 5 s. 6 d., sur lesquelles 352 livres 16 s. furent payées au moyen du montant de la souscription : il resta 372 livres 9 s. 4 d. à la charge de la ville. L'avance de tous ces frais fut faite par Couturier de Fournoue, subdélégué de l'Intendant.

Cette place ainsi réparée, il s'agissait de la maintenir en bon état. Aussi, le 4 novembre 1763, un traité fut-il passé entre la ville et deux jardiniers, qui s'engagèrent, moyennant la somme annuelle de 40 livres, à se charger pendant cinq ans de tous les soins qu'exigeait son entretien.

En 1765, les Récollets, dont le couvent n'était séparé de la place que par un terrain sans clôture, leur appartenant, adressèrent à l'Intendant une requête à l'effet d'obtenir l'autorisation de clore ce terrain. Sur la réquisition du procureur du Roy, Pichon de Bury, l'Assemblée des notables de la ville, appelée à délibérer sur ce sujet, donna un avis favorable à la requête des Récolets et l'autorisation demandée fut accordée.

En 1769, la place Flesselles fut encore régularisée et agrandie par la démolition de la chapelle St-Cloup, située à l'un de ses angles, Cette chapelle, qui tombait en ruines, était la propriété des sieurs Gabriel de Laval, écuyer, seigneur des Ternes, Fayolle et autres lieux, Louis-Jean Barthon, seigneur de Montbas, et de dame Magdeleine Odille, veuve de Pierre de Pouthe, seigneur du Chiron. — Le 6 décembre 1768, Guillon de la Villatte-Billon, lieutenant-criminel et ancien maire, s'était présenté devant l'Assemblée des notables de ville, porteur du consentement de ces trois propriétaires, autorisant la démolition de la dite Chapelle, moyennant certaines conditions, qui furent acceptées par cette Assemblée. Ces conditions étaient notamment relatives à la vente des matériaux, boiseries, et autres objets se trouvant dans cette chapelle, aux frais et dépens de la ville, « pour l'argent en provenant être employé aux réparations et embellissements de la chapelle St-Jean, placée dans l'Eglisse paroissiale ».

La place Flesselles ne conserva pas longtemps cette dernière dénomination. En 1783, elle était de nouveau appelée place Marchedieu, nom qu'elle conserva jusqu'en 1794 et qui fut remplacé à cette époque par celui de Place de la Liberté.

Quelle était la place qui portait le nom de Pont ? Nous ne trouvons aucune mention de cette dénomination ailleurs que sur « l'Etat des revenus et des charges de la ville », que nous avons fait connaître. Evidemment, cette place ne pouvait être que celle qui se trouvait située au-devant de la fontaine de Guère, car, il n'en existait aucune autre, hormis celle de la Halle (1). Cette petite place avait souvent besoin de réparations, occasionnées par le voisinage de la fontaine, dont les eaux s'écoulaient à sa surface, en détrempaient le sol et rendaient souvent les abords même de cette fontaine difficilement accessibles. — Cette situation défectueuse est signalée en 1765 par le Procureur du Roy, Pichon de Bury, qui appelle sur elle l'attention de la municipalité, et demande qu'il soit établi un pavé tout autour de la fontaine et même « dans toute l'étendue de la petite place qui fait face à la place Marchedieu », pavé qui lui parait absolument nécessaire « soit pour l'agrément, soit pour l'utilité ».

Cette réparation, demandée par Pichon de Bury, ne fut pas exécutée immédiatement : la raison de son ajournement fut la pénurie

______

(1). La place De Pont, porte aujourdhui le nom de Place de la Préfecture.

des ressources. Il y a tout lieu de penser, bien que nous n'ayons trouvé aucun document qui le confirme, que les travaux d'aménagement de cette place ne furent ordonnés que quelques années plus tard, lorsque de Pont devint intendant de la généralité de Moulins, et que c'est en raison même de ce dernier fait que la place reçut le nom de cet Intendant.

Quoi qu'il en soit, l'entretien des deux places de Flesselles et de Pont occasionnait annuellement une dépense moyenne de 80 à 100 livres. Indépendamment des gages du jardinier, chargé de « racler les allées et de retailler les arbres », gages qui de 40 livres furent portés à 50 livres, nous voyons que tous les ans une certaine somme est affectée à des transports de matériaux pour l'amélioration de ces places. Au commencement de 1789, notamment, pour ne citer qu'une seule année, il fut payé à Philippe Niveau, laboureur à Fressanges, « la somme de 195 livres pour journées employées à transporter terre, sable, tuf et pour réparation à la place Marchedieu. »

## XI. — « Loyer de la maison des Récollets pour les Officiers de judicature. »

En 1776, le palais où les juridictions tenaient leurs séances exigeait une reconstruction totale ou tout au moins de très grandes réparations. Aux termes de l'édit de mars 1773, les villes étaient tenues de faire toutes les dépenses qu'exigeaient les bâtiments de justice. Les officiers de ces juridictions s'adressèrent à l'Intendant pour obtenir un local plus convenable et en meilleur état. Le 9 novembre 1796, l'Intendant mit le corps municipal en demeure de leur donner une nouvelle installation, en attendant que l'ancienne fut convenablement appropriée et aménagée.

En conséquence, le 1er janvier 1777, les consuls louèrent une partie du couvent des Récollets pour y placer les juridictions. Le bail devait durer cinq ans, jusqu'au 31 décembre 1781, époque à laquelle devaient être terminées les réparations nécessaires au palais de justice.

Le loyer de cette partie du couvent fut fixé à 160 livres par an.

Dès la première année, il s'éleva des difficultés pour le paiement de cette somme. Le corps municipal, pour faire face à cette nouvelle dépense, avait obtenu des juridictions que les greffiers percevraient par chaque jugement un certain droit qui servirait à indemniser les religieux de la location de leur couvent. Or, toutes les juridictions, sénéchaussée, présidial, eaux et forêts, élection, s'y trouvaient installées, ce qui donnait lieu à de nombreux jugements et par suite à une abondante perception. Mais les Récollets ne voulurent pas se contenter de cette indemnité pour la partie occupée de leur couvent, partie qui leur était complétement inutile, puisqu'ils étaient réduits à trois religieux et à un frère lai. Oubliant que leur couvent avait été construit aux frais de la ville pour une communauté beaucoup plus considérable, ils réclamérent le loyer de 160 livres, qui avait été fixé par l'Intendant et ce dernier le leur fit allouer au 1er décembre 1777. Cette somme de 160 livres leur fut ensuite payée annuellement jusqu'en 1782, époque où les réparations du Palais étant terminées permirent aux diverses juridictions de revenir s'y installer (1).

XII. — « Les dépenses qu'il convient de faire pour le corps de garde, lors des passages de troupes en cette ville, comme paille, bois et chandelle. »

La ville de Guéret était désignée, dans la Haute-Marche, comme lieu d'étape pour les troupes de passage, en même temps que Chénérailles, Aubusson, Felletin et Genouillat. Comme elle n'avait pas de

_________

(1) Archives de la Préfecture. — Manuscrit Bosvieux, et Archives Municipales.

casernes (1), ces troupes étaient logées chez les habitants, qui étaient tenus de leur fournir, avec le couvert, « place au feu et chandelle de l'hoste » ; mais elle devait mettre à leur disposition un corps de garde, garni d'un lit de camp, avec le chauffage et l'éclairage.

La dépense nécessitée par la fourniture au corps de garde « de paille, bois et chandelle » était très variable, suivant la durée du séjour des troupes. Habituellement, elle ne dépassait guère 15 à

(1) En 1740, il existait à Guéret une maison servant de caserne de cavalerie. Cette maison était située rue des Sabots ; elle appartenait à Antoine Goumy, bourgeois, et était affermée 150 livres ; mais le propriétaire demandait une augmentation de 50 livres.

En 1765, une imposition extraordinaire de 30,000 livres par an fut établie par la Généralité de Moulins pour construire des casernes dans différentes villes de cette Généralité, imposition dont l'élection de Guéret devait supporter le quart. La ville de Guéret demanda à avoir une part des créations projetées. Dans un mémoire adressé au Roy, les officiers Municipaux exposent que cette ville, « capitale d'une province, le siège de plusieurs juridictions et la plus considérable de la Province, n'a aucune espèce de commerce », qu'elle abonde, ainsi que les autres villes et les environs de chacune, en fourrages, qui se consomment sans presque aucun produit », et qu' « il n'y aurait qu'un moyen de procurer cet avantage, ce serait la voye d'une garnison de cavalerie ». Ils ajoutent, qu'en attendant qu'une caserne soit construite, on peut trouver immédiatement dans la ville un local très convenable pour servir de casernement provisoire. « Tout-à-l'heure, disent-ils, on pourrait avoir à bon compte un emplacement le plus commode, qu'on puisse imaginer, et se procurer à l'avance des matériaux propres à construire un jour de belles et amples casernes, en sorte qu'il ne faudrait pour ainsi dire que la main d'œuvre. Il y a dans Guéret, auprès des murs de la ville, une maison à vendre ; elle est composée d'un logement considérable ; il y a des écuries à tenir tout-à-l'heure plus de trente chevaux, remise où l'on pourrait encore en mettre, magasin à foin et à avoine, cour, belle et abondante fontaine, des jardins et un terrain immense, où l'on pourrait faire abreuvoir et place d'armes. Le corps de logis pourrait loger tout-à-l'heure près de deux escadrons de cavalerie, ou un escadron très à l'aise et des officiers, s'ils jugeaient à propos de s'y loger : avec tout cela, le propriétaire qui réside hors de la Province, en trouve tout au plus 7000 livres et l'on est très persuadé qu'il la donnerait pour 8,000 ou 8,500 livres ». Les officiers Municipaux demandèrent au Roy « qu'il lui plût, sur la somme imposée sur la Généralité de Moulins pour les casernes, d'accorder à la ville le prix de l'acquisition (de la sus dite maison), et une somme de 2000 ou 3000 livres, pour l'achat des lits et ustensilles d'une caserne et petites réparations à faire tout-à-l'heure pour loger des troupes », — ou bien « d'autoriser la ville à emprunter la somme nécessaire, tant pour l'acquisition que pour les fournitures et réparations, et de lui rembourser chaque année, sur la somme imposée sur la Généralité ou l'Election de Guéret, le montant de l'intérêt dû aux préteurs »,

20 livres par an; quelquefois, elle atteignait le chiffre de 60 livres et même au-delà. En 1784, la dépense s'éleva à 17 livres 7 s. ; en 1789, il fut payé à Poilecot, 34 livres 4 sols pour fourniture de paille, de bois et de chandelle.

XIII. — « Pour l'impression des billets de logement de troupes, papier de contrôles tenus à cet effet, ports de lettres et paquets adressés à MM. les officiers Municipaux, Cire à cacheter, bougie, chandelles, papier marqué, papier des procès-verbaux et autres dépenses indispensables.... »

L'énumération faite dans le titre qui précède n'a pas besoin d'explication : il s'agit simplement des frais de bureau. Les billets de logement pour les troupes étaient pris à Limoges à l'imprimerie Chapoulaud. Voici une note de 1765 des fournitures faites à la ville par cette maison :

| | | | |
|---|---|---|---|
| 3 rames de billets imprimés pour logement de troupes.... | | | 30 liv. |
| 1 rame | — | — | .... 10 |
| 1 rame 2 mains | — | — | .... 11 |
| 1 rame 2 mains | — | — | .... 11 |
| 1 rame 2 mains | — | — | .... 11 |
| Port........................................ | | | 2 |
| Total.................... | | | 75 |

la dette devant être amortie « aux dépens de l'imposition principale qui serait faite pour la construction des casernes ». - L'Intendant de Pont, auquel ce mémoire fut transmis, répondit aux officiers municipaux que leur projet était « peu susceptible de réussir », et il les engagea à en présenter un autre, « qui n'offrit pas autant de difficultés ». Le projet fut sans doute abandonné : nous n'en avons trouvé en tout cas aucune mention ultérieure.

La maison, à laquelle il est fait allusion dans le mémoire des officiers Municipaux, paraît être celle, qui est aujourd'hui désignée sous le nom de « maison du Sénéchal ». La description, qui en est faite, ainsi que ses dépendances, semble tout au moins s'y appliquer exactement. — Cette maison, ainsi que nous l'avons déjà dit, précédemment, fut achetée en 1767 par Rougier de Beaumont, conseiller du Roy. Elle avait été habitée auparavant par Rogue Frogier de Villerambaud, lieutenant-général de la Sénéchaussée et siège Présidial : c'est de là sans doute que lui vint la dénomination qu'elle conserve encore actuellement.

Tous les autres frais de bureau étaient payés par le secrétaire-greffier de l'Hôtel-de-Ville, qui en faisait les avances et la ville le remboursait quelquefois tous les deux ou trois ans seulement, ainsi qu'il est facile de le constater sur les registres des comptes du receveur municipal. Sur ces comptes, nous relevons entre autres les mentions suivantes : en 1785, « payé à Dareau pour avances de fournitures, 95 liv. 5 s. » ; en 1786, « payé pour le même objet, 107 liv. 13 s. » ; en 1787, « payé au greffier de l'Hôtel-de-Ville, 200 liv., pour déboursés et honoraires depuis 1783 » ; les honoraires du secrétaire-greffier étaient fixés à 50 livres par an.

XIV. — « Pour les procès que la ville est obligée de soutenir soit pour la conservation de ses droits, soit pour défendre aux différentes demandes que forment souvent les particuliers qui veulent se décharger de la taille et de la collecte ».

Pendant toute la durée du XVIII<sup>e</sup> siècle, la ville de Guéret eut de fréquents procès à soutenir : de là pour elle une source des plus onéreuses dépenses. L'un des plus importants de ces procès, et qui dura plus de vingt ans, fut celui intenté par la ville au Receveur Général des droits de lods et ventes. Les habitants de Guéret se prétendaient exempts de ces droits, en vertu de leur charte d'affranchissement et des concessions qui leur avaient été faites par le comte de la Marche ; on leur objectait que les clauses, qui réglaient ces concessions, ne contenaient aucune exemption des droits seigneuriaux, que du reste le comte de la Marche, n'étant qu'un seigneur apanagiste, n'aurait pu, en tout cas, ni dénaturer son apanage, ni changer l'état et la condition des vassaux de la châtellenie de de Guéret. Le Receveur Général des Domaines estimait que l'acte d'affranchissement et les différentes concessions faites par le comte de la Marche n'avaient dans la question aucune valeur. Une longue procédure s'engagea ; de volumineux mémoires furent produits ;

les frais occasionnés furent considérables. Pour donner une idée de l'importance de ces frais, qu'il nous suffise de dire qu'en 1781, la ville chargea l'abbé Dumas, alors à Paris pour ses affaires personnelles et qui était sur le point de revenir, de rester dans cette ville ·pour suivre les péripéties de ce procès. Elle lui promettait de rembourser « ses frais, faux frais, avances et déboursés, sur son simple mémoire ». L'abbé Dumas accepta cette proposition et à son retour présenta une note de 1,938 livres 10 sols, composée de trente-cinq articles, dont les trente-quatre premiers avaient uniquement pour objet des frais de voiture. Le dernier, s'élevant à 1,704 livres, comprenait toutes les autres dépenses qu'il avait faites, mais sans aucun détail, contrairement à l'ordonnance de l'Intendant, qui stipulait que l'état de dépense devrait être accompagné de quittances ou pièces justificatives. L'intendant recommanda au conseil politique de ne rembourser que les dépenses qui seraient justifiées, « sans s'écarter toutefois de ce que la reconnaissance exige de lui en faveur de M. l'abbé Dumas. » En 1789, la question de ces frais n'était pas encore réglée, et l'abbé Dumas intenta à la ville, un procès qui nécessita à cette dernière une dépense de 189 liv. 16 sols. Nous n'avons pas eu sous les yeux toutes les pièces de cette affaire, mais sur le registre des dépenses de 1783, nous voyons que la ville paya 600 livres à Delavaud, avocat au Parlement, pour honoraires et déboursés dans ce procès à l'occasion des droits de lods et ventes.

Un autre procès très coûteux fut celui qu'intenta à la ville Rougier de Beaumont, procès auquel nous avons déjà fait allusion. Les frais de procédure pour la ville s'élevèrent à 1,420 livres 13 sols, sans compter les honoraires des avocats.

Nous voyons encore qu'en 1787, trois cents livres furent payées par le Receveur des deniers patrimoniaux pour les frais de procès soutenus par les sœurs de la Croix contre les sieurs Dissandes frères.

Il nous serait facile de citer d'autres dépenses de même nature et dont on trouve la trace à chaque pas, soit en compulsant les comptes de la ville, soit en analysant les mémoires et autres documents, où sont exposées les charges qui lui incombent. Les exemples que nous venons de rappeler suffisent pour montrer que les procès qu'elle avait à soutenir constituaient pour elle une dépense considérable et peu en rapport avec le montant des ressources dont elle pouvait disposer.

XV. — « Pour les frais à faire pour les entrées et remplacer vins et présents de ville aux personnes auxquelles les honneurs sont dus avec la salve d'artillerie ».

Ces dépenses étaient nécessitées par l'arrivée et le séjour dans la ville d'un personnage revêtu d'une haute fonction, tel qu'un évêque, un officier du Roi, en mission spéciale, l'Intendant de la Généralité Les visites de l'Intendant étaient les plus fréquentes ; elles avaient lieu, sinon tous les ans, au moins une fois tous les deux ou trois ans. Les frais qui incombaient à la ville, dans de semblables circonstances, étaient variables, mais jamais ils n'étaient inférieurs à cent livres ; quelquefois ils dépassaient la somme de deux cents livres. Pour donner une idée de ces dépenses et du chiffre qu'elles pouvaient atteindre, nous reproduisons, à titre d'indication, quelques mentions prises au hasard dans les nombreux « mandements », que nous avons eus sous les yeux.

En 1661, en dehors des frais occasionnés par le vin d'honneur, nous notons la dépense suivante : « six perdrix pour donner à M. l'Intendant étant en cette ville, 6 livres ». En 1706, nous trouvons la mention suivante : « pour faire tirer le canon à l'arrivée de Mgr de Bellay, 20 livres », et cette même année : « pour le vin donné à l'arrivée de M. de Lestrange, lieutenant du roi, en cette province, qui est arrivé le 24 mars, 15 livres ».

En 1742, il fut dépensé 200 livres pour recevoir l'Intendant.

En 1745, il fut payé à Antoine Bouchet, sergent de ville, la somme de 164 livres « pour les frais et dépenses faites à l'occasion de l'arrivée de M. l'Intendant en la ville de Guéret, le 12 octobre 1745, et jours suivants, pour le département des tailles, faire tirer le canon, vin de ville et autres frais ».

« Etat des frais faits par les consuls de ville :

« 1° A esté consommé pour le vin de ville 172 pots à dix sols, suiant que M. le Maitre-d'Hôtel en a connaissance, le tout fourni par ses ordres, cy...................................... ............ 86ˡ »

2° Dix-huit livres de poudre pour faire tirer les canons à trente sols la livre et trois livres dix sols pour le voyage d'un sergent de ville, qui a été chercher la dite poudre en la ville d'Ahun, attendu qu'il ne s'en trouve pas au magasin de Guéret, et trois livres qu'il est d'usage de donner au sergent de ville pour charger les canons, les faire partir et tirer sur la place et les reporter à l'Hôtel-de-Ville, en tout 33 liv. 10 sols............. 33 10

« Pour trois cofrets de pâtes d'abricots, venus de Clermont et de deux cofrets de cerises en confitures sèches, le tout coûtant avec le port, 28 livres, cy............. 28 »

« 4° Six livres de bougies coutant 45 sols la livre, 13 liv. 10 s., cy.................................... 13 10

Total..................... 161 »

La même année 1745, l'évèque de Limoges vint visiter la ville de Guéret. Cette visite occasionna une dépense de 55 livres, « pour les présents de ville, la poudre à canon et autres frais », non compris celle d'un feu de joie, qui coûta 30 livres.

En 1756, la visite de l'évèque de Limoges coûta à la ville 45 liv.

En 1765, le sieur Petit, aubergiste, fournit du 11 octobre au 14 octobre :

1° 139 bouteilles de vin pour la table de l'Intendant, à raison de 7 sols la bouteille.................... 41ˡ 14ˢ

2° 179 bouteilles pour la cuisine à raison de 4ˢ 6ᵈ la bouteille.................................. 40 15

« Plus pour les bouchons.... ............... .... 1 4

« Outre, il a été fourni pour les cocardes de la ville le 11 octobre 1765 :

« Pour les deux commandants................ 3ˡ 4ˢ

« 4 aulnes de ruban blanc à 16 s. l'aulne........ 1 8

« Pour les tambours et le fifre................ 2 16

« Plus deux aulnes de liens blancs... .......... » 14

« Plus fourni par le sieur Cave dix livres et demie
de poudre, à raison de 32 s..................... 16 16

« Souffre et amidon........................... » 4

Total. ................. 108ˡ 6ˢ 6ᵈ

En 1785, les dépenses occasionnées par l'arrivée et le séjour à Guéret de l'Intendant de Mazirot s'élevèrent à 203 livres 17 sols, se décomposant ainsi :

Il fut payé : 1º A Bèze, receveur des tailles, 107 livres 10 sols pour 80 bouteilles de vin étranger à raison de 30 sols la bouteille, et 50 bouteilles à raison de 25 sols la bouteille, pour la table de Monseigneur... ............................... 107ˡ 10ˢ

2º Au sieur Fillioux 30 livres 16 sols pour 88 bouteilles de vin à 7 sols la bouteille, pour les cuisines....... 30 16

3º Au sieur Cave, 50 livres 15 sols « pour la poudre fournie, tant pour faire tirer le canon que pour la réserve, savoir : 5 livres de poudre pour les canons à 2 livres la livre et 314 paquets de poudre à 2 s. 6 d. le paquet, distribués aux gens de la revue, à raison de deux paquets par homme, et le surplus pour plomb et bouchons pour rincer les bouteilles ...................... ........ 50 15

4º Au sieur Rogue, 5 livres 8 sols pour gants et rubans, savoir : « au sieur Fayard, commandant, une paire de gants de 12 sols et cinq quarts de ruban à gros grains pour sa floque, et aux valets et tambours de ville, 10 aulnes de rubans de 6 sols pour les floques à leurs chapeaux »............................. ... ....... . 5 8

5º Au sieur Poilecot, marchand, 28 sols pour deux livres de chandelle........................... » 28

6º Aux tambours.............................. 3 »

7º Aux deux valets de ville..................... 4 »

Total....................... 203ˡ 17

XVI. — « Pour toutes les réjouissances d'autre part et feux de joie chaque fois qu'ils sont ordonnés soit par Mgr. l'Intendant ou par le lieutenant du Roy de la province ».

Ces réjouissances étaient prescrites toutes les fois qu'un évènement heureux venait à se produire, comme la naissance d'un prince, une victoire remportée, un traité de paix conclu, etc. Quelques unes revenaient périodiquement, comme la fête du Roy. La moindre d'entre elles consistait en un « feu de joye », allumé sur la place Marchedieu, et qui occasionnait invariablement une dépense de 30 livres. Mais bien rarement la fête se limitait à ce feu de joye : il y avait habituellement dans son programme une revue, un *Te Deum*, et « l'artillerie de la ville » se faisait entendre. Il fallait par conséquent de la poudre à canon, des rubans, des gants, des cocardes, etc. Les frais nécessités par chacune de ces fêtes ne s'élevaient jamais à un chiffre inférieur à 40 ou 50 livres. En 1775, les fêtes du couronnement du Roy occasionnèrent une dépense de 150 livres ; celles du sacre, 64 livres. Les réjouissances ordonnées à l'occasion de la naissance du duc de Normandie en 1785 coûtèrent à la ville 41 livres (1).

Un *Te Deum* était toujours chanté dans ces circonstances. Il était alors enjoint à chaque bourgeois et habitant de la ville, non exempt, de se mettre sous les armes, de se rendre à l'Hôtel-de-Ville à l'heure indiquée et d'accompagner à l'Eglise les officiers municipaux, sous peine d'une forte amende et de plusieurs jours de prison. Des illuminations étaient également prescrites ces jours-là ; tous les habitants, « de quelque état et conditions » qu'ils fussent, étaient tenus, sous peine de dix livres d'amende, d'illuminer les fenêtres de leurs maisons « par des chandelles ou des lampions ».

(1) Notons au hasard quelques autres de ces dépenses : en 1706, le 6 février et le 15 mars, feux de joie à l'occasion de la prise de la ville de Nice et de la victoire du duc de Vendôme en Italie, 60 livres ; — en 1755, feu de joie, poudre à canon, réjouissances pour fêter les victoires remportées sur les Anglais par le marquis de Montcalm et le duc d'Aiguillon, 45 livres ; — en 1756, feu de joie, poudre à canon à l'occasion de la prise de Minorque, 45 livres ; — en 1764, fête à l'occasion de la paix, 70 livres, etc., etc.

## § V

# AUTRES CHARGES ORDINAIRES
# OU EXTRAORDINAIRES

En dehors des dépenses auxquelles nous avons fait allusion, dépenses qui toutes, sauf un petit nombre, relatives à deux ou trois articles seulement, se renouvelaient tous les ans d'une manière pour ainsi dire obligatoire, il en existait d'autres dont il n'est pas fait mention dans les états des revenus et des charges de la ville annuellement adressés à l'Intendant. Malgré leur nécessité et leur urgence, elles étaient souvent, faute de ressources, ajournées le plus longtemps possible, jusqu'au moment où un nouvel ajournement devenait impossible ou dangereux. Nous voulons parler des réparations à faire aux murailles et aux portes de la ville, du pavage des rues, des frais nécessités par l'entretien du cimetière, par celui de l'abreuvoir, etc., etc. (1).

(1) Outre ces dernières dépenses, il y en avait encore d'autres accidentelles et véritablement exceptionnelles. A titre d'exemples, nous citerons seulement les deux suivantes : en 1745, il fut payé à Beauchet, sergent de ville, une somme de 6 livres, « pour avoir fait ajuster une loge pour y placer une pauvre femme, nommée Ballet, qui aurait été mordu par un chien enragé et est morte de cette maladie ». — En 1761, il fut alloué une somme de 72 livres à Antoinette Renard, femme de Nicolas Lacroix, tailleur d'habits pour femme, « pour payer les dépenses de son voyage et séjour en la ville de Moulins et de son retour, auxquelles la ville s'est offerte, et qui est des plus propres pour profiter des leçons de madame de Coudray en cette ville pour les accouchements, étant déjà instruite pour avoir travaillé sous sa belle-mère, qui faisait les fonctions de matrone en cette ville et ayant par elle-même un exercice de dix années, ce qui doit lui permettre de se perfectionner dans cet art, à la faveur des leçons et des instructions de la dite dame, dont l'habileté est si universellement reconnue ».

À la fin du XVII° siècle, les murailles de la ville tombaient de tous côtés. Déjà en 1687, une ordonnance du marquis de Saint-Germain-Beaupré, gouverneur de la Haute et Basse-Marche, avait enjoint aux consuls de faire procéder aux réparations nécessaires aux portes et murailles de la ville, en prescrivant la fermeture de quelques unes des ouvertures existantes « à l'exception de celles qui sont à la maison de M. Alexis Chorllon, sieur des Rioux, d'autant qu'elles ne portent aucun dommage ». Ces réparations furent-elles exécutées ? Nous ne trouvons aucune indication à ce sujet ; en tous cas, les travaux prescrits durent être très circonscrits et très superficiels.

A partir des premières années du XVIII° siècle, nous voyons fréquemment signalé dans les assemblées générales des habitants le mauvais état des murs et des portes de la ville, avec cette observation que la pénurie financière de la communauté ne permet pas de les réparer. Pour les entretenir convenablement, il aurait fallu faire de très grosses dépenses et en présence des autres charges, d'un intérêt plus immédiat, qui se multipliaient tous les jours et absorbaient ses revenus, la ville ne le pouvait pas. En 1748, dans une délibération en date du 3 novembre, il est encore question de ces réparations : les habitants de Guéret y reconnaissent que le pavage, l'entretien des places et des rues sont à leur charge ainsi que les réparations des portes et des murailles de la ville (1). Mais l'effort s'arrêta à cette reconnaissance. A partir de 1750, on ne fit plus rien ou presque rien : aussi de toutes parts les murs s'écroulèrent et les matériaux qui les constituaient furent abandonnés et enlevés ou bien vendus à vil prix, presque sans profit pour la ville, et servirent

(1) Le Trésor intervenait parfois pour subvenir aux dépenses nécessitées par les réparations des portes et des murailles de la ville. Dans un document daté de 1609, nous voyons en effet que les Consuls rendent compte, devant le Sénéchal de la Marche, d'une somme de mille quatre-vingt livres tournois, qui leur avait été remise à cet effet par Gabriel Garreau, commis à la recette des tailles. Cette somme fut employée au paiement de travaux de maçonnerie, de boiserie et de serrurerie, exécutés aux portes du Chancelier et Montpellier. D'après le compte présenté. le salaire d'une journée d'ouvrier était de 15 sols. (Document appartenant à la famille Purat, communiqué par Mᵐᵉ Alex. Bernard).

à bâtir les maisons des différents particuliers. Dans un mémoire, adressé au Duc d'Orléans, Péronny de Longechaud, signale sur ce point ce qui se passait alors à Guéret. « Le Roy, dit-il, n'est pas informé que les Messieurs de Guéret lui portent grand préjudice. S'il fallait que le Roy fit rétablir le dommage que ces Messieurs lui ont fait, le Roy n'en serait pas quitte pour six millions. Comme la ville était renfermée de remparts qu'il y avait tout autour, qui étaient d'une terrible hauteur, dont cette ville était imprenable, ces Messieurs de Guéret, de leur autorité, ont fait abattre tous ces remparts ; les uns ont vendu les pierres, les autres ont fait bâtir, et de la place où étaient les remparts, les uns ont fait faire de beaux jardins, les autres de jolis parterres et les autres de belles terrasses pour se promener. Jugez-voir, Monseigneur, quelle perte portent ces messieurs dans cette ville » (1).

(1) Duval. — *Cahier de la Marche*. — Introductions. — pag. 132.

Les appréciations de Peronny sont exagérées ; elles sont au moins contredites en partie par certains documents, qui sont venus à notre connaissance. Il résulte bien de ces documents, que, dès la fin de la seconde moitié du XVIIe siècle, un certain nombre d'habitants de Guéret avaient usurpé diverses portions des fossés de la ville et avaient cherché à les utiliser à leur profit. Mais en 1677 parut une déclaration de Louis XIV, renouvelée en 1688 et en 1695, aux termes de laquelle le Roy revendiquait, comme lui appartenant en toute propriété, par droit de souveraineté, les fossés et les remparts des villes. En 1696, par une nouvelle déclaration, les détenteurs de terrains, usurpés dans les fossés et remparts des villes, furent maintenus dans la possession de ces terrains et des édifices, qu'ils pouvaient y avoir construits, « pour en jouir à perpétuité en payant les sommes auxquelles ils seraient taxés par les roles arrestés au Conseil ».

Les détenteurs de ces terrains à Guéret furent taxés à 1281 livres, — non compris 2 sols pour livre, — dont il fut fait un rôle de distribution par l'Intendant Le Vayer, le 3 mai 1698. Une somme de 1409 livres 10 sols fut ainsi payée à Beaucousin, commis à la perception.

En avril 1713, parut un édit imposant une nouvelle taxe. Suivant cet édit les détenteurs de terrains, qui avaient payé « la finance », en exécution de la déclaration de fevrier 1696, étaient bien déclarés maintenus à perpétuité dans la possession des dits terrains, mais à la condition qu'ils paieraient chacun un supplément de la moitié de « la finance principale », déjà versée, soit 640 livres, augmentées de 2 sols pour livre.

Ce supplément fut payé, ainsi qu'en témoignent plusieurs récépissés, qui figurent au dossier, récépissés signés Midon et visés par le subdélégué de l'Intendance.

Lors du joyeux avénement de Louis XV, les détenteurs furent de nouveau taxés pour droit de confirmation à 512 livres, somme qui fut

Áprés les murs, les portes de ville ne tardèrent pas à disparaître, non sans avoir donné lieu, avant leur démolition, à de nombreuses discussions relatives à leur mauvais état d'entretien, et aux

modérée par l'Intendant, le 26 février 1732, et réduite à 270 liv. 10 s., plus les 2 sols pour livre: cette somme fut payée au sieur Moufle, receveur des tailles. En 1742, le sieur Duchalier, procureur à Moulins, qui avait traité du recouvrement de ce qui restait dû sur le droit de confirmation, sans tenir compte de la modération obtenue par les détenteurs de Guéret, exigea d'eux le paiement de la somme totale de 512 livrès et leur réclama encore 257 liv. 10 s., qui lui furent payées le 14 août de cette même année.

Tout semblait terminé, lorsque la question revint en discussion en 1775, mais sous une autre forme. Le nommé Mars, Procureur du Roy au bureau des finances de Moulins, « homme avide d'argent », sollicita et fit rendre un arrêt du Conseil, qui déclarait « les murs, fossés, remparts, boulevards et autres emplacements, qui ont servi aux clôtures et fortifications des villes de la Généralité, faire partie des domaines de la Couronne », et, tout en maintenant en possession les détenteurs actuels de ces emplacements, les mettait en demeure de produire leurs titres de propriété et de les faire enregistrer, sinon de payer au domaine un cens proportionné à la valeur des terrains, mais laissé à l'arbitraire du bureau des Finances.

A Guéret, les détenteurs de terrains ne se présentèrent pas ; ils furent poursuivis, condamnés par défaut. Ils firent appel au Parlement, qui rendit un arrêt en leur faveur, lequel fut cassé par un arrêt du Conseil.

La question en resta là, indécise encore pendant plus de vingt ans. C'est le 11 thermidor au IV, seulement, qu'un arrêté du Directoire du département, considérant « qu'il importe à l'ordre publique d'assurer les propriétés contre les entreprises des perturbateurs avides et ignorants », décide que les terrains, « qui ont servi aux fossés, fortifications et remparts de la ville », ne sauraient être mis en vente et déclare nulles toutes les soumissions faites en vue de leur acquisition.

Les propriétaires intéressés dans cette question étaient en 1775 : Louis Antoine de Madot, lieutenant général de la Sénéchaussée et siège présidial ; François Tournyol, avocat du Roy ; Gervais Guillon de La Villatte-Billon, lieutenant Général criminel ; Marie-Marguerite de Préaulx, veuve de Henry de Madot ; Etienne-Charles de Nesmond, lieutenant particulier; Thomas-Philippe Lejeune de Fressanges ; Jean-Baptiste Chorllon des Rioux ; François Laurent Rougier de Beaumont ; Antoine-Silvain Coudert, seigneur de Sardent et Lavaublanche ; François Bèze, receveur des tailles ; J.-B. Tournyol de la Rodde, maître particulier des eaux et forêts ; J.-B. Genest Durioux ; François Guillaume Bureau, notaire et greffier ; Joseph Fayolle, procureur ; Françoise et Marie Labourg ; Jeanne Dumarest, veuve de Chazal de La Villetelle ; Marie-Léonard Chartier, veuve de François Voysin ; J.-B. Baret de Beauvais ; Isaac Charllon, sieur de Saint-Léger ; François Devillestiveau ; Antoine-Ursule Martin, brigadier de la Maréchaussée, et les sœurs de la Croix. (Document extrait des papiers de la famille Purat, communiqué par Mme Alex. Bernard).

travaux de réparations qu'elles nécessitaient (1). En 1756, notamment, nous voyons que les habitants du faubourg Montpellier, — parmi lesquels Dubreuil Deville, curé de Guéret, Delafond, conseiller du Roy en la sénéchaussée et siège présidial, Dumarest de Pouzaud, — adressèrent au corps municipal une réclamation en vue d'obtenir des réparations à la porte de Montpellier. Il s'agissait de de favoriser l'écoulement des eaux, arrêtées par cette porte, qui demeuraient stagnantes et empêchaient les communications entre la ville et le faubourg et, réciproquement, inondant parfois les caves et les maisons voisines.

Une assemblée générale des habitants reconnut l'urgence des répations demandées, mais ne put en demander l'exécution, faute de ressources, « épuissées tant pour les dépenses ordinaires qu'extraordinaires, occasionnées par les troupes qui passent journellement ». C'est alors que se présenta Etienne l'oylecaut, qui exposa que le défaut d'écoulement des eaux provenait du défaut de nettoyage du canal, passant au-dessous d'une « baraque » attenante à la porte de la ville, et que, si on voulait lui donner cette baraque à perpétuité, il ferait toutes les réparations nécessaires. L'assemblée ne put prendre de résolution sur ce point, sans avoir demandé l'autorisation de l'Intendant.

Cette autorisation évidemment ne fut pas donnée, car en 1765, dans une séance du corps municipal tenue le 30 janvier, en présence de Sylvain Tournyol, maire, et de François Devilestiveaud, 2° échevin, nous voyons le procureur syndic, Pichon de Bury, appeler de nouveau l'attention sur « le cloaque » de la porte Montpellier, qui « nettoyée, il y a trois ans, peut devenir tel qu'il était », si on ne prend immédiatement des mesures.

Dans cette même séance, Pichon de Bury signale encore la néces-

(1) La démolition des Portes Piquerelle et Montpellier fut décidée le 17 novembre 1773 par une délibération prise dans une assemblée générale des habitants, présidée par L. Antoine de Madot, chevalier, seigneur de Soulier, lieutenant général de la Sénéchaussée. Cette décision toutefois ne fut rendue exécutoire qu'après que les habitants se furent pourvus devant les officiers du Bureau des Finances de Moulins, suivant l'autorisation qui leur en avait été donnée par l'Intendant, le 24 décembre de la même année.

sité de nombreuses réparations de voirie à effectuer. Il demande l'établissement d'un égoût dans le faubourg de Paris. Il fait observer que « le foirail par lequel il est nécessaire de passer pour se rendre à la place Flesselles et qui sert d'avenue pour les grandes routes de Moulins et de Limoges, se trouve impraticable en hiver et qu'il serait nécessaire de le paver dans toute son étendue ». Il ajoute « qu'il est à la connaissance de tout le monde que la rue qui règne derrière la maison des Récollets (1), absolument nécessaire pour le service des héritages voisins, n'est plus qu'un cloaque par la prodigieuse quantité d'immondices qui y est ramassée, en sorte que la propreté exige que cette rue soit nettoyée partout, et pavée aux endroits qu'il sera nécessaire ». Il termine enfin, en disant « que la destruction que le sieur Cillet a faite de son étang, situé au haut de la ville et qui servait d'abreuvoir aux chevaux, soit des habitants, soit des troupes, a dépourvu la ville d'une chose aussi essentielle que nécessaire ». Un nouvel abreuvoir, suivant lui, ne peut être établi plus utilement que dans l'angle des chemins qui conduisent à la ville d'Aubusson d'une part, et celle de Montluçon d'autre part, « d'autant plus qu'il y a un ruisseau abondant et coulant du lieu, où était le cy-devant étang, qui servait d'abreuvoir et qui a été détruit tout récemment par le propriétaire ».

La plupart des améliorations, demandées par Pichon de Bury, attendirent longtemps, — et toujours pour les mêmes motifs, — avant de pouvoir être réalisées. Nous n'avons du reste trouvé aucune nouvelle mention en ce qui concerne l'établissement d'un égoût dans le faubourg de Paris, non plus que sur l'appropriation de la rue, « qui règne derrière le maison des Récolets ». Quant à la réparation du foirail (2), nous voyons qu'en 1788 seulement, il fut payé au nommé Cassier, une somme de 1,368 livres, « pour réparation et confection du pavé de la rue des Récollets, joignant la place de Fles-

_______________

(1) Actuellement rue des Tanneries.

(2) D'après les indications fournies par les documents, auxquels nous faisons allusion, le foirail, avant la Révolution, devait se tenir sur l'emplacement actuellement occupé par les maisons bâties entre la Rue de l'Etang et la Rue de la Gendarmerie, emplacement qui longeait le couvent des Récollets.

selles, suivant mémoire arrêté par l'Intendant Foulon de Doué »;
Quant à l'abreuvoir, son établissement était indispensable et urgent;
il fut installé, ainsi que l'avait demandé le procureur de la commune,
à l'extrémité de l'angle formé par le point de départ des chemins de
Montluçon et d'Aubusson (1). Mais cet abreuvoir présenta des inconvénients ; ses eaux étaient stagnantes et insalubres et il se des-
séchait souvent : d'autre part, les habitants du bas de la ville se
plaignaient de son éloignement. Il devint donc bientôt nécessaire
d'en établir un autre, qui fut installé sur la place Marchedieu, et
dont nous ne connaissons qu'indirectement l'existence par la simple
mention, relevée dans les comptes de la ville, de réparations nécessitées par son entretien, notamment en 1786, réparations qui coûtèrent 45 livres 19 sols.

Une autre cause d'importantes dépenses pour la ville fut l'établissement du cimetière. En 1743 (2), le corps municipal fit l'acquisition
du jardin du sieur Chanaud pour servir de lieu de sépulture. Ce jardin était « situé sur les fossés de la ville, joignant d'une part les maisons et jardins de la dame de Villatelle, d'autre le pré de M. Chorllon
et la rue de Corbières et d'autre part sur le devant de la rue publique, qui descend de la place Marchedieu de cette ville et qui conduit
au faubourg de Paris d'icelle, — et n'est séparé de l'Eglise du Chapitre que par le dit jardin et un autre petit jardin appartenant à
Christophe Cave ; le dit emplacement joignant à gauche la maison

(1) Cet abreuvoir était situé sur le bord du ruisseau des Chers, à
l'angle de la route de Moulins et de la vieille route de Sainte-Feyre.
Il ne fut totalement supprimé qu'en 1827.

(2) Déjà en 1728, la question de translation du cimetière avait été
agitée. Dans une assemblée générale des habitants tenue le 15 octobre, en présence de François-Philippe Lejeune, conseiller du Roy,
prévot châtelain et juge ordinaire de la ville, le premier Consul Rousset
expose que le cimetière ne peut plus servir à sa destination, en raison de son mauvais état, qu'il ne peut être tenu clos, à cause de sa
situation au milieu de la « place des foires et marchés de la ville ». La
majorité des assistants estime que l'emplacement le plus convenable
pour servir de lieu de spulture est un terrain appartenant aux pénitents noirs de Guéret, « attendu qu'il n'y a point d'endroit plus propre, d'autant que le dit terrain est près de l'église et est un lieu
retiré ». Malgré les graves inconvénients signalés par le Consul, le
changement du cimetière ne fut opéré que quinze ans après.

et jardin du sieur Deplagne, marchand, et par le derrière, le chemin allant au lieu de Corbières, où il y a deux maisons ». Il coûta d'achat 605 livres, sans compter les frais de vente, qui s'élevèrent à 90 livres 2 sols 6 deniers. Il fallut ensuite construire des murs de clôture, un grand portail, une porte d'entrée : ces travaux, qui nécessitèrent une dépense de 400 livres, furent exécutés, à la suite d'une adjudication, par Dubois, entrepreneur.

En 1783, ce cimetière devint trop exigu : « l'ayant fait sonder et toiser, son étendue s'est trouvée consister en 391 toises, dont une grande partie sont en rocher, il n'est pas possible d'y faire des inhumations, le surplus étant presque entièrement rempli par les corps qui ont été inhumés les dix dernières années. » Autorisés par une ordonnance de Terray, du 5 novembre 1783, les officiers municipaux achetèrent pour servir de cimetière un terrain appartenant à Rochon de Valette, moyennant la somme de 3,000 livres. Ce terrain, en nature de « pré et terre de labour », était situé « au lieu de Corbières », par conséquent dans le voisinage du précédent cimetière.

Tout d'abord, il n'avait pas été trouvé propre à sa destination par les nommés Nioncel et Pradeau, qui avaient été chargés de l'examiner ; on dut faire procéder à une nouvelle enquête : J.-B. Filias, docteur en médecine, Pierre Poissonnier des Granges, chirurgien, et Brunet, architecte et entrepreneur de bâtiments, furent commis à cet effet. Ils se transportèrent en compagnie du lieutenant général, du procureur du roi et du greffier, au dit lieu de Corbières, où les attendaient le maire Chorllon et les échevins Sudre et Dumarest. Le premier entendu, l'architecte Brunet, dit « que le terrain à prendre depuis l'encoignure, par le bas, de la barrière servant à clore le dit terrain et tirant en droite ligne jusqu'à un châtaigner placé vis-à-vis de la rue des Serpents, jusqu'à l'extrémité du terrain, du côté des terres et jardins des sieurs Peyronneau, avocat, et Lacroix, tailleur d'habits », contient 1,982 toises et présente une profondeur de terrain de cinq à sept pieds. — Les sieurs Filias et Poissonnier s'accordèrent à dire que ce terrain convenait à tous les points de vue pour servir de cimetière, qu'il était exposé au nord, qu'il ne pouvait répandre sur la ville, « qui est au-dessous, du côté du Midy, aucunes vapeurs, ni exalaisons putrides, capables de compromettre la salubrité de l'air de la ville ».

L'emplacement de l'ancien cimetière fut mis en adjudication et vendu, en exécution de la délibération du conseil politique de la ville du 10 septembre 1783, à Tournyol de la Rodde, Cherdemont, et autres lieux, conseiller du Roy, maître particulier des eaux et forêts, moyennant le prix de 1,400 livres, qui furent versées entre les mains de Rochon de Valette, à compte sur la somme de 3.000 livres, à lui due pour la vente de son terrain. La vente, consentie à Tournyol de la Rodde fut faite, sous la réserve que les pierres de taille des montants des portes, ainsi que ces dernières avec leurs ferrements, seraient utilisées pour le nouveau cimetière et que les pierres tombales existantes sur l'emplacement cédé seraient employées au pavage de l'église paroissiale. — Tournyol de la Rodde était en outre tenu de laisser continuer les sépultures jusqu'à ce que le nouveau cimetière eût été approprié à sa destination. Autour de ce nouveau cimetière, il devint encore nécessaire de construire des murs de clôture, qui occasionnèrent une dépense totale de 906 liv. 18 sols 18 deniers. Il fut en outre payé à Brioude, « élève en géométrie », une somme de 24 livres « pour avoir dressé le plan de différentes rues et chemins, aboutissant de l'église au cimetière », et en 1786, une somme de 200 livres, pour le parachèvement des murs.

Ce n'est pas tout. En 1773, un arrêt du Conseil du Roy, en date du 29 mars, avait ordonné « qu'à l'avenir l'entretien des bâtiments servant à l'administration de la justice, ainsi que celui des prisons royales, serait à la charge des villes dans lesquelles ces cours ou juridictions sont établies ». Ce fut là, pour Guéret, une nouvelle source de dépenses considérables, peu en rapport avec ses modestes revenus.

Nous avons vu précédemment que le palais des juridictions menaçait ruine et qu'en 1776 la ville dut louer une partie du couvent des Récollets pour y loger les juridictions, en attendant que leur palais fût réparé. Commencées en 1777, ces réparations ne furent terminées qu'à la fin de 1781 ; elles incombèrent à la ville, car nous voyons, dans le compte de 1781, qu'une somme de 1,214 livres fut payée à l'entrepreneur Villemalard pour les travaux qui furent exécutés. Ces travaux avaient été mal faits et nécessitèrent encore de nouvelles dépenses. Dans l'état des revenus et des charges de la ville de 1786, présenté à l'Intendant par les officiers municipaux, nous lisons en effet ce qui suit : « plus, la ville se trouve encore chargée tant de l'entretien du Palais que des Prisons, entretien qui devient coûteux chaque année, à raison de la mauvaise construction de ces deux édifices et notamment du palais, dont partie des murs menace ruine, quoique la réédification en soit faite depuis moins de dix ans, réparations d'entretien qui montent à plus de 500 livres chaque année (1) ».

Les locaux ménagés dans l'intérieur de la porte Marchedieu avaient servi jusqu'en 1766 de prisons royales. A ce moment, ces locaux furent reconnus comme étant absolument impropres à leur destination, tant à cause de leur exiguïté que de leur délabrement et de leur vétusté (2). La construction d'une nouvelle prison fut donc décidée, sur un emplacement situé derrière et à proximité du palais des juridictions (3) ; là, encore, il y eut de nombreuses malfaçons,

---

(1) En 1786, il fut payé à Guinjard, vitrier, une somme de 96 livres, « pour vitres du Palais cassées par la grêle, lors de l'orage arrivé le jour de la fête-Dieu ».

(2) En 1782, il devint nécessaire de démolir la porte Marchedieu pour éviter sa chute et les accidents qui pourraient en résulter. La ville fut autorisée à aliéner le terrain sur lequel elle était bâtie. Ce terrain fut estimé à raison de 5 sols la toise carrée, prix qui fut trouvé exorbitant ; il fut vendu à raison de 2 sols seulement la toise carrée.

(3) Cet établissement existe encore aujourd'hui où on peut le voir dans la cour, derrière l'Hôtel de ville. — Les plans en furent dressés par l'ingénieur Leclerc. La première pierre des fondations fut posée le 2 août 1766 par l'adjudicataire Brunet. Le 17 décembre 1767, la construction était terminée. La réception des travaux fut faite le 11 Mai 1768 par l'ingénieur Devaux. Quelques jours après, les 15 et 16 mai, les prisonniers furent transférés dans ce nouveau domicile. — Les prévisions de dépense pour cette construction furent considérablement dépassées, à cause des fondations qu'il fallut établir à une très grande profondeur et dont les tranchées, envahies par les eaux, exigeaient des puisements continuels. Le montant des frais dépassa de 6000 livres le prix de l'adjudication.

« Les fondements ont été jusqu'à 35 pieds de profondeur du côté droit du bâtiment, 12 du côté gauche et 21 pieds au milieu ». (Régistres paroissiaux de Saint-Christophe, 1766).

dont la ville ne tarda pas à supporter les onéreuses conséquences. Sans parler des frais occasionnés par les réparations ordinaires usuelles de l'établissement, telles que celles relatives à la serrurerie, boiserie, vitrerie, etc. (1), et qui s'élevaient à une somme variant, chaque année, entre 100 et 250 livres, une très forte dépense fut nécessitée, en 1787, par la réfection totale de la couverture. Cette dépense atteignit le chiffre de 3,663 livres 17 sols, qui furent payées à l'entrepreneur Antoine Colas.

Parmi les autres dépenses annuelles qui vinrent s'ajouter, quelques années avant 1789, à celles que nous avons déjà mentionnées, citons encore, pour en compléter l'énumération : le prix de loyer — 300 livres par an — de la maison Midre, occupée par les filles de l'instruction chrétienne et que la ville prit à sa charge, par délibération du 16 août 1784, en attendant la construction de l'établissement qu'elle se proposait de faire édifier pour ces religieuses (2) ; enfin, le montant des gages du maire et de ceux du lieutenant de maire. Ces gages étaient de 60 livres par an pour le premier et de 35 livres pour le second.

Nous avons terminé l'exposé des charges ordinaires de la ville ; si maintenant, après avoir fait une récapitulation de ces charges, on les met en parallèle avec les modiques revenus que nous avons fait connaître, on ne sera pas étonné de rencontrer partout et en toutes circonstances la manifestation des préoccupations qui semblent hanter sans cesse l'esprit des administrateurs de la cité. « L'étroite économie qui a toujours régné dans l'administration des revenus de la ville, lisons-nous dans un document, les a rendus, quoique avec beaucoup de peine et en retardant les paiements, suffisants jusqu'à aujourd'hui pour les charges ». Malgré cette étroite économie, les

(1) En 1786, 77 livres furent payées à Villatte, serrurier, pour reparer les serrures — 17 livres à Faure, menuisier, pour « bois pour les portes des cachots de la prison et façon » — et 176 livres à divers entrepreneurs pour d'autres réparations.

(2) Les plans de cette maison furent dressés en 1788 par Digaud, entrepreneur, qui réclama pour son travail 240 livres. La moitié — c'est-à-dire 120 livres, — lui fut payée de suite ; l'autre moitié devait lui être versée après la réception des dits plans.

revenus ordinaires n'arrivaient pas toujours à faire face aux dépenses effectuées : en 1783, notamment, les comptes se traduisirent par un déficit de plus de 500 livres (1), que permit de combler le produit d'une coupe extraordinaire de bois encaissé l'année suivante. C'est une ressource de même nature — le produit de la vente du quartier de réserve — qui, en 1773, permit également à la ville de réaliser un projet, sur lequel il nous reste à dire quelques mots.

Depuis longtemps l'une des principales préoccupations du corps municipal était de doter la ville d'une halle de boucherie, d'un marché et d'un Hôtel de Ville. L'arrêt du conseil du 28 octobre 1772, autorisant la vente du quartier de réserve des bois, lui fit espérer de voir bientôt la réalisation de ses désirs, mais il se trompait en partie dans ses prévisions.

Déjà, il avait cherché et trouvé un emplacement convenable pour installer une Halle de boucherie. Vers la fin de 1773, il chargea André Brunet, entrepreneur, de se rendre sur les lieux et de dresser le devis des dépenses nécessaires pour une semblable construction. « Nous étant transporté dans l'emplacement indiqué par les maire et échevins pour y établir une halle de boucherie, — lisons-nous dans l'exposé qui précède ce devis, — nous avons mesuré le dit emplacement, qui est à main-droite de la porte de ville, appelée Saint-Vaury ou Montpellier, joignant d'une part la tour et porte de la dite ville, d'autre, derrière de la maison du nommé La Couronne, chapelier, d'autre, le jardin du sieur Devilestiveaud, procureur, et d'autre le chemin publique allant de cette ville de Guéret au faubourg Chènevert. Il s'est trouvé que le dit mesurage consiste en 38 pieds 6 pouces de longueur, sur 28 pieds 8 pouces de large, y compris l'épaisseur, ce qui nous a paru suffisant pour servir à la construction d'une halle propre à y établir des boucheries. » Le montant du devis, dressé par Brunet s'élevait à 6,707 livres 18 s. 9 d.

La même année, — le 17 novembre — une assemblée générale

(1) En 1783, les dépenses s'étaient élevées à 2,967 livres et les recettes en comprenant les exédents du compte de l'année précédente n'attaignaient que le chiffre de 2,457 livres, 3 sols 4 deniers; il en résultait donc un dificit de 510 livres 17 sols 8 deniers.

des habitants, autorisa le maire et les échevins à faire « l'acquisition d'une maison, sur la Halle, faisant le coin de la rue Gayet (1), composée de deux boutiques à trois arcades, une cave, une chambre basse, deux chambres hautes et cabinet, grenier au-dessus d'icelles, cour et écurie par le derrière, joignant de deux parts la dite rue Gayet et celle du Marché, d'autre part, la maison de Guillaume Perdrix, de l'autre, celle de Gabriel Dissandes ». Cette maison devait être aménagée en vue d'y établir un marché à blé et l'Hôtel de Ville. Elle appartenait à Boileau de la Nouzière, notaire royal, et à sa sœur, Marguerite Boileau, qui, par acte passé le 14 janvier 1774 devant maître Malauron, notaire, la cédèrent à la ville moyennant la somme totale de 6,619 livres, y compris les frais de vente, s'élevant à 1,119 livres et 300 livres, d'épingles. La ville fit en même temps l'acquisition d'une chambre contigüe à cette maison et appartenant au sieur Perdrix, pièce qui paraissait nécessaire pour donner au marché à blé une suffisante étendue. Cette seconde vente fut consentie moyennant le prix principal de 700 livres, plus 48 livres d'épingles. Le montant total du prix de ces deux acquisitions atteignit aussi le chiffre de 7,367 livres, non compris les frais de la dernière vente.

Nous avons vu précédemment que la vente du quartier de réserve des bois effectuée le 26 février 1774 ne procura qu'une ressource nette de 12,640 livres 5 s. 6 d., assurément insuffisante pour faire face aux dépenses nécessitées par le triple projet, que le corps municipal avait en vue. Dans cette situation, la construction de la Halle de boucherie fut ajournée et on ne songea plus qu'à mettre la maison Boileau de la Nouzière en état de remplir la destination pour laquelle elle avait été achetée. André Brunet, entrepreneur, fut chargé de dresser le devis estimatif des dépenses, qu'occasionnerait la transformation du rez-de-chaussée de cette maison en un marché à blé, et de son premier étage en une salle devant servir d'Hôtel de Ville, salle mesurant quarante pieds de long sur vingt-deux de large. Les travaux furent donnés par adjudication, le 7 mars 1776, au nommé Nioncel, moyennant le prix de 1,860 livres.

L'exécution des réparations était sur le point de s'achever, lorsqu'on s'aperçut que l'escalier en pierre de la maison était en très

(1) Actuellement rue de la Mairie.

mauvais état. Un expert, Martin Ganiveau, chargé d'examiner les lieux, déclara qu'en effet, cet escalier et la tour, où il se trouvait, menaçaient ruine. Les marches de l'escalier, « qui est en vis », étaient brisées; les murs de la tour présentaient « des fentes et des lézardes » qui nécessitaient sa démolition et sa reconstruction, ainsi que celle de l'escalier. Le montant de la dépense de ces nouvelles réparations fut évalué à 2,487 livres ; à la suite d'une adjudication, le 10 octobre 1776, Nioncel se chargea d'exécuter ces derniers travaux moyennant la somme de 2,200 livres.

Le montant total de la dépense des travaux adjugés s'éleva ainsi à 4,060 livres. En raison, sans doute, de travaux imprévus, cette dépense fut dépassée et atteignit le chiffre de 5,111 livres 8 deniers.

Après l'achèvement des travaux, il restait dû à Nioncel une somme de 1,589 livres 8 sols 4 deniers. Nous avons fait connaître précédemment les circonstances, qui firent ajourner le paiement de cette dette et les moyens que durent employer les officiers municipaux pour arriver à se libérer.

L'acquisition de terrains pour servir de cimetière, la construction d'un marché à blé (1) et d'un Hôtel de Ville, constituèrent les seules dépenses véritablement extraordinaires, auxquelles la ville dut faire face à l'aide de ses propres ressources, sans recourir à aucun impôt nouveau, pendant toute la durée du XVIIIe siècle. — Sans doute des dépenses de même nature furent effectuées et occasionnées par quelques autres constructions, mais les frais de ces créations étaient directement supportés par les habitants, qui chaque fois, en vue d'un projet déterminé, étaient soumis à une imposition spéciale, uniquement applicable à la réalisation de ce projet. — Dans le paragraphe suivant, nous allons parler de ces impositions spéciales en même temps que des charges générales, taille, capitation, impositions accessoires, don gratuit, etc., qui frappaient les habitants de Guéret.

(1) Aussitôt installé, le marché à blé fut mis en adjudication et affermé 50 livres par an.

# § VI

## CHARGES SPÉCIALES

Sous cette dénomination, nous désignons les charges, qui incombaient aux habitants de Guéret, charges auxquelles ne pouvaient ou ne devaient faire face les revenus ordinaires ou extra-ordinaires de la ville, soit en raison de l'insuffisance des ressources de la communauté, soit en conformité d'édits et de règlements, qui spécifiaient la manière, dont étaient susceptibles d'être acquittées les dites charges. Ces dernières étaient donc supportées par les habitants, — soit directement, au moyen de taxes spéciales établies sur chacun d'eux, ou de certaines obligations imposées, comme celle de loger les troupes, ou de journées de travail exigées par exemple pour les corvées, — soit indirectement, par la perception, au profit du Trésor, de droits d'octroi. Ces charges étaient ainsi multiples et variées ; mais ne possédant pas les éléments nécessaires pour les envisager toutes avec quelques détails, nous nous bornerons ici à parler des principales.

Nous avons déjà fait allusion précédemment à l'imposition établie sur la population de la ville pour le rachat de ses offices municipaux (1). D'après divers mémoires que nous avons cités, c'est en 1747 que fut établi à Guéret un droit de 36 sols par poinçon de vin, en vue du rachat de ces offices. Sans doute, — et il ne peut subsister aucun doute à cet égard, — il existait déjà auparavant une imposition destinée à opérer ce rachat; mais les renseignements, que nous avons recueillis sur ce point, sont vagues et ne nous permettent d'en préciser ni la nature, ni l'importance. Quoi qu'il en soit, ce qui reste positif, c'est que de 1747 à 1772, c'est-à-dire en l'espace de vingt-cinq ans, la perception du droit de 36 sols par poinçon de vin produisit au Trésor une somme totale de 78,000 livres, sans compter 8 sols pour livre qui furent surajoutés peu d'années avant 1772. Il s'agissait donc là pour la ville d'une imposition annuelle de plus de 3,000 livres, imposition qui fut maintenue vraisemblablement jusqu'en 1782, époque où les offices municipaux trouvèrent enfin à Guéret des acquéreurs. — Nous n'insisterons pas davantage sur cette imposition : au surplus, nous n'avons aucun détail nouveau à ajouter à ceux que nous avons relatés sur cette question particulière.

En ce qui concerne les autres charges spéciales, dont nous voulons nous occuper, nous les rangerons sous quatre chefs principaux, et nous étudierons successivement les impositions spéciales proprement dites, l'obligation du logement des troupes, les corvées et le don gratuit.

## I. — Impositions spéciales proprement dites

Nous ne possédons que des renseignements fort incomplets sur la fréquence plus ou moins grande des impositions spéciales qu'eurent à supporter, durant le XVIII<sup>e</sup> siècle, les habitants de la ville de Guéret. Lorsqu'elles étaient établies, ces impositions avaient

(1) *Mémoires de la Société des Sciences naturelles et archéologiques de la Creuse*, 2<sup>e</sup> série, t. V, page 178 et suivantes,

évidemment pour objet de permettre de faire face à des dépenses
d'une utilité particulière, intéressant soit la Généralité, soit la Province, soit la ville elle-même. Or, nous avons fait précédemment
ressortir la pénurie des ressources de cette dernière, considérée
comme communauté, ressources uniquement représentées par le
produit modique de droits d'octroi et de la vente des coupes ordinaires et extraordinaires de ses bois. Il est donc rationnel de penser
que toutes les fois qu'il surgissait une dépense extraordinaire et
obligatoire d'intérêt régional ou d'intérêt local, elle se voyait dans
la nécessité de recourir à des impositions spéciales, dont le produit
devait être appliqué à cette dépense. C'est là ce qui paraît s'être
produit en 1765 notamment : à ce moment, en effet, une imposition de 30,000 livres par an fut établie sur la Généralité de Moulins,
en vue de la construction de casernes dans différentes villes de
cette Généralité. Bien qu'elle ne dût en tirer aucun profit, l'élection
de Guéret eut à supporter le quart de cette imposition. En ce qui
concerne la ville de Guéret proprement dite, nous ne pouvons dire,
faute de documents, quelle fut sa quote-part dans la dépense, non
plus que la durée de la charge qui lui fut ainsi imposée.

Il est probable, il est même certain que de semblables impositions furent établies en 1766 et en 1776, lorsqu'il s'agit de reconstruire les prisons royales et le palais des juridictions, à Guéret.
Dans ces deux circonstances, l'imposition ne dut pas s'étendre sur
toute la Généralité, mais rester limitée à la Province, qui seule était
intéressée dans ces constructions. Mais là encore, nous n'avons pu
nous renseigner sur le montant de ces impositions, non plus que
sur leur durée et la part incombant à la ville : tous les documents
que nous avons consultés sont muets sur ces deux points.

En ce qui concerne certaines dépenses extraordinaires à la charge
de la ville seule, nous avons trouvé à diverses reprises la mention
du projet de semblables impositions, dont le produit devait être
affecté à des travaux de réparations à effectuer à des propriétés ou
à des édifices communaux, tels que le cimetière, l'église, etc. En
1735, notamment, le 4 août, une requête fut adressée à l'Intendant
Pallu, par Bonnyaud de Champegaud et Couturier de Fournoue :
« qui remontrent que le clocher de l'église, posé sur la voute d'icelle,

est composé d'une grosse masse de pierres de taille et de plusieurs bois et se trouve fort élevé au-dessus de la dite église et très exposé aux orages, étant couvert d'ardoises, rares dans le pays, qu'il y est survenu des réparations à faire, auxquelles il ne peut être pourvu aux frais de la Fabrique, d'autant que la Fabrique n'a aucun revenu certain, ni en fonds ni en rentes, mais seulement quelques casuels, provenant de la sonnerie des cloches, lesquels sont à peine suffisants pour acquitter la rétribution du prédicateur de l'octave du Saint-Sacrement, l'entretien de la lampe de l'église, ce qui fait bu'on ne pourra l'obtenir que par la voye d'une imposition de la ville ». Le 16 août suivant, une assemblée générale des habitants reconnut la nécessité de ces réparations, demanda qu'un devis fût dressé et que les travaux fussent mis en adjudication. Elle ne prît pas ce jour-là de décision relativement à la création des ressources nécessaires pour l'exécution des réparations, mais il ne paraît pas douteux qu'une imposition spéciale fut établie ultérieurement pour cet objet.

En 1750, l'église paroissiale nécessita encore de grosses réparations, ainsi que le constate un procès-verbal d'assemblée des habitants de la ville, appelée à délibérer sur ce sujet. Ces réparations étaient urgentes, paraît-il, et devaient encore porter sur le clocher et aussi sur la couverture et la nef principale. Il fut décidé que pour subvenir à la dépense, on emploierait d'abord les fonds de la Fabrique, qu'on ferait ensuite appel à la générosité « de ceux qui ont des chapelles autour de la nef, en les obligeant à restaurer les dites chapelles », et qu'enfin le surplus de la dépense serait supporté par les habitants de Guéret, au moyen d'une imposition spéciale établie sur chacun d'eux.

En 1745, les dépenses nécessitées par la translation du cimetière, translation dont nous avons déjà parlé, durent probablement être couvertes au moyen d'une semblable imposition ; il ne nous est cependant pas possible de produire sur ce point une affirmation nette et précise, affirmation qui nous paraît plutôt démontrée par l'absence d'indication sur les comptes de la ville, de la dépense effectuée et prélevée sur ses revenus ordinaires ou extraordinaires. Dans les cas de cette nature, des comptes spéciaux étaient toujours dressés, comptes distincts des comptes ordinaires. Il en était ainsi toutes les fois qu'un travail urgent occasionnait des frais, que ne pouvaient couvrir les ressources habituelles de la communauté.

Sur quelles bases reposaient ces impositions spéciales ? Comment étaient-elles établies ? Leur répartition portait-elle sur tous les habitants ? Y avait-il des exempts et des privilégiés, comme pour la plupart des autres impôts ? Sur ces divers points, des documents très circonstanciés nous fournissent d'intéressants renseignements. Ces documents remontent à l'année 1780 seulement ; ils sont relatifs à la construction du presbytère. Nous allons essayer d'en présenter une brève analyse.

Le 10 janvier 1780, les habitants de Guéret « invités et appelés, tant par des billets invitatoires envoyés aux différents corps et communautés que par le tambour de ville, qui a passé dans toutes les rues, carrefours et faubourgs d'icelle... et encore par le son ordinaire de la cloche, en la manière accoutumée », se réunissent en assemblée générale, « par devant André Baret, écuyer, seigneur de Beauvais, conseiller-secrétaire du Roy, maison couronne de France, ancien avocat au Parlement, maire de la ville, assisté de Jean-Baptiste Sudre, aussi avocat au Parlement, premier échevin, en présence du procureur du Roi au fait commun et de maître J.-B. Polier, notaire royal, commis comme secrétaire greffier, « à cause de la maladie du secrétaire greffier ordinaire ». Lecture est donnée « d'une requête de M. l'abbé de Chastillon, seul curé de cette ville, tendante à ce qu'il soit construit une maison presbytérale telle qu'elle est due à un curé de ville capitale, au dépens de ses paroissiens, attendu le mauvais état où était la maison curiale dans laquelle il fait actuellement son habitation, laquelle construction serait commencé au mois de mars prochain, et que comme pendant la dite construction, il lui sera nécessaire d'un autre logement, qui lui est dû également par ses paroissiens, il fut ordonné qu'ils seront tenus de lui en fournir un, ou que pour raisons d'icelui, il lui soit payé jusqu'à la perfection du presbytère. »

Après avoir délibéré sur l'objet de cette requête, les habitants présents reconnaissent la nécessité et l'urgence de la reconstruction totale de la maison curiale. Ils font observer qu'il « serait très à propos de reconstruire cette maison sur les anciens fondements attendu que les terrains environnants, étant dans l'emplacement des anciens fossés, il serait fort à craindre qu'on ne put y trouver que très difficilement un emplacement ferme et solide, si l'on faisait de nouveaux fondements, qui ne pourraient être qu'extrêmement profonds, ce qui donnerait infailliblement lieu à une augmentation considérable, comme il est arrivé lors de la construction de la prison... où il a fallu faire de grands épuisements et poser les fondements à une profondeur considérable, ce qui augmenta le prix de l'adjudication de la dite prison d'une somme de 6,000 livres... » Ils ajoutent que « dans le moment la ville et paroisse se trouvent chargées de différentes impositions soit à l'occasion de la construction du palais, soit pour l'achat d'un emplacement convenable pour former un cimetière et le faire murer... soit enfin pour faire le pavé des rues et des places publiques de cette ville... il n'est pas possible que les dits habitants puissent être en état de fournir une somme aussi considérable qu'il la faudrait pour faire reconstruire en entier la maison curiale, et encore bien moins d'en faire édifier une sur des nouvelles fondations... » Dans ces conditions, « ils s'en remettent à droit et prudence » de M. l'Intendant et « le supplient très humblement d'avoir égard à leur situation actuelle pour que les réparations ou constructions demandées soient faites à moindre dépense qu'il sera possible, s'en remettant pareillement à sa prudence sur le loyer qu'il estimera devoir être payé annuellement au dit sieur curé, pendant la durée des réparations ou reconstructions... (1) »

A la suite de cette délibération, un arrêt du Conseil du Roy, en date du 5 juin 1780, autorise, en vue de la reconstruction du presbytère, une imposition extraordinaire de 9520 livres, payable en quatre

---

(1) Les membres qui ont signé cette délibération, sont: Baret de Beauvais, maire; Sudre, 1er échevin; Couturier de Fournoue, procureur du Roy; Baret de Beauvais, lieutenant particulier; Rochon de Valette, assesseur; Lejeune de Fressanges; Delafond; Tournyol de la Rodhe; Fauchier; Chorllon de Saint-Léger; Purat; Pichon du Cloup; Lemaigre du Breuil; Fayolle; Coudert de Lavillatte; Dumas; Bourgeois; Devillestiveaud; Cave; Polier, secrétaire greffier.

années, à raison de 2380 livres pour chacune de ces quatre années, à prélever « sur tous les propriétaires des maisons, biens et héritages, situés dans l'étendue de la ville et de la paroisse de Guéret, exempts ou non exempts, privilégiés ou non privilégiés, à proportion de ce que chacun possède ». — Outre la somme de 9520 livres, il devait encore être perçu 6 deniers pour livre, au profit des collecteurs, « pour tenir lieu de tous frais de rôles et de recouvrement », de telle sorte que le montant total de l'imposition s'élève à 9758 livres.

Un rôle de cette imposition fut dressé ; il comprenait 341 cotes, dont 237 pour la ville et 104 pour le reste de la paroisse : 62 nobles ou privilégiés y figuraient. Ce rôle fut lu et publié « à haute voix » à l'issue de la messe paroissiale, « le peuple en sortant en foule, afin qu'aucun n'en prétende cause d'ignorance ». Il fut ensuite déposé au greffe de la délégation, où il resta quinze jours, conformément à l'ordonnance de l'intendant, du 17 août 1780, ordonnance qui l'approuvait et le rendait exécutoire. — La publication de ce rôle provoqua plusieurs réclamations (1), notamment de la part des religieuses Hospitalières Augustines, qui étaient imposées pour une somme de 60 livres. La prieure, Gabrielle de Seiglière, protesta contre cette imposition, au nom de sa communauté. Ces religieuses « ne possèdent, dit-elle, que leur maison et un jardin ; c'est la première fois qu'elles ont été comprises dans un rôle ; elles en ignorent le motif ; tout le monde sait qu'elles sont cloîtrées et point

(1) Parmi ces réclamations, nous avons noté les suivantes : Silvain Cressant, employé des fermes du Roy au dépôt des sels, trouve exagérée l'imposition de 18 livres, à laquelle il a été taxé pour « une petite movaise maison, qui menace ruine et qui, située sur le bord de la grande route, faubourg Marchedieu, supporte toutes les incommodités des élévations que l'on donne à cette route » — Lasnier-Desbarres, chirurgien de l'Hôtel-Dieu, taxé à 60 livres, à raison de 3 sols pour livre en revenu de ses biens, règle qu'on a suivie pour asseoir l'imposition ; réclame en raison du mauvais état des deux maisons qu'il possède Il considère cette taxe de 60 livres comme exhorbitante et abusive et demande qu'elle soit proportionnée à ses facultés. — François Dumarest, avocat, et ses frères mineurs, protestent contre la taxe de 67 livres 10 sols, qui leur est appliquée. Cette taxe suppose un revenu de 450 livres. Or, disent-ils, la maison qu'ils habitent ne pourrait être louée au-delà de 80 livres, et une seconde maison qu'ils possèdent n'est affermée que 180 livres.

sujettes à aucune imposition, de quelques espèces qu'elles soient, et une grande preuve que cette cote a été faite par erreur ou par affectation, c'est que les Barnabites, les Récollets et les Sœurs de la Croix n'y sont pour rien et qui seraient mieux que les suppliantes exposés à cette imposition ».

L'exécution des plans du nouveau presbytère avait été confiée à Grandroinet, ingénieur architecte de la généralité de Moulins. Ces plans furent déposés le 30 décembre 1780 ; mais ils étaient accompagnés d'un devis estimatif des ouvrages de maçonnerie, charpente, couverture, etc., qui s'élevait, — y compris les travaux imprévus, honoraires de l'architecte et l'indemnité de logement de 200 livres, allouée au curé par l'intendant, — à une somme supérieure à celle, qui avait été primitivement prévue, et atteignait le chiffre de 10,921 livres 8 sols 4 deniers. Il devint donc nécessaire de dresser un nouveau rôle d'impositions, en tenant compte de cette dernière prévision d'augmentation de dépenses. Les religieuses hospitalières ne durent pas être très-satisfaites, car dans ce nouveau rôle elles furent taxées à une somme de 75 livres au lieu de 60. D'autre part, les Barnabites et les Sœurs de la Croix, sur lesquels elles avaient appelé l'attention, furent les premiers taxés à 15 livres et les Sœurs de la Croix à 6 livres : seuls les Récollets se trouvèrent exemptés de l'imposition.

L'adjudication des travaux eut lieu le 8 mars 1781. Elle fut faite au rabais et prononcée au profit de Pierre Colas, moyennant la somme de 9520 livres, payables en quatre ans. Il devait être fait quatre paiements par an, au fur et à mesure de l'exécution des travaux : quatre ans après, l'œuvre n'était pas encore achevée. En novembre 1785, Pierre Colas, qui n'avait reçu sur le montant de son entreprise que 5355 livres, s'adressa à l'intendant, de Mazirot, en vue d'obtenir le paiement du reste du prix de son entreprise. Cet intendant, se basant sur une délibération du conseil politique, délibération de laquelle il résultait que l'adjudicataire avait touché 595 livres en plus de ce qui lui revenait sur les travaux exécutés jusqu'à ce moment, considérant du reste que ces travaux n'étaient pas terminés et que le tiers du prix de l'adjudication devait être retenu comme garantie, « jusqu'après la perfection des dits ouvrages, pour répondre de leur solidité et y être pourvu sur le tiers restant, en cas qu'il se trouverait quelque chose à refaire », répondit à Colas en lui enjoignant de terminer son entreprise dans le délai d'un mois, « faute par lui de ce faire dans le dit délai, qu'il y sera mis des ouvriers à ses frais. »

Pierre Colas ne tint aucun compte de cette injonction ; il ne courait du reste aucun risque, car il était insolvable, ainsi d'ailleurs que sa caution. Le 10 mai 1786, il revint à la charge et adressa une nouvelle requête, en vue d'obtenir la réception de ses travaux et le paiement final de son entreprise. Un expert fut nommé pour apprécier l'état du nouveau presbytère et dresser un rapport établissant sa situation. Il résulte du procès-verbal, dressé les 2 et 9 juillet par Digaud, architecte, en présence de six notables, que « différens vices et abus » existaient dans la construction et particulièrement « dans la voute et les murs de la cave ». Le procès-verbal signale encore « le moindre nombre de solives et leur légèreté, l'affaissement des planches et des garlandages... » et beaucoup d'autres défectuosités. Une nouvelle ordonnance de l'Intendant mit l'entrepreneur en demeure de se conformer aux desiderata signalés et de parachever son œuvre. Pour le faciliter dans sa tâche, il lui fut alloué une somme de 600 livres, mais avec cette réserve qu'il ne la recevrait que par portion et au fur et à mesure des travaux exécutés. Pas plus que précédemment, Pierre Colas ne se mit en mesure de remplir les conditions qui lui étaient indiquées et cette situation se prolongea jusqu'en 1788. A ce moment, les officiers municipaux demandèrent l'autorisation de mettre les travaux en régie et de faire terminer la construction par des ouvriers de la ville : cette autorisation leur fut accordée. Dans les premiers jours de 1789, le presbytère était achevé : le 19 janvier, les officiers municipaux visitèrent la maison et en firent la réception, après avoir constaté toutefois que bien que « tous les ouvrages ne sont pas faits dans leur totalité, conformément au devis, ils n'en sont pas moins solides et peuvent être reçues sous la garantie d'usage » (1).

(1) En 1789, au moment de l'achèvement du presbytère, le curé de Guéret était Paul-Ambroise Sudre, qui avait remplacé de Chastillon, mort en 1786. Sudre ne jouit pas longtemps de sa nouvelle demeure : en 1790, un évêché ayant été créé dans le département de la Creuse, nouvellement formé, son siège fut fixé à Guéret. L'évêque nommé,

Le résumé, que nous venons de présenter de l'histoire de la reconstruction du presbytère, nous permet de dégager le mode d'après lequel on procédait pour établir des impositions spéciales, lorsque la création en était jugée indispensable. Suivant l'importance de la dépense à effectuer, la somme nécessaire pour la couvrir était répartie entre les contribuables, qui devaient payer leur quote-part en une ou plusieurs années, « à proportion de ce que chacun possède ». Nous venons de voir que l'imposition nécessitée par la reconstruction du presbytère portait sur « tous les propriétaires des maisons, biens, héritages, situés dans l'étendue de la ville et de la paroisse, exempts ou non exempts, privilégiés ou non privilégiés ». En était-il toujours ainsi pour toutes les impositions de même nature ? Il est permis d'en douter, bien qu'aucun document ne nous permette d'émettre une opinion précise à cet égard. Dans la circonstance actuelle, l'arrêt du Conseil du Roy était formel et très explicite et, comme il s'agissait du presbytère, aucun privilégié, à l'exception des religieuses Hospitalières, n'osa ou ne voulut protester.

## II. — Logement des troupes

Une des impositions les plus onéreuses, une de celles qui étaient le plus difficilement supportées par la population de Guéret, résultait de l'obligation du logement des troupes. Pendant la seconde moitié

après la non acceptation de l'abbé Mourellon, curé de Néoux, fut Marc-Antoine Huguet, curé de Bourg-neuf. Ce dernier s'installa dans le nouveau presbytère et le curé Sudre devint son premier vicaire épiscopal.

La maison du presbytère existe toujours ; elle est située à l'extrémité de la petite rue de la Cure. En examinant les plans dressés par Grandroinet, architecte de la généralité de Moulins, plans conservés aux archives municipales, on voit que cette maison n'a subi aucune modification et qu'elle se présente aujourd'hui, aussi bien à l'intérieur qu'à l'extérieur, avec le même aspect qu'en 1789. Cette maison est actuellement la propriété de Madame Rochoux d'Aubert.

du XVII<sup>e</sup> siècle et pendant toute la durée du XVIII<sup>e</sup>, nous trouvons fréquemment la mention de réclamations suscitées par cette obligation. Dans ses Mémoires, le président Chorllon signale à diverses reprises des passages de troupes à Guéret et fait ressortir la lourde charge qui, de ce fait, incombait aux habitants, lesquels devaient fournir à ces troupes « le couvert et place au feu et chandelle de l'hoste » (1).

Cette obligation du logement n'était pas seulement limitée aux troupes de passage ; elle s'étendait encore à celles qui étaient envoyées en quartier d'hiver, et comme la ville n'avait pas de casernes, il fallait en quelque sorte exproprier temporairement un certain nombre de ses habitants et les mettre hors de leurs demeures, pour pouvoir loger les soldats. Cette assertion peut paraître exagérée ; elle n'est cependant que l'expression de la vérité. Elle ressort clairement de l'analyse de nombreux documents et notamment d'un

(1) *Mémoires du président Chorllon*, publiés par Autorde .. *passim*... « .... Quoique les ordres du Roy portassent qu'on ne leur fournirait que le couvert et place au feu et chandelle de l'hoste, cela ne s'exécutait pas, les officiers des dites troupes se faisant aussi bien nourrir que les soldats, en quelques lieux. Ils firent icy grand bruit pour avoir de l'argent par composition, mais ils n'en purent venir à bout et eurent seulement de l'argent de quelques particuliers, qui voulurent s'exempter de logement et de l'incommodité d'yceluy..... » — page 113 — « .... Ce logement et passage de ce seul régiment cousta beaucoup aux habitants, non seulement par la nourriture et dépense de deux jours, mais à cause de l'argent que les cavaliers exigèrent de leurs hoste, soit par la force ou pour avoir paix et s'exempter du logement dans le nombre de billets qu'ils eurent de reste et plus qu'il n'y avait de cavaliers effectifs ». (page 107) — .... « On donnait tous les jours une pistolle au capitaine et officiers, dont on fit un rolle sur les habitants et de contributions en deniers pour dédommager les hostes de la nourriture de cavaliers, qui l'exigeaient dans la ville et paroisse et les gardaient presque toutes par composition avec leurs hostes pour avoir la paix. Les officiers et soldats vescurent avec grande licence, scandale, liberté et oppression, de nuit et de jour, sans que les consuls en ayent voulu donner advis à l'intendant.... y mettre ordre, sinon à la fin, quand l'excès fut à l'extrémité et à la veille du départ: ce qui les retint ». (page 124).... « Quoiqu'ils eussent la solde du Roy et que l'hoste ne dut fournir que le logement et l'ustensile ordinaire, néanmoins, comme ils estaient les maistres et avaient la force, on les nourrit partout.... Il y eut un habitant blessé par les soldats logés chez lui ; deux s'enfuirent, le troisième fust pris et condamné le lendemain par le conseil de guerre à avoir la teste cassée, ce qui fut exécuté le même jour, pour donner exemple et retenir les autres en discipline.... » (page 173).

mémoire, auquel nous avons déjà fait allusion, mémoire adressé au Roy par les officiers municipaux, en 1769 (1). — Dans les observations qui accompagnent les états de recettes et de dépenses de la ville, états annuellement envoyés à l'intendant par ces mêmes officiers, il est fréquemment question de l'obligation, dans laquelle on se trouvait de recourir à cette singulière expropriation. Dans l'un de ces états on voit consignée la mention suivante: « Quoy que dans les mois heureux de la paix, la ville aye presque toujours une garnison, il a été pareillement impossible jusqu'à présent d'avoir des casernes. On se trouve dans la désagréable nécessité de sortir de leurs maisons des locataires et souvent même des propriétaires, pour loger la garnison ». Sans doute, les habitants, ainsi brusquement expropriés d'une manière passagère, pouvaient réclamer une indemnité, à laquelle ils avaient légitimement droit (1). Mais avant d'avoir pu obtenir satisfaction, — si toutefois ils parvenaient à ce résultat, — que de démarches n'avaient-ils pas à faire ! combien de difficultés à surmonter et de retards à éprouver !

Une circonstance qui rendait cette charge plus lourde encore, c'est qu'elle ne s'appesantissait que sur une partie de la population,

(1) Le 15 juin 1725, une assemblée générale des habitants de Guéret se tint en présence de J. B. Frogier de Villerambaud, lieutenant général de la Sénéchaussée et siège présidial, assisté de Jabrillac du Monteil, lieutenant général de police, Niveau de Montlevade, François Rousset et J. Fayolle, consuls, à l'effet de « délibérer sur les sommes dues aux particuliers et propriétaires des maisons et écuries utilisées, pour servir de casernes aux troupes envoyées dans cette ville en quartier d'hiver ». — Ces troupes consistaient en quatre compagnies de cavalerie du régiment de Villequiers. Les propriétaires des maisons et écuries, où avaient été casernés les hommes et les chevaux de ces compagnies, réclamaient des indemnités, qui s'élevaient, en y comprenant les réparations qu'il avait fallu faire dans les locaux occupés, au chiffre total de 369 livres. — L'assemblée décida de demander l'autorisation d'établir une imposition sur les habitants pour pouvoir se libérer de cette dette. Toutefois, elle « remontra qu'il ne serait pas juste que la ville et paroisse supportent seule la dite imposition, étant déjà assez foulée par le passage des troupes, la fourniture des ustensiles et les bœufs et charrettes, qu'il faut souvent fournir, pour conduire les armes et bagages des dites troupes, et qu'ainsi il y aurait de la justice que les paroisses qui ne sont pas situées au passage et logement des gens de guerre et particulièrement celles en descendant sur la rivière de la Creuse, contribuassent chacune pour leur part au paiement des dites impositions ».

sur celle qui était le moins en état de la supporter, car tous les ecclesiastiques, tous les nobles, tous les officiers des diverses juridictions en étaient exempts. Ce privilège, comme beaucoup d'autres du reste, était d'autant plus aisément accordé à ces derniers, dont les charges étaient vénales, que sa concession ne nuisait en rien au Trésor, auquel il profitait au contraire, car cette concession entrait en compte dans la taxe du prix de vente des offices (1).

En 1753, nous voyons les habitants de Guéret réunis en Assemblée générale se plaindre du grand nombre d'exemptions de logement de gens de guerre, constatées dans la ville et supplier « très humblement M. l'intendant d'observer qu'elle est presque remplie d'un nombre de privilégiés, qu'elle ne se compose qu'environ de deux cent quarante cotes, dont la majeure partie gémissent sous le poids de la misère la plus propre à émouvoir, n'ayant aucun commerce que le plus nécessaire à leur subsistance et qu'ils sont cependant forcés par la

(1) Aux termes d'une ordonnance du Roy, du 1er mars 1758, rappelant ses ordonnances antérieures et portant règlement pour le service dans les places et dans les quartiers, étaient exempts du logement des gens de guerre : les ecclésiastiques dans les ordres et pourvus de bénéfices ou charges, de fonctions exigeant la résidence dans le lieu ; les officiers en service ou relevés du service avec la croix de Saint-Louis ou pourvus de pension du Roy, la noblesse du Royaume qui n'est point dans le service, les veuves d'officiers tués à la guerre, ou retirés avec la croix de Saint-Louis, ou une pension du Roy, celles des gentilshommes ou autres morts dans des charges, qui leur procuraient pendant leur vie l'exemption du logement, les officiers commensaux de la maison du Roy, les conseillers secrétaires du Roy, les présidents, lieutenants généraux et particuliers, civils et criminels du siège présidial de chaque lieu, les officiers des maisons particulières des eaux et forêts, à l'exception des huissiers audienciers, les officiers de l'élection, les officiers et cavaliers de la maréchaussée, les maires, consuls ou échevins, durant le temps de leur administration, les receveurs des deniers royaux, les commis des fermiers des domaines, gabelles, aydes, traites foraines... ainsi que les débitants de sel. Il était encore dit dans cette ordonnance que, en dehors des officiers de judicature précédemment indiqués, les officiers des autres justices établis dans le lieu ne pouvaient jouir de l'exemption du logement des troupes ; mais cette clause, sous un prétexte ou sous un autre, était presque toujours éludée et tous ces officiers étaient habituellement compris au nombre des privilégiés.

pelitesse des lieux de souffrir la surcharge dans les logements et autres charges publiques » (1).

Dans le document qui contient les lignes qui précèdent, nous voyons encore qu'un certain nombre d'habitants de la ville cherchent tous les ans à se faire décharger du logement des troupes, en surprenant la « religion de monseigneur l'intendant, à chaque département fait à Moulins, par des moyens hazardés et sans contradiction », et que l'assemblée appelle l'attention sur la situation « de certains privilégiés, se disant exempts et qui ont su jusqu'à présent se soustraire à toutes les charges publiques ». Elle signale particulièrement comme tels « le sieur Sudre, avocat, qui n'est changeur que par commission et le sieur Dalbost, receveur des tailles, son beau-frère, qui ne peuvent jouir d'aucun privilège, non plus que le sieur Dissandes de Bosgenet, avocat, receveur des consignations, non plus que le sieur Niveau de Montlevade, aussi avocat, son beau-père, qui se qualifie de son commis ». (2)

(1) Si les habitants de Guéret avaient à souffrir du passage des troupes, par contre ceux des villages voisins en retiraient quelquefois avantage et profit, en débitant leurs denrées et surtout leurs fourrages, lorsqu'il s'agissait de troupes de cavalerie. Il fallait en effet nourrir les chevaux, ce qui faisait « débiter le foin des environs à 20, 25 et 30 sols le quintal ». (Chorllon, loc. cit. page 200).

(2) Ces plaintes et réclamations formulées par les habitants de la ville devenaient une source continuelle d'ennuis et de préoccupations pour les officiers municipaux ; mais ces préoccupations et ces ennuis n'étaient pas les seuls. Lorsque des troupes devaient passer à Guéret ou y séjourner un certain temps, ils devaient pourvoir eux-mêmes au logement de ces troupes et ils n'arrivaient pas toujours à ce résultat sans difficultés et désagréments. Bosvieux a noté les tracas et les embarras qui leur étaient suscités dans ces circonstances. Nous n'avons pas eu entre les mains les documents où cet érudit archiviste a puisé ses renseignements ; nous nous bornons à reproduire textuellement les lignes qu'il a écrites à ce sujet : « …. La plus lourde part, sinon d'impots, du moins de désagréments, retombait sur les officiers municipaux , c'est-à-dire sur le maire et les échevins, chargés d'assurer le logement des troupes de passage. Il fallait qu'ils vérifiassent par eux-mêmes le nombre des soldats arrivés dans leur ville, qu'ils surveillassent les fraudes auxquelles les officiers se livraient pour faire loger leurs domestiques et les goujats de l'armée, qui n'avaient pas droit au logement; de là des querelles, des contestations où l'autorité du soldat jointe à l'influence du gentilhomme dépassait toutes les bornes. Quelques officiers allèrent même jusqu'à vouloir faire lever le maire au milieu de la nuit pour compter les

Tous les ans, un tableau des habitants assujettis au logement des troupes était dressé par l'intendant. A titre de document, nous reproduisons celui qui fut dressé, le 27 août 1753, pour l'année 1754.

Les assujettis y sont classés en cinq catégories. La première de ces catégories comprend les avocats et deux ou trois officiers de judicature ; la seconde est composée de procureurs et de notaires, la troisième et la quatrième, de marchands, de cabaretiers et d'ouvriers, la cinquième enfin, d'artisans.

1<sup>re</sup>

Jean-Baptiste Sudre, avocat ;
Jean-Baptiste Venassier de Beauvais, avocat ;
Midre père, ou Monsieur son fils, conseiller ;
François Voisin, avocat ;
Jean-Baptiste Peyronneau, avocat ;
Pierre Baret d'Auriole, avocat ;
Jean-Baptiste Boulaud, avocat ;
Annet Niveau de Montlevade, avocat ;
Pichon de Bury, conseiller, ou son fils, avocat ;
Bonnyaud de Champegaud, avocat ;
Annet Jourdain, avocat ;
J. Dissandes de Bogenest, avocat ;
François Dumarest, avocat ;
André Baret de Beauvais, avocat ;
Chazel de la Villetelle, lieutenant de police ;
Druillettes de Cherduprat, avocat.

2<sup>e</sup>

Godier, procureur ;
Niort, greffier de la châtellenie ;
Gabriel Dissandes, procureur ;

retardataires qui n'étaient pas arrivés avec le reste de la troupe et leur assurer un logement. Après ces scènes, l'intendant auquel les officiers municipaux maltraités s'étaient adressés, provoquait quelque mesure sévère contre les délinquants ; mais les mêmes violences se reproduisaient ensuite. (Manuscrit Bosvieux, archives de Limoges et *Bulletin de correspondances de la Société des Sciences naturelles et archéologiques de la Creuse*, 1893, n° 1, page 29).

Guillaume Dareau, procureur et notaire ;
Antoine Baret, procureur ;
Antoine Martin de Brugnat, procureur ;
Silvain Bouezard, procureur ;
Guillaume Niveau, procureur ;
Joseph Dumarest, procureur ;
Pierre Peyronneau, procureur ;
Jean-Baptiste Coudert, procureur ;
Pierre-Annet Bergier, procureur ;
François Devilestiveaud, procureur ;
Jean-Baptiste-Joseph Dumarest, procureur ;
Silvain Boileau, procureur.

3<sup>e</sup>

Henry-Augustin Lemoyne, huissier ;
Pierre Purat, marchand ;
Pierre et Christophe Cave, marchands ;
Gilbert-Pardoux Meunier, cabaretier ;
Christophe Fayolle, marchand ;
Antoine Petit, huissier ;
Olivier Lemoyne, marchand cabaretier ;
François Meunier, marchand ;
Charles Gay, teinturier ;
Jean-Baptiste Cillet, marchand cabaretier ;
Jean-Baptiste Lagoutte ;
Pierre Raby, marchand ;
Jean-Baptiste Banassat, marchand tanneur ;
Martial Duchierbardon, cabaretier ;
François Vergne, perruquier ;
André Paillon ;
Léonard Deplagne, tanneur.

4<sup>e</sup>

Jean Constant ;
Pierre Cave, perruquier ;
Antoine Fabre, marchand ;

Antoine Malitte ;
Antoine Guillon, cabaretier ;
Pierre Chezaud, chapelier ;
Jean-Baptiste Fayolle, marchand ;
François Deglaude, aubergiste ;
Jean-Baptiste Niveau, aubergiste ;
Léonard Tourteau, perruquier ;
Pierre-Alexis Malauron, marchand ;
Mathieu Pateyron, marchand cabaretier ;
François Lemoyne, huissier ;
Joseph Marsat, cabaretier ;
Jean-Baptiste Lagoutte, tailleur ;
Jacques Langlois, perruquier ;
Anastase de Wilde, marchand.

5<sup>e</sup>

François Faure, menuisier ;
Louis Lemerle, menuisier ;
Jean Demousseau, menuisier ;
Silvain Deglaude, cabaretier ;
Pardoux Parot, marchand ;
François Goumel, marchand ;
Jean Bonnyaud, maréchal ;
Jean-Baptiste Baraton, cloutier ;
Nicolas de la Croix, tailleur ;
Clément Lagoutte, tailleur ;
François Jeandonnet, maréchal ;
Estienne Grellet ;
Léonard Vincent, coutellier ;
Jean Courtaix, cloutier ;
Antoine Vincent, serrurier ;
Martial Delord, tisserand ;
Jean Lafaye, tisserand.

L'établissement du tableau des personnes assujetties au logement des troupes provoquait tous les ans de nombreuses réclamations.

11

Pour se soustraire à cette charge, on invoquait habituellement le privilège, que l'on prétendait attaché à certains emplois considérés comme honorifiques ou concédés moyennant finances. En 1754, dans une lettre adressée à l'intendant le 13 février par le maire, Baret de Beauvais, nous lisons ce qui suit : « Les personnes, qui se prétendent privilégiées et qui sont en état de loger, sont au nombre de cinq, savoir : Annet Luche, qui est lieutenant des chirurgiens et en même temps marchand fournisseur aux dépôts de sel et fermier de deux terres considérables. Il se réclame d'une lettre écrite à M. de Bérulle par M. d'Argenson, qui le déclarait exempt de logement ; mais nous pensons qu'on aurait tu à ce ministre les commerces que fait ce particulier. Le second est le sieur Christophe Fayolle, qui est distributeur du timbre et receveur des droits des boucheries, mais en même temps marchand de draps. Le troisième est le sieur Dareau, chirurgien, qui est en même temps notaire royal et greffier en chef de la sénéchaussée criminelle. Le quatrième est le sieur Poissonnier des Granges, qui est le seul apothicaire de l'Hôtel Dieu. Le cinquième est un nommé Fortune, marchand, qui a été nommé par M. votre subdélégué pour syndic des corvéables de cette ville. Il y en a encore un autre, nommé Dumas, qui se croit exempt de logement, en raison d'une catastrophe fâcheuse arrivée à une de ses filles et qui a précédemment donné lieu à sa décharge, sur la requête qu'il a eu l'honneur de vous présenter à ce sujet. »

A Guéret, le nombre des personnes exemptes du logement des troupes était relativement considérable : ce nombre variait entre quatre-vingts et cent. — En 1780, quatre-vingt-douze noms figuraient sur le tableau des habitants de la ville, qui se prétendaient exempts du logement des gens de guerre. Onze de ces noms furent rayés par l'intendant : l'un d'eux était celui du sieur Bétounet, qui demandait l'exemption comme leveur de boues. Une demoiselle Meunier se prétendait privilégiée comme débitante de cartes à jouer ; les autres demandes éliminées par l'intendant étaient toutes à peu près de même nature que les deux que nous venons d'indiquer. Voici les noms qui furent conservés sur le tableau :

La veuve de Madot, écuyer, lieutenant général au Présidial ;
De Madot, lieutenant général au Présidial ;

La veuve Rochon, lieutenant de l'Election ;
La veuve de Nesmond, lieutenant particulier au Présidial ;
Tournyol du Rateau, écuyer ;
Beaufils, conseiller en l'élection ;
Grellet de Beauregard, avocat du Roy au Présidial ;
Coudert de la Vaublanche, écuyer ;
Guillon de la Villatte-Billon, lieutenant criminel ;
Dalbost, receveur des tailles ;
De Naillac, écuyer ;
Tournyol, entreposeur des tabacs et contrôleur du dépôt ;
De Neuville, conseiller en l'élection ;
Crosnier, chanoine ;
Peyronneau, procureur du Roy des eaux et forêts ;
L'ancien prieur des Ternes, chanoine honoraire ;
Baret de Beauvais , écuyer et maire ;
De la Prade, contrôleur des domaines ;
Le curé de Guéret ;
Les dames des Varrennes et de la Vergne, sœurs de **De Sardent** ;
De Sardent, écuyer ;
Poissonnier, receveur de la ville ;
Poissonnier, chanoine ;
De Saint-Vaury, chanoine ;
Devilestiveaud, secrétaire de l'Hôtel-de-Ville ;
Pierre Brune, chevalier de Saint-Louis ;
La veuve de La Loue, écuyer ;
Rochon de Valette, assesseur au Présidial ;
Chorllon de Saint-Léger, lieutenant des eaux et forêts ;
L'abbé Nanot, chanoine ;
L'abbé Cave, communaliste ;
Desbarres, lieutenant du premier chirurgien du Roy ;
Delafond, conseiller au Présidial et procureur de la maréchaussée ;
Baret de Beauvais, lieutenant particulier au Présidial ;
Dumarest, avocat et échevin :
Mathieu Pateyron et Fillioux, son gendre, étapiers ;
Dissandes de Bosgenet, receveur des consignations ;
L'abbé Perdrix, chanoine ;

Malaurou, greffier de la subdélégation ;

La veuve de la Villetelle, lieutenant général de police ;

Marie Baraton, accoucheuse ;

Tournyol de la Rodhe, maître particulier des eaux et forêts ;

Collet, contrôleur ambulant des domaines ;

Les sœurs de la Croix ;

Lejeune de Fressanges, prêtre ;

Beze, receveur des tailles ;

De Nesmond, écuyer ;

Martial Cassier, cavalier de la maréchaussée ;

Sudre, avocat, premier échevin ;

Dumont, inspecteur général des gabelles ;

Nanot, chanoine ;

La veuve de Luche, lieutenant du chirurgien du Roy ;

La veuve de Fournoue, écuyer, procureur du Roy au Présidial ;

Bernard, receveur des Aydes ;

Chazel de l'Epinat, chevalier de Saint-Louis ;

Filloux de Saint-Sulpice, conseiller de l'élection ;

Boileau de la Nouzière, procureur du Roy en l'élection ;

La veuve de la Rodhe, maître particulier des eaux et forêts ;

De Fournoue, écuyer, procureur du Roy et subdélégué ;

Blandin, médecin de l'Hôtel-Dieu ;

Besse, oncle et neveu, chanoines ;

Layre, chanoine ;

La veuve Voisin, procureur du Roy au bureau des finances de Limoges ;

Bodeau, conducteur des grandes routes royales ;

Niveau, notaire royal, directeur de la poste aux lettres ;

Martial Malauron, conducteur des routes royales ;

Chateaubodeau, sous-lieutenant de maréchaussée ;

La veuve Gaiodol, exempt de maréchaussée ;

L'abbé Coudert, chanoine ;

Cusinet, greffier du lieutenant du premier chirurgien du Roy ;

Périmone dit Landriux, cavalier de maréchaussée ;

Les Barnabites ;

Les Récollets ;

La veuve de Vallereix, avocat du Roy au Présidial ;
Naud, chanoine ;
Peyroud, chanoine ;
Tixier de la Chapelle, président de l'élection ;
Bonnyaud, greffier en chef des eaux et forêts ;
Bonnyaud, chanoine.

En retournant ce tableau, revêtu de son approbation, aux officiers municipaux, l'intendant de Reversaux leur adressait en même temps une ordonnance, aux termes de laquelle il accordait l'exemption du logement à Marie Barathon, maîtresse sage-femme, « en considération de ce que son état la mettait souvent dans l'obligation de quitter son logement et de ce qu'il y aurait beaucoup d'inconvénient pour elle à le laisser occuper par des soldats ». Marie Barathon avait obtenu précédemment la même faveur de l'intendant de Pont, et à ce sujet de Reversaux écrivait dans une lettre : « Du moment que M. de Pont a jugé à propos de lui accorder ce privilège, je vous prie de continuer à l'en laisser jouir ». Dans la même lettre, il ajoutait en post-scriptum : « Je désire aussi que dans l'établissement des logements, vous ménagiez beaucoup Messieurs les officiers du Présidial, quoique, pour me conformer à la règle, je n'ai pu les excepter. Je n'en sais pas moins combien leurs études et leurs fonctions méritent d'égards ». En bon français de l'époque, un tel langage signifie que les officiers du Présidial, bien que non compris sur le tableau des exempts du logement des troupes, doivent cependant être dispensés de l'obligation de ce logement.

Cette charge du logement militaire n'était pas seulement dure pour les habitants de la ville ; les passages de troupes avaient encore une conséquence qui se faisait lourdement sentir sur le reste de la paroisse, sur les propriétaires, les cultivateurs, les fermiers, qui possédaient des bœufs et auxquels on imposait l'obligation de conduire les armes et les bagages de ces troupes, souvent à des distances fort éloignées de leurs domiciles. Cette obligation était d'autant plus onéreuse qu'elle était perpétuelle. Sans doute, on allouait bien à ces propriétaires et à ces fermiers une indemnité ; mais cette indemnité était loin de compenser les dépenses qui leur étaient occasionnées. Sans parler des accidents qui survenaient souvent, soit par la perte de bœufs, soit par la fatigue consécutive qui mettait ces animaux dans l'impossibilité de travailler pendant un certain temps, la solde de 20 sols par paire de bœufs, allouée par transport, était absolument insuffisante. Cette solde ne suffisait même pas pour assurer la nourriture des animaux et celle de leur conducteur, pendant deux jours, durée minima de chaque conduite. A diverses reprises les officiers municipaux appelèrent l'attention de l'intendant sur ces dernières particularités. Dans un mémoire sans date, écrit vraissemblablement entre 1660 et 1670, ils se plaignent de ce que la charge de la conduite des équipages des tronpes, qui devrait être répartie « entre tous, n'est supportée que par un certain nombre ». — Il a été dressé un tableau, disent-ils, indiquant « les domaines et les particuliers ayant bœufs et assujettis au transport ». Ce tableau a été fait en englobant tous les domaines compris dans un rayon d'une lieue autour de la ville, mais ce tableau est inexact. En quelques endroits, on a excédé le rayon d'une lieue, en d'autres on ne l'a pas atteint. On a provoqué ainsi de nombreuses réclamations : des particuliers très éloignés de la ville sont obligés au transport ; d'autres plus à proximité ne le sont pas. Pour faire cesser ces réclamations, il faudrait comprendre dans le tableau les domaines de la paroisse de Guéret seulement, mais dans ce cas, il serait juste de leur donner un dédommagement convenable. La paroisse de Guéret comprend 29 domaines à 4 bœufs et 7 ou 8 à 2 bœufs : cela est suffisant pour assurer le service. Mais l'intendant devrait taxer d'office les propriétaires et les fermiers de ces domaines et réduire de moitié le montant de la taille de chacun d'eux. Il est encore dit dans ce mémoire que si le système proposé était adopté, dans le cas où des voitures de la paroisse seraient empêchées pour une raison quelconque de faire les convois, les officiers municipaux pourraient être autorisés à prendre dans une paroisse voisine, la plus proche, les voitures nécessaires pour remplacer celles qui manqueraient. Dans ces cas, les corvéables de Guéret, qui devraient marcher et ne le pourraient pas, ou ne le voudraient pas, à cause de la fatigue de leurs bœufs, seraient tenus de payer cinq livres par paire de bœufs, outre la solde à celui ou

ceux qui marcheraient à leur place. — Le système proposé par les
officiers municipaux était pratique ; il était inspiré par un esprit de
justice et d'équité ; mais pour l'appliquer, il aurait fallu rompre
avec la routine, avec les préjugés : aussi ne fut-il pas pris en considération (1).

## III. — Corvées

Nous ne parlerons ici que des corvées royales, c'est-à-dire des
contributions en travail ou en argent exigées par l'entretien ou la
construction des grands chemins du royaume (2).

Au XVII<sup>e</sup> siècle, les routes et chemins attirèrent peu l'attention
du Gouvernement, attention absorbée d'abord par les troubles inté-

(1) Déjà, dans quelques Généralités, les réquisitions pour le
transport des équipages militaires avaient été supprimés par les
intendants, qui avaient été frappés des graves inconvénients de ce
système, dont souffraient les habitants, qui portait souvent dommage
à leur matériel agricole, sans qu'il leur fût possible de recevoir de ce
chef une indemnité. Ces intendants avaient demandé et obtenu du
Gouvernement l'autorisation de remplacer ces réquisitions par une
imposition en argent, imposition dont le produit était employé à
passer un marché avec des entrepreneurs, qui se chargeaient du
transport militaire. C'est là ce que fit notamment Turgot dans le
Limousin et ce qu'il appliqua ensuite dans toute la France, lorsqu'il
fut devenu ministre.

(2) Les corvées royales ne sauraient être complétement assimilées
aux corvées seigneuriales, auxquelles s'attachait plus particulièrement
un caractère odieux de servitude personnelle. Ces dernières, en effet,
n'étaient autre chose que le droit que s'arrogeait le Seigneur d'obliger
ses sujets à travailler un certain nombre de jours à son profit, pour
faucher ses prés, faner ses foins, moissonner ou labourer ses terres,
curer les ruisseaux, conduire son vin, etc, et sans lui allouer aucune
rémunération. Les tristes souvenirs d'exaction et de tyrannie, laissés
par les corvées seigneuriales ont rejailli sur les corvées royales, qui,
bien qu'appliquées à un but d'intérêt général, semblaient consacrer,
comme la plupart des institutions de l'ancien régime, la violation des
principes les plus élémentaires d'équité et de justice. Les corvées
seigneuriales étaient réelles ou personnelles, réelles, lorsqu'elles

rieurs survenus pendant la minorité de Louis XIV, et ensuite par les guerres successives, qui survinrent et absorbèrent les revenus du Trésor (1). Ce ne fut qu'au commencement du siècle suivant que parurent les premiers règlements, dans lesquels on trouve les dispositions, qui ont provoqué la construction des grandes routes, commencées et exécutées sous le règne de Louis XV.

En 1717, en présence de l'état précaire des finances, les fonds des ponts et chaussées, prélevés jusque là sur la masse du Trésor, furent rejetés sur les provinces. Modiques d'abord, ces fonds furent augmentés de fonds extraordinaires, dont le montant variait avec l'importance des ouvrages et fut compris dans le brevet général annuel des tailles ; mais ces fonds eux-mêmes, ordinaires aussi bien qu'extraordinaires, devinrent bientôt insuffisants. C'est alors qu'on songea à adopter une méthode, déjà pratiquée en Lorraine et en Alsace, et qui consistait à faire faire les chemins par corvées. Cette méthode s'étendit de proche en proche dans toutes les provinces, en vertu de simples ordonnances des Intendants, qui com-

reposaient seulement sur la possession de certains héritages, personnelles, en raison de la résidence dans l'étendue d'une justice. Les corvées personnelles étaient assez communes dans la Marche et le Bourbonnais, comme dans tous les pays de mainmorte, « parce que les seigneurs de ces contrées se les étaient réservées, en accordant la liberté à leurs serfs, vers la fin du XIIe siècle ». (*Collection Denisard*).

(1) Quelques chemins furent commencés dans la Généralité de Moulins à la fin du XVIIe siècle : c'est là ce qui ressort du passage suivant du rapport de l'Intendant Le Vayer : « Le moyen le plus digne du règne d'un grand prince et le plus sûr pour faire fleurir le commerce dans son royaume est de penser sérieusement à l'entretien et à l'agrandissement des grands chemins et des ouvrages publics. — Les superbes palais que les princes font bâtir pour eux sont à la vérité des monuments de leur grandeur, mais ils le sont aussi de leur amour propre : ils n'y ont cherché la plupart du temps que leur plaisir et leur commodité. Mais les grands chemins qu'ils font faire sont des monuments de l'amour qu'ils ont pour leurs peuples. Rien donc n'est plus digne de la gloire du règne que nous voyons que d'achever d'exécuter dans cette généralité ce qui a déjà esté si heureusement commencé à cet égard ». Jacques Le Vayer, *Mémoire sur la Généralité de Moulins*, 1795. — Les chemins, auxquels il est fait allusion, dans ce passage du rapport de Le Vayer, étaient exécutés en Bourbonnais, évidemment. Il ne paraît pas en effet qu'à cette époque, il ait été question d'en construire dans la Haute-Marche.

mandaient eux-mêmes les corvées en nature, avec l'autorisation tacite du Gouvernement.

Par un arrêt du 3 mai 1720, qui ordonnait l'élargissement des grands chemins et des plantations d'arbres sur leurs bords, il fut décidé que les fonds des ponts et chaussées seraient exclusivement destinés aux ouvrages d'art. A partir de ce moment, la corvée fut considérée comme une charge publique, devint obligatoire et dès lors chacun chercha à s'en faire exempter. Tous les édits de création de nouveaux offices ne manquèrent pas de la comprendre au nombre des exemptions accordées aux nouveaux pourvus. Il est inutile d'ajouter que tous les ecclésiastiques, tous les nobles, tous les privilégiés déjà existants, en furent dispensés. C'est ainsi que la corvée personnelle, sans loi précise, prit chaque jour plus de consistance. Certains particuliers cependant parvenaient à se rédimer de cette charge personnelle, en faisant remplir leurs tâches par des journaliers qu'ils payaient. Ils se rédimèrent ensuite en payant directement aux entrepreneurs ou aux communautés. Bientôt, ces dernières elles-mêmes adoptèrent ce système, préférant pour leurs habitants le paiement de la tâche au service de la corvée en nature. Cette méthode fut adoptée par un certain nombre d'Elections et de Généralités ; d'autres préférèrent cependant la corvée en nature.

C'est ce dernier mode, qui paraît avoir prévalu dans la Haute-Marche, du moins pendant assez longtemps, si nous nous en rapportons à un document de l'année 1757, le plus ancien que nous ayons trouvé relativement à la manière d'exécuter les corvées dans la paroisse de Guéret. Nous voyons en effet dans ce document qu'une ordonnance de l'intendant de Bérulle, en date du 10 novembre de cette dernière année, prescrit aux maires et échevins de Guéret « de commander et conduire » sur la grande route de Limoges à Moulins, qui était alors en voie d'exécution, « au lieu dit Gorebieure, tous les manœuvres de la ville, avec pics, pelles, bêches, hoyaux, etc., pour travailler à la construction de la dite route ».

Ce système de corvées en nature était particulièrement dur pour les pauvres gens des villes et des campagnes, pour ceux d'entre eux surtout, et ils étaient les plus nombreux, qui n'avaient que leurs bras pour subvenir à leurs besoins et à ceux de leurs familles (1). Il était d'autant plus dur et d'autant plus inique que non seulement tous les privilégiés ordinaires, ainsi que leurs serviteurs, étaient exempts des corvées, mais encore que de nombreuses dispenses étaient frauduleusement obtenues des agents du pouvoir, ou gracieusement accordées par eux à des propriétaires influents et qu'on voulait ménager. Il en résultait que la charge des corvées, comme toutes les autres charges publiques du reste, retombait sur les plus pauvres et s'appesentissait sur eux de tout son poids (2).

Nous avons trouvé un état, de l'année 1757, « des personnes de la ville de Guéret » qui étaient ou se prétendaient exemptes de la corvée. Il nous semble intéressant de reproduire cet état, car la simple énumération des noms qu'il renferme sera plus éloquente que tout ce que nous pourrions dire :

### 1° *Officiers du Présidial :*

Bonnet, second président ;
De Madot, écuyer, lieutenant général ;
De la Villatte-Billon, lieutenant criminel ;
De Nesmond, écuyer, lieutenant particulier ;
Chazel de la Villetelle, lieutenant général de police ;

---

(1) Tous les taillables de 16 à 60 ans, résidant dans un périmètre de quatre lieues autour de la route en construction ou en réparation, étaient soumis à la corvée. La durée n'en était pas limitée ; elle variait chaque année entre 8, 10, 15, 20, 30 jours et même davantage. Le pouvoir des Intendants étaient arbitraire à cet égard ; ils déterminaient non seulement la durée de la corvée, mais encore la distance des paroisses corvéables, distance quelquefois réduite à deux lieues, parfois étendue à sept. Les récalcitrants étaient punis d'amende et de prison.

(2) « Prendre le temps du laboureur, même en le payant, serait l'équivalent d'un impôt. Prendre son temps sans le payer est un double impôt et cet impôt est hors de toute proportion, lorsqu'il tombe sur le simple particulier, qui n'a pour subsister que le travail de ses bras ». (Edit du Roy, qui supprime les corvées, février 1776).

Bonnyaud de Champegaud,
Pichon de Bury, père et fils,
De Montenon,                    } Conseillers du Roy ;
Midre,
Druillette de Ceydoux,
De la Forest, conseiller du Roy en la maréchaussée ;
Chorllon des Rioux, conseiller, lieutenant des eaux et forêts ;
Tournyol du Rateau, avocat du Roy ;
De Fournoue de Soumandes, écuyer, procureur du Roy ;
De Saint-Vaury, greffier civil ;
Dareau, notaire royal, greffier en chef du Criminel.

### 2° *Officiers de l'Élection* :

Tournyol, président ;
Coudert de la Faye, écuyer et lieutenant ;
Fillioux de Saint-Sulpice,
Beaufils,
Désardillier de Neuville,          } Élus ;
De Combredet de Buxerette,
Rochon de Valette, procureur du Roy ;
Chorllon, greffier en chef ;
Bergier, notaire royal, procureur, greffier de l'Hôtel-de-Ville ;
Dalbost et Froment, receveurs des tailles.

### 3° *Officiers des Eaux et Forêts* :

De La Rodhe, maître particulier ;
De Bournazeau, procureur du Roy ;
Goguier de l'Étang, greffier en chef du Gouvernement.

### 4° *Officiers de la Maréchaussée* :

Dumas, lieutenant ;
Dissandes, notaire royal, greffier en chef du Présidial et de la Maréchaussée ;
Les cavaliers de la Maréchaussée.

#### 5° *Officiers du Dépôt de sel* :

Jourdain, président ;
Desry du Theil, lieutenant ;
Fourneau, contrôleur des dépôts ;
Champroux, contrôleur des actes ;
Garraud, receveur des Aydes ;
Alix, commis aux Aydes ;
Bertin, entreposeur du Tabac ;
Blandin, père et fils, médecins.

#### 6° *Avocats* :

Labourge, avocat :
Niveau, avocat et échevin ;
Duvernet, id.      id.
Baret de Beauvais, id. id.
De Bosgenet, Conseiller du Roy, receveur des consignations, avocat ;
Sudre, avocat et échevin ;
Baret d'Auriole, avocat ;
Peyronneau,      id. ;
Boutaud, avocat ;
Dumarest,   id. ;
Rochon,      id.

#### 7° *Notaires et Procureurs* :

Les sieurs Coudert, père et fils, notaires royaux ;
Peyronneau, notaire royal, procureur ;
Bouëzard, greffier, trésorier de l'hôpital, procureur ;
Boileau, procureur ;
Dumarest, aîné, procureur ;
Baret, notaire, procureur et collecteur ;
Dumarest, jeune, notaire et procureur ;
Niveau, procureur ;
Pichon, procureur.

### 8° *Chirurgiens* :

Luche, lieutenant des chirurgiens ;
Peyrat, greffier et chirurgien ;
Lasnier des Barres, chirurgien ;
Vincent, chirurgien ;
Poissonnier, seul apothicaire servant l'Hôtel-Dieu.

### 9° *Autres* :

Alexis-Pierre Malauron, greffier de la Subdélégation ;
Antoine Goumy, commissaire de police ;
Lacroix, commissaire de police ;
Niveau, directeur de la poste ;
Lemoyne, commis au bureau de la recette des tailles ;
Les curé et prêtres habitués de la communauté ;
Fayolle, commis ;
Le distributeur de la Formule ;
Le receveur des droits de courtiers jaugeurs et inspecteurs des boucheries.

L'état qui précède comprend, ainsi qu'on peut le voir, environ quatre-vingt-dix noms de personnages, qui étaient ou se prétendaient exempts de la corvée ; mais la prétention de tous ne fut pas admise. Une dizaine d'entre eux furent éliminés comme ne remplissant pas les conditions requises pour une telle exemption, et parmi ces derniers figurent la plupart des procureurs. Deux d'entre eux furent seuls maintenus sur le tableau des exempts, l'un, Peyronneau, parce qu'il avait dépassé l'âge de soixante ans, le second, Baret, en raison de sa charge de collecteur de l'année courante. L'exemption de la corvée était accordée à Lasnier Desbarres, chirurgien, mais à la condition qu'il ne vendrait pas « de drogues ».

L'usage d'acquitter les corvées en argent, déjà pratiqué dans le Limousin, sous l'administration de Turgot, qui substitua au système jusque-là employé, si pénible pour les simples ouvriers, une contribution additionnelle à la taille, finit cependant par pénétrer dans la Marche. En ce qui concerne Guéret, une ordonnance de l'Intendant de Pont, du 1er janvier 1770, nous apprend que dans le voisinage de cette ville, le mauvais état de la route de Moulins à Limoges nécessitait des réparations urgentes. En vue de faire exécuter ces réparations, l'Intendant décidait « de recourir aux corvées des paroisses voisines, qui ont la liberté de remplir leur tâches par elles-mêmes ou de les faire faire à prix d'argent ». Les habitants de ces paroisses étaient en conséquence autorisés à se réunir, à l'effet de délibérer sur le mode qu'ils voulaient choisir. D'après l'estimation de l'ingénieur de Vaux, le montant des tâches pour la paroisse de Guéret s'élevait à 750 livres, somme qui, si le mode de la corvée à prix d'argent était adopté, devait être répartie entre les contribuables de cette paroisse au prorata de la taille.

A ce moment, les graves inconvénients et l'iniquité criante de la corvée en nature semblaient éclater aux yeux de tous ceux qui n'avaient pas intérêt à son maintien. On reprochait à ce système d'enlever le cultivateur à ses travaux, d'être un lourd impôt pour le simple particulier, qui n'avait que le produit de son travail pour vivre, d'obliger le corvéable à perdre un temps considérable et sans profit pour personne, pour se rendre sur l'atelier et pour en revenir, de telle sorte que les ouvrages faits par lui coûtaient deux ou trois fois plus que s'ils étaient exécutés à prix d'argent. Ce n'est pas tout : on reconnaissait encore que ces ouvrages, — œuvre d'hommes inexpérimentés et contraints, soumis à des peines sévères en cas de résistance et de mauvaise volonté, — étaient toujours défectueux, sans solidité et sujets à d'incessantes réparations (1). Plus que jamais, on s'élevait partout contre l'injustice d'un sys-

(1) « L'homme qui travaille par force et sans récompense travaille avec langueur et sans intérêt ; il fait en même temps moins d'ouvrage et son ouvrage est plus mal fait. Les corvoyeurs, obligés de faire souvent trois lieues et même davantage pour se rendre sur l'atelier, autant pour retourner chez eux, perdent sans fruit pour l'ouvrage, une grande partie du temps exigé d'eux. Les appels multipliés, l'embarras de tracer l'ouvrage, de le distribuer, de le faire exécuter à une multitude d'hommes rassemblés au hasard, la plupart sans intelligence comme sans volonté, consomment une partie du temps qui reste. Aussi l'ouvrage qui se fait coûte au peuple et à l'État, en journées d'hommes et de voitures deux fois et souvent trois fois plus qu'il ne coûterait s'il s'exécutait à prix d'argent. » (Édit du Roy, février 1776 )

tème qui faisait, par son application, que les propriétaires, la plupart privilégiés, ne contribuaient que dans une faible mesure à la construction et à l'entretien des chemins, alors qu'ils étaient appelés à en réaliser plus d'avantages que tous autres (1).

C'est sous les auspices de ces diverses considérations que Turgot, après son arrivée au ministère, fort des résultats de son expérience, guidé par son esprit de droiture et d'équité, présentait au Roy un rapport tendant à la suppression complète des corvées en nature et que fut rendu l'édit de février 1776, ordonnant « la confection des grandes routes à prix d'argent. » Le projet de cet édit avait rencontré au sein du Conseil l'opposition la plus vive, opposition qui ne doit pas surprendre, si on considère que dans la pensée du Ministre il s'agissait peut-être moins de remplacer une contribution en nature par une contribution en argent, que d'atteindre les priviléges et de chercher à les détruire (2).

La suppression de la corvée en nature ne dura pas longtemps. Une coalition se forma contre le ministre audacieux, qui n'avait pas craint de porter une main sacrilège sur l'arche sainte des abus, et détermina sa chute. Une ordonnance royale du 11 août 1776 rétablit les choses telles qu'elles étaient antérieurement ; mais les forces de la corvée étaient devenues insuffisantes pour faire face à tous les chemins ouverts et le Gouvernement se vit dans la nécessité d'y joindre des secours en argent et de commander un peu partout

(1) « Le poids de cette charge ne tombe et ne peut tomber que sur la partie la plus pauvre de nos sujets et sur ceux qui n'ont de propriété que leurs bras et leur industrie, sur les cultivateurs et sur les fermiers. Les propriétaires, presque tous privilégiés, n'y contribuent que très peu. Cependant c'est aux propriétaires que les chemins sont utiles, par la valeur que des communications multipliées donnent aux productions de leurs terres. C'est donc la classe des propriétaires des terres qui recueille le fruit de la confection des chemins ; c'est elle qui doit seule en faire l'avance, puisqu'elle en retire les intérêts ». (Édit de février 1776.)

(2) « Cette contribution ayant pour objet une dépense utile à tous les propriétaires, nous voulons que tous les propriétaires, privilégiés ou non privilégiés, y concourent, ainsi qu'il est d'usage pour toutes les charges locales ; et par cette raison, nous n'entendons pas même que les terres de notre domaine en soient exemptes, ni en nos mains, ni quand elles en seraient sorties, à quelque titre que ce soit ». (Édit de février 1776.)

« des ateliers de charité ». C'est ainsi que nous voyons, quelques mois après la révocation de l'édit de février, l'Intendant de Pont écrire, le 14 mai 1777, aux officiers municipaux de Guéret pour leur annoncer qu'il est heureux de seconder leurs vues, en leur accordant « un atelier de charité », demandé par une requête en date du 19 décembre 1776. Il les informe qu'il leur destine une somme de mille livres, avec la pensée que « ces fonds suffiront pour améliorer les abords de Guéret », et qu'il va donner des ordres pour que cette somme leur arrive le plus tôt possible, afin de permettre « d'employer à ces travaux ceux des habitants de la ville qui ont le plus besoin de secours ». Il les invite enfin à fournir des outils à ces derniers et les autorise à faire payer le conducteur des travaux par le receveur des deniers patrimoniaux.

Peu à peu, chaque province revint au système précédemment employé par elle et on vit les communautés tantôt faire faire les chemins à prix d'argent, tantôt accepter une imposition, répartie sur les habitants, au marc la livre de la taille. Dans la Marche, la corvée en nature semble continuer à prévaloir. En 1780, dans l'assemblée provinciale du Bourbonnais, tenue à Moulins, le marquis de la Celle d'Ajain, s'en fit le défenseur (1). « Dès qu'on a eu distribué l'espace de Guéret à Gouzon par cantons entre les paroisses riveraines, dit-il, on a vu dans le cours d'un mois sortir un chemin magnifique de leurs mains. La pratique de distribuer les chemins aux personnes, par tant de toises, met les habitants à même de subdiviser ce toisé entre chaque village. Chaque village fait encore ses subdivisions ; chacun parvient a connaître la portée et la fin de sa tâche ; il y conduit sa femme, sa servante, son petit garçon ; tout est en mouvement et sans contrainte ». Il propose de remplacer le mot « corvée » par celui de « contribution aux chemins », et de dispenser de cette contribution les plus malheureux, les pauvres, « qui trouveront à s'occuper en faisant moyennant rémunération la corvée de ceux qui sont aisés ». — « Le peuple de la Marche, ajoute-t-il, est nombreux depuis le mois de novembre jusqu'à la

(1) Dardy. (*Bulletin de la Société des Sciences naturelles et archéologiques de la Creuse*, 1893 t. III, 2e série, page 146 et suivantes.)

mi-avril. Tous les émigrants sont rentrés, sans qu'on compte sur eux pour les travaux de culture. Ils ont employé tout leur argent à leur rentrée, soit pour les impôts, qui sont excessifs, soit pour acquitter les droits des seigneurs et, plus que tout cela, pour suppléer à leur peu de récolte, en payant plus de blé emprunté qu'il n'en ont récolté. Demandez de l'argent à ces gens-là, ils vous diront qu'ils n'en ont pas, qu'ils ont des bras et qu'avec une provision de pain valant dix sols, ils feront une semaine, s'il le faut, à la corvée ». Le marquis de la Celle termine ses considérations en affirmant que les habitants ne se plaignent pas de la corvée, mais seulement des rapines des conducteurs de travaux, qui s'érigent en petits potentats et cherchent à exercer sur eux mille vexations.

Le représentant de la noblesse de la Marche à l'assemblée provinciale du Bourbonnais, en manifestant ainsi sa pensée, traduisait évidemment l'opinion générale de la classe à laquelle il appartenait, mais il ne traduisait que cette opinion seule. Il trouva du reste un contradicteur au sein de cette assemblée et ce contradicteur n'était pas suspect, car il représentait le clergé. Le marquis de la Celle lui répliqua en proposant une sorte de transaction : il acceptait « que chaque communauté fût taxée à un certain nombre de toises, en rapport avec son importance, en lui laissant le pouvoir de s'acquitter par son travail ou par une imposition », et qu'elle pourra même se rendre adjudicataire « par préférence ».

A Guéret, l'opinion était divisée. La corvée en nature comptait toujours des partisans, particulièrement dans les villages de la paroisse : c'est ce qui ressort d'un document que nous avons eu entre les mains et que nous allons reproduire.

Au mois d'août 1782, l'Intendant de Moulins, J. Terray, adressait à ses subdélégués ses instructions concernant les corvées dans la Généralité. Il était dit dans ces instructions que « les ouvrages nécessaires pour la construction ou réparation des routes, continueront à s'exécuter par corvées et que tous les taillables seront tenus d'y contribuer, sans que les paroisses puissent néanmoins être commandées à plus de huit mille toises de leur atelier. » Il y était stipulé que la tâche de chaque paroisse serait fixée au dixième du montant des impositions réunies et que chaque année cette tâche serait exécutée conformément à un devis, préalablement dressé et distribué. Les habitants des paroisses étaient respectivement invités à se réunir en assemblée générale et à déclarer s'ils entendaient faire eux-mêmes les ouvrages compris au devis ou les faire exécuter à prix d'argent. Dans ce dernier cas, ils devaient nommer un collecteur spécial, en dehors de ceux des tailles, « pour faire le recouvrement des deniers, lequel ne pourra prétendre pour la peine que 2 deniers pour livre, qui seront imposés en sus du prix de la tâche ». Si cette tâche était faite à prix d'argent, elle ne pourrait l'être qu'à la suite d'une adjudication au rabais : le montant du prix de cette adjudication serait ensuite réparti entre tous les contribuables de la paroisse, au marc la livre de la taille, et le collecteur, après sa recette effectuée, ne devrait s'en dessaisir qu'entre les mains de l'adjudicataire, en vertu d'ordonnances qui lui seraient délivrées. Telles étaient les principales dispositions énumérées dans ces instructions.

Conformément aux prescriptions de l'Intendant, les habitants de Guéret furent convoqués en Assemblée générale, le 8 septembre 1782, à l'Hôtel-de-Ville, à l'effet « d'entendre la lecture de la tâche de la corvée qui leur a été assignée pour 1782 et délibérer sur le parti à prendre relativement à la dite tâche. La réunion fut houleuse, agitée, bruyante ; les opinions les plus contradictoires et les plus opposées se produisirent et s'entrechoquèrent. Les uns voulaient que la corvée fut exécutée à prix d'argent, d'autres la demandèrent en nature. Il était difficile de s'entendre, car ni les uns ni les autres n'étaient disposés à céder. La lettre suivante, adressée à l'Intendant par les officiers municipaux de Guéret traduit les impressions de l'Assemblée et permet de voir entre les lignes l'existence des deux forces en présence, le principe de justice et la ténacité des abus :

« Monseigneur,

« Nous avons procédé à l'Assemblée des habitants de la ville et paroisse, suivant l'ordonnance qui nous a été remise par M. de

Fournoue, votre subdélégué, au sujet de l'option, qui leur a été déférée, de faire la corvée en nature ou par adjudication. Cette assemblée a eu le même sort que les précédentes, par le tumulte, la confusion et le désordre qui y ont régné, sans qu'il nous eût été possible de réprimer la mutinerie de ces habitants accoutumés à faire des cabales.

« Vous vous apercevrez, Monseigneur, que les habitants de la ville au nombre de trente-huit l'ont emporté, pour faire la corvée par adjudication, sur ceux de la paroisse, qui ne sont qu'au nombre de trente-quatre pour faire la corvée en nature. Nous ne vous tairons pas que parmi les trente-huit voix des habitants de la ville pour l'adjudication, il s'en trouve plusieurs, qui sont imposés à un denier et d'autres au taux de 5, 6, 15 et 20 sols, suivant la vérification, que nous avons faite sur le rôle de la présente année, qui ont entraîné par leur cabale nombre d'habitants, pour faire pencher la balance, pour faire leur tâche par adjudication, dans la persuasion que le fardeau de l'imposition tombera sur ceux de la paroisse qui paient de plus fortes cotes de tailles que les habitants de la ville.

« Permettez, Monseigneur, de vous faire part des observations des gens de la paroisse qui supplient votre Grandeur de vouloir faire attention que la collecte de la paroisse était distincte et séparée de celle de la ville ; ils croient qu'ils n'étaient pas dans le cas de délibérer avec les habitants de la ville ; mais voulant se conformer à votre ordonnance et obéir à vos ordres, ils espèrent de votre justice et équité que vous voudrez bien leur permettre de délibérer de nouveau séparément et que dans le cas où vous ne jugeriez pas à propos de leur accorder cette grâce, recevoir leur option pour la corvée en nature, attendu que le nombre des délibérants pour l'adjudication ne se trouve excéder celui de faire la corvée en nature que de quatre voix et avec d'autant plus de raison que les habitants de la ville ne participeront pas à l'imposition par la modicité de leurs taux de taille. »

*Les Officiers municipaux :*

*Rougier de Beaumont, maire ;*
*Sudre, 1ᵉʳ échevin ;*
*Dumarest, 2ᵉ échevin,*

Si les habitants de la paroisse de Guéret différaient d'avis sur le mode d'exécuter les corvées, il n'en était pas de même ailleurs, dans les autres provinces, où l'opinion se prononçait chaque jour davantage en faveur d'une contribution en argent (1). C'est sous la pression de cette opinion, de plus en plus répandue, qu'un arrêt du conseil fut rendu, le 6 novembre 1786, ordonnant pendant trois ans l'essai de la conversion de la corvée en une prestation pécuniaire. C'était là, un progrès sans doute, mais insuffisant, car les nobles et le clergé restaient toujours exempts de cette contribution. La mesure fut néanmoins généralement approuvée et réunit les suffrages des notables, assemblés au commencement de 1787.

Dans sa séance du 15 décembre 1788, le bureau intermédiaire de l'assemblée du département, réuni à Guéret, eut encore à s'occuper de la question des corvées. Dans cette séance, il fut fait observer que « le produit de cet impôt est quadruple en Marche, en proportion avec le Bourbonnais ». On fit ressortir que « les fonds de la corvée, levés dans la Marche », sont par le fait de l'administration partiale des intendants, absorbés au profit du Bourbonnais, et que la Marche » n'a pas une seule route parfaite, quoique ses habitants aient payé pour cet objet des sommes considérables ». Pour remédier à ces abus, le bureau demandait, pour cette dernière province, des États provinciaux distincts de ceux du Bourbonnais (2).

(1) « Les corvées (en nature) sont l'un des impôts les plus onéreux pour les campagnes. Je n'ai pas besoin de m'étendre pour en évaluer les effets, pour faire voir qu'outre l'injustice qu'il y a d'exiger un service gratuit de gens à qui ce travail est le plus souvent inutile, il n'y a pas de moyen plus coûteux de faire les chemins, vu la perte du temps, la distance de l'atelier, le découragement des travailleurs, la distraction des hommes et des animaux, qu'on arrache au travail productif, pour les employer à un travail stérile ». (Le Trône, de l'Administration Provinciale et de réforme de l'impôt, 178.)

(2) Dans le cahier des doléances du Tiers-État de la ville de Guéret, arrêté le 9 mars 1789, nous voyons reproduite la même demande, basée sur les motifs « ..... Par la plus injuste répartition, est-il dit, les impôts ont été distribués de manière qu'on a surchargé la Marche au profit du Bourbonnais ; ..... les deniers levés en Marche ont servi à parachever et à embellir les routes du Bourbonnais, tandis que celles de notre province ont esté imparfaites ou à ouvrir ».

La même revendication figure encore à l'art. 6 du cahier des doléances du Tiers-État de la Sénéchaussée de Guéret : « La Haute et

Le moment n'était pas éloigné où la Marche allait obtenir une satisfaction bien plus grande que celle qui était ainsi sollicitée pour elle.

## IV. — Don Gratuit

Avant de terminer l'exposé des principales impositions spéciales qu'eurent à supporter au XVIII° siècle, les habitants de la ville de Guéret, nous devons nous arrêter d'une manière particulière sur une autre de ces impositions, qui bien qu'elle ne leur fût pas exclusivement appliquée, ne frappait qu'une portion de la population du royaume, celle des villes et bourgs importants. Nous voulons parler de l'imposition que, par un élégant euphémisme, on qualifia de DON GRATUIT.

C'est en 1758, — au mois d'août, — que parut un édit ordonnant que, pendant six années consécutives, « à commencer du 1er janvier 1759, il serait payé au Roy un *Don gratuit*, par toutes les villes, faubourgs et bourgs du royaume ». Ce don gratuit devait être acquitté au moyen de droits d'octroi, perçus sur les denrées et marchandises destinées à la consommation des habitants. Aux termes de cet édit, « exempts ou non exempts, privilégiés ou non privilégiés, même les ecclésiastiques, les nobles et les communautés religieuses séculières et régulières, à l'exception seulement des hôpitaux et Hôtels-Dieu, pour leur consommation particulière », devaient être astreints au paiement de ces droits. Une telle obligation, ainsi généralisée, ne pouvait manquer de soulever de

Basse-Marche n'ayant qu'un seul et même gouvernement, il serait intéressant pour l'une et pour l'autre de solliciter l'établissement d'Etats particuliers pour la province en y réunissant la Combraille et le Franc-Alleu. Dans tous les cas, la désunion de la Haute-Marche avec le Bourbonnais est un objet de la plus grande importance, à cause de la disparité de leur régime. La Marche est surchargée d'impôts dont la province du Bourbonnais a trouvé dans la taxe du sel le prétexte de s'affranchir. Les corvées qui se lèvent en Marche rendent annuellement une somme d'environ 100000 livres qui ne sert qu'à embellir les routes du Bourbonnais.... »

violentes protestations devant lesquelles il fallut céder. Des lettres-patentes du 3 décembre suivant exemptèrent de ces droits les ecclésiastiques, et, — en ce qui concernait les nobles et autres privilégiés, — l'obligation imposée fut en partie éludée, sinon supprimée, car il y avait alors, comme toujours, une puissance qui dominait les édits et les ordonnances, c'était celle des abus.

A l'édit d'août 1758 était annexé un état de fixation des sommes à payer annuellement par chaque ville, pendant la durée du *don gratuit*. Dans cet état la ville de Guéret figurait pour une somme de 3500 livres : c'était un chiffre énorme.

Elle ne protesta pas cependant et se mit immédiatement en mesure, conformément aux prescriptions de l'édit, de rechercher les denrées », sur lesquelles un octroi pourrait être établi. Heureusement, une déclaration royale du 3 janvier 1759, interprétative de cet édit, vint modifier le montant de son imposition, en la réduisant à 2000 livres, qui devaient être réalisées par la perception de droits établis « sur les boissons, les bestiaux, le bois et le foin, entrant en ville, pour y être consommés ». Dans cette déclaration, il était dit que, pour faciliter cette perception, les receveurs et commis des aydes « seraient tenus de faire le recouvrement des droits, sans pouvoir s'en dispenser, ni réclamer de ce fait aucun traitement sinon une remise fixée par les villes et bourgs », lesquelles remises seraient, en cas de contestation, arrêtées par le Roy. Il y était dit encore que les villes, qui régissaient elles-mêmes leurs revenus, avaient la faculté de faire percevoir les nouveaux droits par leurs préposés et receveurs, « afin d'éviter la multiplicité des employés, des frais de régie et de recouvrement ». On y lisait enfin que « la dite perception cesserait au terme fixé par l'édit, pour ne pouvoir être continuée, pour quelque cause et prétexte que ce puisse être, après le temps de six années, à compter du 1er février prochain ».

Il semble que, aux termes de cette déclaration, aucune contestation ne pouvait se produire au sujet de la perception des nouveaux droits établis : ce n'est cependant pas ce qui se produisit à Guéret. Les officiers municipaux autorisèrent les commis des aydes à percevoir ces droits sur les boissons et les bestiaux ; quant à ceux qüi étaient relatifs au bois et au foin, ils crurent convenable d'en confier le recouvrement au receveur des deniers patrimoniaux et à son préposé, ce qui était du reste conforme à la déclaration du 3 janvier précité. Mais les receveurs et contrôleurs des aydes, établis à Guéret ne l'entendirent pas ainsi ; ils prétendirent que la perception de tous ces nouveaux droits devait être faite par eux et leurs commis, à l'exclusion de tous autres. Les officiers municipaux tinrent bon et maintinrent leurs prérogatives. De longues et quotidiennes discussions s'ensuivirent ; à un moment, les commis des aydes refusèrent même de faire la perception dont ils étaient chargés. Ils finirent cependant par céder et reconnaître que la combinaison employée était préférable et garantissait mieux le recouvrement.

Cette première question résolue, une seconde ne tarda pas à surgir. Les commis des Aydes, après avoir accepté de faire, dans les conditions qui viennent d'être indiquées, la perception des nouvelles taxes, réclamèrent une remise de deux sols pour livre. Les officiers municipaux firent observer que le receveur des revenus patrimoniaux se contentait d'un sol pour le recouvrement des droits sur le bois et le foin et refusèrent d'allouer deux sols aux commis. De là naquit une nouvelle discussion, qui se prolongea jusqu'à la fin de l'année, sans avoir jamais été définitivement tranchée. Aussi qu'arriva-t-il ? C'est qu'en fin d'exercice, lorsque le Receveur des Aydes présenta son compte aux officiers municipaux, ceux-ci ne furent pas peu surpris d'y voir figurer une somme de 300 livres, réclamée par lui et les commis pour un recouvrement de 2000 livres, ce qui portait la remise demandée pour la perception de cette dernière somme à 3 sols pour livre. Les officiers municipaux protestèrent contre une pareille exigence et dans un mémoire adressé au Contrôleur général des Finances, ils signalent la prétention des employés des Aydes, prétention exagérée et abusive qu'ils déclarèrent ne pouvoir accepter.

Dans ce même mémoire, auquel nous venons de faire allusion, les officiers municipaux appellent aussi l'attention sur ce fait que, — bien que tous les habitants de la ville, quelle que soit leur condition, à l'exception des ecclésiastiques et des communautés religieuses, soient astreints au paiement des droits du don gratuit, — un grand nombre d'entre eux s'en prétendent exempts, « sous prétexte d'anoblissement ou de privilège de charges, même les commis aux Aydes ». Ils ajoutent que « cette prétention, qui s'est répandue dans le public, y a fait une telle impression que la plupart des habitants ont déclaré qu'ils se refuseraient dorénavant à l'acquittement des droits, jusqu'à ce que les personnes les plus considérables, qui se prétendent exemptées de contribuer à cet octroi, auraient satisfait à ce dont ils en étaient tenus par le passé ». Ils demandent enfin « qu'on leur prescrive la conduite qu'ils ont à tenir dans de pareilles circonstances, n'étant pas naturel que ceux qui sont dans le cas d'être le plus avantagés de la fortune et de faire une plus grande consommation s'exemptent de contribuer au don gratuit, si les qualités de nobles ou des privilèges de charges ne leur attribuent aucune exemption ». — Aux protestations et aux observations des officiers municipaux, il fut répandu, non par le Contrôleur général des Finances, mais par les Régisseurs de la Ferme. Dans une lettre, ces derniers déclarent que les communautés religieuses et les ecclésiastiques sont seuls exempts des droits du don gratuit et qu'en dehors d'eux, tous ceux qui refuseraient de payer ces droits doivent être traduits devant l'Election et sont passibles d'une amende de 200 livres. En ce qui concerne l'objet principal du mémoire précité, c'est-à-dire les remises, qui peuvent être allouées aux employés des Aydes pour le recouvrement des droits du don gratuit, les Régisseurs estiment que ces remises doivent être fixées pour l'avenir à raison de 2 sols pour livre, ainsi que cela se pratique partout ailleurs.

Toutes ces discussions, relatives au fonctionnement du service de perception du don gratuit ne durèrent pas moins d'une année. Malgré les difficultés et les entraves, qu'elles apportèrent souvent au recouvrement régulier des nouveaux droits, la ville se trouva cependant en mesure, en fin d'exercice de la première année, de faire face à l'imposition à laquelle elle avait été soumise.

Les droits à percevoir portaient, ainsi que cela a été dit précédemment, sur les boissons, les bestiaux, le bois et le foin. Ces droits avaient été établis de la manière suivante :

« Par pot (1) d'eau-de-vie.......... 2 livres
« Par muid (2) de vin............. 1 » 10 sols
« Par muid de bière ou de cidre .... » » 15 »
« Par bœuf ou vache............. 2 » » »
« Par veau, génisse, porc.......... » » 13 » 4 deniers.
« Par mouton, brebis, chèvre...... » » 5 » »
« Par voiture de bois ou de foin.... » » 5 » »
« Par chaque somme de cheval..... » » 1 » »

Il résulte du compte, présenté aux officiers municipaux par Jean Garraud, receveur des Aydes et du don gratuit, que du 20 février 1759 au 31 janvier 1760, il fut consommé à Guéret 1.071 pots d'eau-de-vie et 1.016 muids de vin, qui, d'après le tarif précédent, produisirent une somme de .................... 1.630$^l$ 17$^s$

Durant la même période, il entra en ville :

144 bœufs ou vaches ;
1593 veaux ou génisses ;
915 moutons ou brebis ;
86 porcs ;

qui donnèrent une recette de ................... 1.636$^l$ 8$^s$ 4$^d$

Soit un total de.......... .. 3.267$^l$ 5$^s$ 4$^d$

Au 31 janvier 1760, sur cette somme de 3.267$^l$ 5$^s$ 4$^d$, il restait à recouvrer 778$^l$ 7$^s$ 6$^d$. La ville avait donc perçu à cette date 2.488$^l$ 17$^s$ 10$^d$ qui, après lui avoir permis de se libérer de la première annuité du don gratuit, soit 2,000 livres, et des frais de recouvrements, 300 livres, lui laissent un excédent de recettes de 118 livres 7 sols 10 deniers.

A cette somme de 118$^l$ 7$^s$ 10$^d$, il convient d'ajouter le produit

(1) Le pot était une mesure de capacité de la contenance de deux pintes.

(2) Le muid, mesure de capacité, variable suivant les Provinces, équivalent à 268 litres environ.

des droits d'entrée sur le bois et le foin. Le montant de ces droits, dont la perception avait été confié à Martial Duchierbadon, préposé de la ville, s'élevait à 869 livres 7 sols 6 deniers ; mais sur cette somme il restait à percevoir 231 livres 3 deniers, considérés comme irré- couvrables. Il y avait encore lieu d'en déduire : 1° 31 livres 8 sols 6 deniers pour les remises du préposé, 2° 24 livres pour les frais de compte et trois copies « d'iceluy », 3° enfin 7 livres pour frais de port avancés pour l'envoi de 2,000 livres au caissier général du don gratuit. Il restait donc 581 livres 18 sols 9 deniers, qui, augmentés de 118 livres 7 sols 10 deniers, excédent des recettes sur les boissons et les viandes, formaient un excédent total de 769 livres 16 sols 7 deniers.

En présentant son compte, Martial Duchierbadon fit une déclaration qu'il était facile de prévoir et à laquelle on devait s'attendre. Il représenta que la perception, dont il était chargé, était plus difficile que celle qui était confiée aux commis des Aydes et qu'elle exigeait tout au moins une surveillance aussi rigoureuse et aussi soutenue. Il annonça qu'il cesserait de continuer à faire cette perception, si, au lieu de 1 sol pour livre, on ne lui allouait pas 2 sols, comme à ces commis. Bien que nous n'ayons trouvé aucun renseignement précis à cet égard, il y a toutefois lieu de penser que les officiers municipaux durent accepter cette dernière condition.

Les embarras et les ennuis, auxquels nous avons fait précédemment allusion, embarras et ennuis, occasionnés par la perception des droits du don gratuit n'étaient pas terminés. Pendant les années 1761 et 1762, cette perception paraît cependant s'être effectuée assez régulièrement ; mais à la fin de cette dernière année, les recettes, particulièrement celles provenant des droits établis sur les viandes, fléchirent considérablemen . Des fraudes se commettaient chaque jour ; les procès-verbaux dressés contre les délinquants ne pouvaient recevoir aucune sanction efficace, car alors, paraît-il, les bouchers de Guéret étaient loin d'être riches ; la plupart d'entre eux se trouvaient dans un état d'insolvabilité notoire. Dans de telles conditions, pour obvier aux inconvénients signalés, pour éviter des mesures de répression inutiles et sans résultat, pour assurer une recette fixe, les officiers municipaux crurent convenable et avantageux de consentir avec les bouchers, au nombre de douze, un abonnement annuel de 600 livres, que ces derniers s'engagèrent à payer solidairement. Le montant de cet abonnement fut réparti entre ces douze bouchers au marc la livre de leurs déclarations (1).

Cet abonnement fut renouvelé le 14 avril 1764. Le traité fut conclu en présence du maire, Philippe-Silvain Tournyol du Clos, assisté du procureur-syndic de la commune, Pichon de Bury. L'abonnement devait durer pendant toute la durée du don gratuit :

..... « Pour se mettre à même d'exécuter les édits et déclarations et arrests du Conseil, concernant le don gratuit et procurer le paiement de la somme annuelle à laquelle la ville a été taxée, ont considéré, les officiers municipaux, que les moyens les plus propres à remplir ces objets étaient de faciliter la perception des droits et de la rendre la moins onéreuse qu'il serait possible, et attendu que les droits que l'on perçoit sur les boucheries sont les plus exposés aux incon_vénients d'une perception difficile, soit à raison des fraudes qui se commettent par les bouchers, quelque attention qu'on puisse avoir sur eux, soit à cause de leur pauvreté, qui les expose le plus souvent à la confiscation de la viande, ou à des exécutions de meubles ou à d'autres discussions ruineuses, ainsi qu'il est arrivé jusqu'à présent sans aucun fruit, ont cru qu'en abonnant cette partie et en faisant obliger un certain nombre de bouchers au paiement solidaire du prix de l'abonnement, on éviterait tous ces inconvénients et on faciliterait le paiement, qui doit être fait au Roy.

(1) « Produit de la boucherie, suivant l'abonnement de 600 livres reparty sur tous les cy-après dénommés au marc la livre de leurs déclarations du 1er octobre 1763, savoir :

| | l | s | d |
|---|---|---|---|
| « Joseph Guerrier | 86 | 13 | 4 |
| « Marie Marcellot. | 105 | 16 | 8 |
| « Marie Mignard. | 77 | 10 | » |
| « Veuve Daniel | 54 | » | » |
| « Pierre Miette | 50 | 6 | 8 |
| « Etienne Vincent. | 54 | » | » |
| « Claude Bouriaud | 39 | 18 | 4 |
| « Jean Garnaud | 36 | 1 | 8 |
| « Guillaume Vincent | 43 | 15 | » |
| « François Aubreton. | 37 | 11 | 8 |
| « Jean Moreau. | 51 | 10 | » |
| « Jacques Leyraud | 16 | 18 | 8 |

« C'est pourquoi, sous le bon plaisir de Messieurs les Régisseurs du don gratuit, ils ont abonné Joseph Guerrier, Silvain Audoine, Etienne et Guillaume Vincent, François Aubreton et Marie Marcellot, veuve de Pierre Aubreton, bouchers, présents, stipulant l'un pour l'autre, un pour le tout, sans division ni discussion et acceptant, c'est à sçavoir, les droits ordinaires être perçus sur les bœufs, vaches, veaux, génisses, porcs, moutons, brebis ou chèvres, qui seront tués ou débités par les bouchers et charcutiers de cette ville, — ensemble les droits qui doivent être perçus sur les pièces et morceaux de bœufs, vaches, veaux, génisses, moutons, brebis ou chèvres qui seront apportés par des bouchers étrangers ou introduits par des particuliers pour leur consommation et ce, moyennant la somme de 600 livres pour chaque année, tant que le don gratuit durera, à commencer le 1ᵉʳ février dernier, le tout aux conditions suivantes :

« 1° La viande de caresme ayant accoutumée d'être adjugée au rabais, souvent médiocre et ferait un très petit objet, il ne sera perçu aucun droit sur icelle depuis le jour des cendres inclusivement jusqu'au vendredi saint exclusivement ; 2° la susdite somme de 600 livres sera payée en dix termes égaux de 60 livres chacun, dans les premiers jours de chaque mois, au commis chargé de la recette du don gratuit, lequel leur délivrera quittance. Ils pourront percevoir sur les bouchers étrangers les droits arrêtés au Conseil du 3 janvier 1759. »

Une autre complication plus grosse que les précédentes ne devait pas tarder à se produire ; elle allait résulter de la négligence apportée par les préposés dans le versement de leur perception, et de leurs malversations. Nous reviendrons sur ce dernier point avec quelques détails ; mais disons de suite quels étaient ces préposés et à qui incombait la responsabilité de leur gestion. Les commis des Aydes ne faisaient pas eux-mêmes directement le recouvrement des droits du don gratuit, dont ils étaient chargés ; ils avaient d'abord confié ce soin à un agent, choisi par eux, du nom de Fayolle, qui exerça son emploi jusqu'en octobre 1762. Son successeur, François

Meunier, mourut en 1767 et fut remplacé par un sieur Bernard. Ces divers préposés étaient ainsi placés sous la surveillance des commis, Garreau et Gaboret, qui eux-mêmes relevaient du Directeur des Aydes de Montluçon, nommé Cibot. Les commis et leurs préposés se trouvaient donc en dehors de l'autorité des officiers municipaux, qui ne pouvaient s'immiscer dans leur gestion, exercer sur eux aucun contrôle efficace et réel. Ces officiers, ainsi désarmés vis à-vis des employés des Aydes, étaient cependant responsables des retards, qui pouvaient être apportés dans les versements à la Caisse du Trésor de l'imposition du don gratuit, ainsi qu'en témoignent les fréquentes injonctions, qu'ils recevaient, soit de la part des Régisseurs de la ferme, soit de la part de l'Intendant ou du Directeur des Aydes, d'avoir à faire opérer ces versements. Singulière situation, qui créait à la municipalité les préoccupations les plus sérieuses, préoccupations justifiées, ainsi que nous le verrons bientôt.

Aux termes de l'édit d'août 1758, le don gratuit avait été établi pour six ans ; il devait donc cesser d'être perçu le 1er janvier 1766 : Il n'en fut rien. Déjà en 1763, au mois d'avril, le Roy avait ordonné que la perception du don gratuit serait continuée jusqu'au 1er janvier 1770. Une déclaration du 21 novembre suivant vint confirmer cette ordonnance, mais en fixant une réduction annuellement graduelle des droits établis. Ces nouveaux droits furent dénommés seconds droits de don gratuit par opposition aux premiers. Un arrêt du Conseil et des lettres patentes du 26 mars 1765 ordonnèrent que la perception serait faite à l'avenir exclusivement par les Commis des Aydes. Les mêmes règlements exigèrent que les officiers municipaux fussent contraints au paiement, non seulement des sommes fixées par le premier et le second don gratuit, mais encore du produit total des droits établis pour faire face à cette imposition.

Au mois d'avril 1768, un nouvel édit vint confirmer la disposition précédente, c'est-à-dire que la totalité des droits serait perçue au profit du Roy et prorogea l'établissement de ces droits jusqu'au 31 décembre 1774.

Le 22 mars 1770, des lettres-patentes, enregistrées à la Cour des aydes de Clermont-Ferrand, le 11 avril suivant, modifièrent l'assiette de perception des taxes. Il est dit dans ces lettres, que « Sa Majesté, touchée de la situation des peuples du ressort, a voulu leur donner un nouveau témoignage de sa tendresse pour eux et leur rendre moins onéreuse la charge du don gratuit, en fixant le montant des sommes à payer pour leur contribution à cette charge et en consentant que le recouvrement s'en fît par assimilation aux droits d'inspecteurs aux boissons et boucheries ». Contrairement aux termes de l'édit de 1758 et de la déclaration de 1759, il y était stipulé que les droits à percevoir seraient à l'avenir établis, non par villes et bourgs, mais par élections. C'est ainsi que la redevance à acquitter par les élections de Guéret, Evaux et Gannat était fixée à 18010 livres, mais sans aucune indication de la part contributive devant incomber à chaque ville ou bourg. D'après cette fixation, la contribution particulière de la ville de Guéret, en tenant compte de l'importance des localités renfermées dans les trois élections préci-tées, ne devait pas dépasser 1200 livres.

Certes, c'eût été là une très heureuse innovation pour la ville de Guéret, qui jusqu'à ce jour avait dû payer annuellement 2000 livres pour se libérer du don gratuit; mais elle ne fut pour elle qu'une espérance illusoire. Le 20 octobre 1771, parurent en effet de nouvelles lettres-patentes, qui sans même faire allusion à celles du 22 mars de l'année précédente, non seulement ne modifiaient pas l'assiette de perception des droits du don gratuit, mais encore augmentaient le tarif de ces droits. C'est ainsi qu'à Guéret, ils furent rétablis de la manière suivante :

« Par muid de vin, mesure de Paris, entrant ou façonné pour y consommer ................................................... 30ˢ

« Par muid de bière ou cidre entrant ou fabriqué.... 15ˢ

« Par muid de poiré .......................... 7ˢ 6ᵈ

« Par velte (1) d'eau-de-vie ou de liqueur composée d'eau-de-vie.............................. 8ˢ

« Par muid de vin de liqueur, jauge de Paris....... 6ˡ

(1) La velte mesurait une capacité de 7 litres 68 centilitres envi-ron ; elle équivalait à 8 pintes et la pinte représentait 2 chopines.

« Et pour les autres vaisseaux, à proportion de leur contenance et des droits ci-dessus.

« Plus sera perçu dans la dite ville :

« Par bœuf ou vache qu'entrera pour la consommation
    des habitants . . . . . . . . . . . . . . . . . . . . . . . . . . . . . . . .   40$^s$

« Par veau, génisse ou porc . . . . . . . . . . . . . . . . . . . .   13$^s$ 4$^d$

« Par mouton, brebis ou chèvre . . . . . . . . . . . . . . . . .   5$^s$

« Et pour les pièces et morceaux des dites viandes, à
    proportion.

« Sera en outre perçu dans la dite ville :

« Par voiture de foin ou de bois ouvré, à ouvrer ou à
    brûler, attelée de 3 chevaux . . . . . . . . . . . . . . . . . .   10$^s$

« Par voiture attelée de 2 chevaux . . . . . . . . . . . . . . .   7$^s$ 6$^d$

« Par voiture attelée de un cheval . . . . . . . . . . . . . . . .   5$^s$

« Et pour les autres charges à proportion ».

Ces dernières lettres patentes provoquèrent à Guéret une vive émotion qui se trouve longuement traduite dans un mémoire adressé par la municipalité au contrôleur général des finances et dont nous reproduisons les principaux passages :

« Jusqu'à l'époque des lettres du 22 mars 1770, qui ont innové dans la perception du don gratuit, relativement aux villes et bourgs qu'elles énoncent et dont elles ont le soulagement pour objet, la ville de Guéret avait payé même au delà de sa contribution, fixée par l'état annexé à la déclaration du 3 janvier 1759. C'est un fait qui a été constaté par des mémoires envoyés à M. le contrôleur général, mais qu'on ne croirait pas, si l'on s'en rapportait aux préposés qui ont reçu à Guéret les droits représentatifs du don gratuit. *Ces droits n'y ont pas été régis par les officiers municipaux*, mais par les commis aux Aydes qui s'en sont appropriés une partie dont probablement ils ne se sont pas avoués reliquataires. Il est de notoriété publique à Guéret que deux de leurs agents ont retenu sur la recette qui s'est montée à environ dix-sept-mil quatre cents livres, l'un 2.250 livres 17 sols, l'autre 950 livres, retenue illégitime qui a donné lieu de croire que la ville était en demeure de payer, lorsqu'elle avait réellement surpayé.

« Depuis les mêmes lettres, une disette affreuse n'a point cessé d'affliger la province de la Marche et particulièrement l'élection de Guéret. Le seigle dont on s'y nourrit généralement *est monté de six livres, valeur commune jusqu'à trente-cinq et trente-six livres le septier* et s'est soutenu à ce taux excessif, auquel il est notoirement impossible que la majeure partie des habitants puisse atteindre. Les gens du peuple, les journaliers, les ouvriers et même les particuliers, jusque-là dans une sorte d'aisance, tous ont été réduits à une mendicité soutenue qui a presque épuisé les moyens du petit nombre dont les facultés excèdent les besoins.

« Il n'y a que la bonté du souverain qui puisse réparer dans la province de la Marche, le malheur persévérant qui en consterne les habitants. Eloignés de la mer et des rivières naviguables, ils n'ont ni l'usage, ni la facilité d'aucun commerce avantageux. Toutes leurs ressources se réduisent au produit plus que médiocre d'un terroir ingrat, où ils ne peuvent recueillir ni bled ni vin. Ils n'étaient, lors des lettres patentes du 22 mars 1770 qu'aux approches de la misère qui les accable aujourd'hui et ces lettres leur furent accordées pour diminuer leur don gratuit ou, comme elles l'expriment, *pour leur en rendre la charge moins onéreuse.* Ils ont présumé naturellement de la même bonté, touchée de leur état en 1770, qu'elle devenait plus efficace quand leur calamité devenait plus touchante : aussi ils attribuaient à la commisération qu'ils excitent l'inexécution à leur égard des lettres patentes du 22 mars 1770.

« Cependant de nouvelles lettres patentes données le 20 octobre 1771 et registrées au conseil supérieur de Clermont-Ferrand, le 2 août 1772, ordonnent sans faire aucune mention des précédentes, que dans la ville de Guéret il sera perçu par muid de vin, 30 sols, par bœuf ou vache, 40 sols, par voiture de foin et de bois ouvré, à ouvrer ou à brûler, 10 sols, etc.

« Bien que des commis exercent déjà toutes sortes de poursuites en vertu de nouvelles lettres patentes, la ville de Guéret résiste à se persuader que leur exécution soit absolument dans la volonté du ministère. Les droits dont elles ordonnent la perception quintupleraient la prestation à laquelle cette ville serait assujettie par les lettres patentes du 22 mars 1770, qui ne sont ni rapportées ni rejetées par celles du 20 octobre 1771. Il n'y a point d'apparence que l'intention du Monarque soit d'appesantir sur une ville, après que la misère y est devenue extrème, le poids même qu'il a voulu lui rendre moins onéreux lorsqu'elle était beaucoup plus en état de le supporter.

« Les villes de Bourges, Poitiers, Abbeville, Châtillon, de Montfort et d'autres, qui n'ont point éprouvé autant et aussi constamment que celle de Guéret les évènements qui semblent l'avoir condamnée à toutes les rigueurs d'une négligence absolue, ont obtenu, les unes des abonnements qui ont restreint considérablement l'état d'une telle contribution, les autres une commutation et une modération des droits d'octroy.

« Des bourgs ont encore obtenu plus de faveur : l'arrêt du Conseil et les lettres-patentes du 19 mars 1770 en ont affranchi un très-grand nombre de toute contribution au don gratuit.

« Ici, le *petit nombre*; là, *le peu d'aisance*; ailleurs, *le défaut de commerce* et en tant de lieux, la cherté excessive des denrées de première nécessité, ont détermimé ces grâces, qui ont été accordées par une foule d'arrêts du Conseil et de lettres-patentes que d'autres lettres n'ont pas rendues inutiles.

« La ville de Guéret a le malheureux avantage de réunir en sa faveur toutes ces considérations qui séparément ont opéré les modérations et les affranchissements qu'elle vient d'objecter :

« 1° Son étendue est au-dessous de la médiocrité ; elle ne contient que 250 maisons en y comprenant les fauxbourgs, si on peut appeler maisons les chaumières dont ils sont formés.

« 2° Il ne s'y fait aucun commerce ; on n'y voit aucune manufacture. Les principaux habitants qui ont des revenus suffisants à leurs impositions, à leurs besoins et à ceux de leurs familles, composent le plus petit nombre : tout le reste subsiste mal aisément de son travail lorsque les denrées sont à bas prix et n'existe que par la mendicité quand elles enchérissent jusqu'à un certain point.

« 3° Depuis 1769, que tout le comestible est à Guéret d'une cherté énorme, que le septier de seigle, du poids de 175, s'y est vendu 36 livres, la majeure partie des habitants est dans une indigence affreuse et n'a de ressources pour vivre que dans les charités de l'autre partie qu'elle épuise.

. . . . . . . . . . . . . . . . .

« A tant de considérations se joint encore celle que la ville de Guéret n'ayant ni portes ni barrières, étant ouverte de toutes parts, les droits établis par les lettres-patentes du mois d'octobre 1771 n'y pourraient être perçus exactement et sans fraude, qu'autant qu'ils seraient exercés par un grand nombre de commis, auxquels il faudrait encore établir des bureaux, car il n'en existe point dans la ville. Les frais de ces établissements, ceux de régie et de recouvrement par une multiplicité de commis décupleraient la somme du produit réel et médiocre de droits, qui ne seraient considérables que relativement à la situation malheureuse des habitants de Guéret.

« Ces habitants doivent donc avoir la plus grande espérance que l'exécution des lettres-patentes du 22 mars 1770 ne sera point remplacée par celle des lettres-patentes du 20 octobre 1771. *Les premières qu'ils invoquent sont observées dans les sept élections de la généralité de Riom et dans celle de la généralité de Limoges;* il est aussi conséquent que juste qu'elles le soient, même à plus forte raison, dans celle de Guéret, *qu'elles comprennent comme les précédentes* et que la disette a plus maltraitée qu'aucune autre.

« Que de motifs pour accueillir la demande actuelle de cette ville ! elle doit intéresser plus que jamais la bonté du Roy ; moins malaisée en 1770, elle devait participer au bénéfice des lettres-patentes du 22 mars ; beaucoup plus indigente aujourd'hui, elle a d'autant plus droit à la même faveur. Ces lettres n'ont pas été supprimées ; en maintenant leur exécution pour l'élection de Guéret, comme elle est maintenue pour les autres élections qu'elles énoncent, sa contribution au droit gratuit sera fixe ; elle éprouvera le soulagement dû à l'état misérable de ses habitants. Les officiers municipaux de Guéret se chargeront de payer le montant de sa contribution annuelle sur le prix de 1200 livres, qu'ils offrent ou telle qu'elle sera réglée par la répartition des 1800 livres auxquelles l'article 1 des lettres-patentes du 12 mars 1770 a annuellement fixé le don gratuit des élections de Guéret, d'Evaux et de Gannat ; ils feront la perception des droits nécessaires au complément de cette contribution ; perception dans laquelle ils observeront les ménagements couvenables aux particuliers sans aisance ; elle sera plus facile par ce qu'elle ne sera point chargée de fixer de régie et qu'elle aura le vœu de la communauté. Cet arrangement sera plus profitable à Sa Majesté et les habitans de Guéret recueilleront le fruit de sa bonté et de sa tendresse pour ses sujets. »

A ce mémoire, éloquent plaidoyer en faveur de la ville de Guéret, qui ne réclame pour cela d'autre avantage que celui dont jouissent des villes plus importantes et plus fortunées, le contrôleur général répond par la lettre suivante :

« J'ai reçu, Messieurs, la lettre et le mémoire que vous m'avez adressés relativement aux droits réservés ; vous demandez à payer annuellement une somme de 1200 livres pour tenir lieu des dits droits et que pour suppléer à cette charge, il vous soit permis de faire percevoir les droits les moins onéreux du nombre de ceux dont la perception est ordonnée par les lettres-patentes du 20 octobre 1771. Il n'est plus question actuellement, Messieurs, d'abonnement, ni de sommes fixes à payer, comme il se pratiquait lors des dons gratuits. Le Roy, par son édit du mois d'avril 1768 et ses lettres-patentes du 15 may suivant, a ordonné que les droits seraient perçus à son profit et que les abonnements seraient résilliés.

« Sa Majesté a désigné par les lettres-patentes du 20 octobre 1771 les droits qui seraient perçus dans la ville de Guéret. Je ne puis d'après cela recevoir vos offres pour l'abonnement que vous proposez. La perception des droits ordonnés doit être faite en leur entier par François Noël que Sa Majesté a chargé de cette régie.

« Je suis, Messieurs, bien sincèrement à tous,

« TERRAY »

Cette lettre du contrôleur général est datée du 30 octobre 1772. Baret de Beauvais venait à ce moment d'être nommé maire, Sudre et Venassier de Beauvais, échevins. Ces officiers municipaux ne perdent ni courage ni espoir : ils rédigent de nouveaux mémoires, qu'ils transmettent à l'Intendant et au marquis de la Salle, à Paris. Ils chargent en même temps, un de leurs compatriotes, avocat au Parlement, Delavaud, de prendre en mains les intérêts de la ville de Guéret et de les défendre auprès du contrôleur général du Roy. A l'intendant, ils envoient la lettre suivante :

« MONSEIGNEUR,

« L'affaire qui nous a paru la plus essentielle en entrant dans les fonctions de Maire et échevin de la ville de Guéret a été celle qui concerne un don gratuit excessif et presque arbitraire établi par des lettres-patentes du 20 octobre 1771, tandis que par d'autres du 22 mars 1770, l'imposition devait se faire avec égalité et proportion dans toutes les villes de votre généralité. Comme les nouvelles lettres-patentes n'ont pas encore été mises en exécution dans notre ville, nous avons cru devoir faire présenter et appuyer un mémoire à ce sujet à M. le contrôleur général pour que la ville de Guéret jouisse de la même faveur que les autres principales de votre département, c'est-à-dire qu'elle soit reçue à un abonnement du don gratuit et qu'il nous soit permis de le faire percevoir par nos préposés sur les denrées que nous jugerions en être le plus susceptibles.

« Nous présumons avec raison que le Ministre ne se déterminera pas à faire droit à nos justes remontrances, sans vous les avoir communiquées et demandé votre avis. Nous osons vous supplier, Monseigneur, de le donner favorable et de ne pas désapprouver les démarches que nous croyons être obligés par état et par devoir de faire incessamment pour obtenir la grâce ou plutôt la justice que nous réclamons.

« Guéret, 6 décembre 1772.

« M. l'Intendant de la Généralité de Moulins, Rue des Blancs Manteaux au Marais ».

En s'adressant au marquis de la Salle, Gouverneur de la Province, ils s'expriment ainsi :

« MONSEIGNEUR,

« La protection dont vous avés toujours honoré la ville capitale de votre gouvernement luy serait extrêmement nécessaire dans la triste circonstance où elle se trouve. Maintenant par l'établissement d'un nouveau don gratuit excessif et presque général sur toutes les denrées, si les lettres-patentes données le 20 octobre 1771 pour notre ville et quelques autres de la généralité de Moulins ne sont pas remplacées par un abonnement que nous proposons à l'instar de presque toutes les villes du Royaume, pourquoi celle de Guéret, qui a toujours été extrêmement soumise et obéissante aux volontés du Souverain, serait-elle plus maltraitée que les autres ? Elle a été exacte à payer l'ancien don gratuit, et si l'argent qu'elle a donné n'est pas entré en entier dans les coffres du Roy, c'est par le fait des préposés pour la perception de ce droit. L'abonnement que nous demandons éviterait cet inconvénient et bien d'autres qui résulteraient d'une perception rigoureuse, qui ne serait pas moins onéreuse aux régisseurs qu'à notre ville, suivant que nous l'avons établi par un mémoire à l'un de nos concitoyens, qui exerce à Paris la profession d'avocat : Il aura, Monseigneur, l'honneur de vous le communiquer. Nous vous supplions de l'appuyer auprès de M. le Controleur Général, qui ne nous refusera sûrement pas la grâce et la justice, que nous lui demandons pour notre ville, lorsqu'il verra que vous en êtes le protecteur et le chef et qu'en cette qualité vous vous intéressez pour elle. Nous osons espérer cette faveur pour une continuation des bontés que vous lui avés témoignées dans d'autres circonstances.

Nous sommes avec un profond respect,

 Monseigneur,

 Vos très humbles et très excellent serviteurs

  Baret de Beauvais, maire de la ville, Sudre, Venassier de Beauvais échevins.

 Guéret, le 6 décembre 1772.

 A Monsieur le marquis de la Salle en son Hôtel à Paris.

En même temps qu'ils adressent ces lettres, les officiers Municipaux engagent avec Delavaud une longue correspondance, suivie pendant de longs mois, dans laquelle sont discutés les divers arguments, qui doivent ou peuvent être présentés à l'appui de la défense des intérêts de la ville. Tous leurs efforts devaient rester stériles. Dans une de ses lettres, datée du 30 janvier 1773, et qui présume bien la situation, Delavaud s'exprime ainsi :

« J'ai fait beaucoup de démarches qui n'ont servi jusqu'à présent qu'à me faire apercevoir ce que j'ai dû soupçonner. On ne veut que de l'argent, et pourvu qu'on le reçoive, on ne s'embarrasse guère du préjudice qui en résultera pour ceux qui paieront. J'entrevois et on ne me l'a pas beaucoup dissimulé, que l'on ne veut plus d'abonnement et que l'on vise à mettre partout en régie les droits imposés sur les denrées, relativement au don gratuit des villes et bourgs du royaume ; en sorte que ces droits dont la perception devrait être bornée à la somme du don gratuit seront entièrement et constamment exercés, à quoi qu'ils puissent monter. Plus ils produiront, plus on aura d'inclination à suivre ce projet qu'on paraît avoir formé. »

En présence de l'inutilité des démarches et des sollicitations, Delavaud engage les officiers municipaux à offrir de payer 2000 livres par an pour le don gratuit, et à demander à être chargés exclusivement de la perception des droits établis jusqu'à concurrence de cette dernière somme. Il leur conseille en un mot d'accepter la situation qui leur avait été créée par l'application de l'édit de 1758 et de la déclaration de 1759.

Nous ne savons si les conseils de Delavaud furent suivis et si la municipalité proposa un abonnement de 2000 livres : nous n'en avons pas trouvé la preuve. Quoi qu'il en soit, des pourparlers de cette nature eurent lieu ; ils ne purent aboutir à aucune solution favorable pour la ville, car, ainsi que le dit Delavaud, on ne voulait que de l'argent sans se préoccuper des conséquences pouvant résulter des moyens employés pour l'obtenir. Du reste, l'application de l'édit d'avril 1768, disposant que tous les droits de don gratuit seraient perçus au profit du Trésor, application qui avait été différée jusque-là, vint trancher définitivement la question. — La perception et la régie de ces droits, qui devaient cesser au 31 décembre 1774, furent prorogées par édit de novembre 1771 jusqu'au 31 décembre 1780, et enfin par édit de février 1780 jusqu'au 31 décembre 1790.

Nous avons fait allusion précédemment aux injonctions adressées à maintes reprises aux officiers municipaux de Guéret, pendant la durée du premier et du second don gratuit, d'avoir à payer l'imposition à laquelle la ville était soumise, alors que la perception de cette imposition leur échappait à peu près complètement, étant faite par des commis sur lesquels ils n'exerçaient aucune action sérieuse. De nombreux documents démontrent que ces injonctions étaient incessantes et se traduisaient souvent par des menaces de poursuites, menaces parfois mises à exécution. Nous ne pouvons reproduire ces documents avec tous leurs détails ; nous allons essayer de les résumer.

Le 31 décembre 1759, alors que la première année d'exercice du don gratuit n'est pas encore écoulée, les régisseurs de la ferme écrivent aux officiers municipaux que « le contrôleur général est surpris qu'aucun versement n'ait encore été effectué », et les invitent « à payer sans délai 1500 livres à M. Le Camus, caissier général de la régie, rue Vieille-du-Temple, ancien hôtel d'Argenson ». Le 9 février 1760, à la suite d'une nouvelle injonction, le maire répond que « Guéret se trouve dans un pays éloigné, sans relation avec Paris, sans autre voiture publique que celle qui conduit les fonds de la taille une fois chaque mois », et demande par quel moyen il doit « faire passer » la somme à laquelle la ville est imposée.

Le 29 février, nouvelle lettre des régisseurs, qui expriment d'une façon encore plus impérative l'étonnement du contrôleur général de n'avoir pas encore reçu d'argent « nécessaire pour des dépenses indispensables et urgentes ». Ils ajoutent que si dans huit jours la ville de Guéret « n'a pas payé les 2000 livres qu'elle doit pour la première année du don gratuit, il sera donné des ordres pour les y contraindre ». Ces 2000 livres furent enfin versées au Trésor le 3 juillet 1760, suivant récépissé signé Le Camus.

Tous les ans, jusqu'en 1770, nous voyons se reproduire les mêmes menaces de poursuites. Cependant le produit de la perception des droits établis pour libérer la ville de l'imposition annuelle du don gratuit était largement suffisante pour faire face à cette imposition.

Il résulte en effet de l'examen des comptes des préposés que du 1er février 1759 au 2 décembre 1755, c'est-à-dire en l'espace de six ans moins quatre mois, le montant de la recette de ces droits atteignait 15271 livres 13 sols 9 deniers, somme supérieure à la totalité des six annuités dues par la ville augmentées du montant des remises allouées pour le recouvrement.

Malgré cette dernière constatation, nous voyons, que le 2 janvier 1766, le Directeur des Aydes de Montluçon, Cibot, écrivait au maire Guillon de la Villatte-Billon la lettre suivante :

« MONSIEUR,

« J'ai des ordres précis du Ministre de poursuivre les villes en retard sur le don gratuit, au nombre des quelles est Guéret ; mais quelque positifs que soient ces ordres, je ne puis pas les mettre à exécution sans en prévenir les officiers de ces villes et surtout vous, Monsieur, dont la réputation m'est connue. Le sieur Meunier, votre trésorier, doit pour reste des trois années de son administration la somme de 3500 livres et le sieur Fayolle doit aussi les restes de son compte. Je vous prie d'exhorter ces deux receveurs à me faire un envoie promptement, sans quoy je ne pourrais me dispenser de les prendre à party conjointement avec la ville. Ce party est trop désagréable pour que je le suive sans avoir épuisé les autres voyes et je pense les remplir en vous priant de concourir par votre autorité au payement pressé que le Ministre exige. »

Cette lettre donne l'explication des réclamations adressées aux officiers municipaux ; elle fait connaître les véritables causes des retards apportés dans le versement à la Caisse du Trésor des fonds provenant de la recette des droits du don gratuit ; mais nous ignorons la réponse faite à cette lettre par la municipalité. Quoi qu'il en soit, les objections que cette dernière ne manqua pas de présenter, durent sans doute être prises en sérieuse considération, car nous n'entendons plus parler de cette question jusqu'en 1772. A ce moment, le Directeur des Aydes de Montluçon, Parent, qui a remplacé Cibot, écrit aux officiers municipaux, pour leur réclamer une somme de 6009 livres 2 deniers, dus sur le premier et le second don gratuit. Il leur annonce en même temps que d'après les ordres qu'il a reçus des Régisseurs, et en exécution des lettres-patentes du 26 mars 1765, il va les poursuivre en paiement de cette somme. Il se borne toutefois à cette menace et ce n'est que quatre ans plus tard, qu'un nouveau Directeur des Aydes, Le Gouvé, fait suivre cette menace d'une action judiciaire, dont il informe aussitôt les officiers municipaux :

« Je voudrais vous servir et non vous désobliger, dit-il, mais les ordres du Ministre, sur les sommes dont vous êtes en retard, sont tels que je ne puis en éluder ni différer l'exécution. Le commandement que vous recevés est un premier effet, je souhaite beaucoup, Messieurs, que vous m'épargniés le désagrément d'en venir à des suites plus sérieuses........ ». — Conformément à cet avis, la ville reçut, quelques jours après, un commandement de payer 3000 livres à Jean Faydy, chargé du recouvrement des anciens dons gratuits. Ce commandement fut signifié par Gilbert Moreau, huissier royal en la châtellenie de Montluçon, à Baret de Beauvais, maire, « représentant le général des habitants de la ville et commune de Guéret ».

Les officiers municipaux protestèrent. Dans un long mémoire adressé au contrôleur général, ils font tout d'abord ressortir les contradictions qu'ils relèvent dans l'état qui leur est présenté pour établir la dette de la ville. D'après un compte transmis par l'Intendant, cette dette serait de 6.009$^l$ 2$^d$; d'après un second compte fourni par Cibot, directeur des Aydes, elle ne s'élevait qu'à 5.869$^l$ 17$^s$ 4$^d$. Ces deux comptes sont aussi inexacts l'un que l'autre : non seulement la ville ne doit plus rien, mais encore elle a versé au Trésor un excédent de 75 livres 19 sols 6 deniers, ainsi qu'il est facile de l'établir. On lui réclame une somme totale de 17.111 livres 2 sols 2 deniers, montant du premier et du second don gratuit : sur cette somme de 17.111 livres 2 sols 2 deniers, elle a payé ainsi qu'en témoignent les récépissés, 14.166 livres 6 sols 6 deniers. Elle ne serait donc redevable au Trésor que de la différence entre ces deux sommes, soit 2,944 livres 15 sols 8 deniers. Mais ces 2,944 livres 15 sols, ce n'est pas elle qui les doit, ce sont les employés choisis par les commis des Aydes pour faire le recouvrement des droits, les sieurs Fayolle et Meunier. Il est établi qu'à un moment donné le premier de ces agents ne se trouve pas « en état de remettre les fonds » qu'il avait perçus et qui s'élevaient à la somme de 2.150 livres, sur lesquelles il ne put verser, suivant quittance, que 1700 livres, de telle sorte qu'il est resté redevable de 450 livres. Quant à Meunier, qui fut substitué à Fayolle, il résulte du dépouillement de ses livres, fait au moment de son décès, qu'il devait avoir en sa possession 2.550 livres 15 sols 2 deniers, produit de ses recettes, et cependant sa caisse était vide. Le montant des sommes retenues par Fayolle et Meunier forme donc un total de 3.000 livres 15 sols 2 deniers, supérieure de 75 livres 19 sols, à celle qui est réclamée à la ville.

Après avoir exposé ces faits, les officiers font observer « qu'il serait profondément injuste d'obliger les habitants de Guéret à s'imposer de nouveau, parce que la Régie n'a pas veillé sur ses préposés et que ces derniers ont négligé cette surveillance sur leurs employés, interdisant même aux officiers municipaux de chercher à contrôler la perception. » C'est donc la Régie qui a la responsabilité des faits constatés ; c'est à elle qu'il appartient de poursuivre « les redevables et retentionnaires » et non aux officiers municipaux qui « n'ont aucune qualité pour le faire. » Mais ce qui surprend le plus ces derniers, c'est qu'on leur réclame 6.009 livres 2 deniers, alors que les récépissés délivrés donnent la preuve palpable, non seulement que la ville ne doit plus rien, mais encore qu'elle a surpayé. Il ne leur appartient pas « d'approfondir l'affaire » et de rechercher « si des besoins personnels aux employés ou quelques autres raisons ont part à la chose. Ils ne peuvent qu'être sensibles à la faiblesse et joindre leurs sollicitations en faveur des coupables. Ils verront même avec plaisir que M. le contrôleur général ferme les yeux sur le passé et que sa Grandeur veuille remettre ce débet aux héritiers de ceux qui ont fait le recouvrement, pourvu toutefois qu'il n'en coûte rien aux habitants. »

Les arguments invoqués dans le mémoire ne laissèrent pas que de faire impression. L'administration, sans se prononcer sur la question de savoir à qui incombe la responsabilité des faits signalés, éprouve le besoin de réfléchir, avant de prendre une nouvelle décision. C'est ce qui résulte d'un passage d'une lettre, en date du 17 novembre 1776, adressée par Le Gouvé aux officiers munici-

paux : « Selon le mémoire que vous m'avez adressé, si vos receveurs avaient fait exactement leur paiement, la somme aujourd'hui
réclamée serait moins considérable. Loin de convenir que la ville
puisse devoir, vous prétendez qu'elle est en avance, mais vous ne
comptez sans doute pas les frais de régie, qui sont à votre charge.
Toutefois l'affaire mérite examen ; mais il est regrettable que le
choix des receveurs n'ait pas été meilleur. »

Quelques mois après, de Rochecorbeil, qui a remplacé Le Gouvé,
reprend cette affaire ; ce n'est plus 6009 livres, ni même 5869
livres qu'il réclame à la ville, mais seulement 1281 livres 12 sols.
Nouveau mémoire des officiers municipaux, qui rappellent les faits
exposés précédemment et mettent directement en cause Cibot,
l'ancien directeur des aydes, lequel moyennant 600 livres avait
délivré aux héritiers Meunier une quittance finale de 2550 livres
15 sols 2 deniers. Des explications furent demandées à Cibot, qui,
dans une lettre où se trahit l'embarras de sa situation, rejette toute
responsabilité sur les officiers municipaux, qui ont agréé les sieurs
Fayolle et Meunier comme receveurs. Il plaide ensuite des circonstances atténuantes ; il serait injuste, suivant lui, de réclamer aux
héritiers Fayolle la somme de 450 livres, qui résulte de droits qui
n'ont pas été recouvrés. En ce qui concerne les héritiers Meunier,
ils sont dans une situation très précaire. Il avait voulu les poursuivre,
mais on lui fit observer que s'il procédait ainsi, les créanciers de
Meunier feraient opposition et « qu'étant plus anciens que la régie,
ils absorberaient tout le bien et que la régie en serait pour ses
frais ». Il s'arrêta donc en présence de ces dernières considérations
et pour ne pas perdre la totalité du débet il consentit à accepter
600 livres sans l'agrément des régisseurs.

Les explications fournies par Cibot sont communiquées aux
officiers municipaux, qui y répondent en disant que : « la ville n'a
choisi le sieur Fayolle que parce que la déclaration du Roy obligeait
les commis à faire la perception, que dans le cours de cette
perception les commis des aydes se sont emparés des fonds et en
ont disposé à leur gré, — qu'après le sieur Fayolle, ils ont choisi le
sieur Meunier, qu'il a bien fallu agréer, — qu'après sa mort, il luy
ont substitué le sieur Bernard, aussi sans la participation de la ville,

— que jamais le corps municipal n'a connu la situation de ces deux derniers et surtout du sieur Meunier, — qu'on n'a remis aucun registre à l'Hôtel-de-Ville, « ce qu'on avait sans doute garde de faire pour cause, » — que les fonds ont été reçus par eux, « envoyés ou non envoyés dans le temps, » — que M. Cibot « a trop pris sur son compte en faisant ou sollicitant des remises de sommes dues par ses préposés, qui munis de ses quittances opposeraient à la ville une fin de non recevoir, » — que « c'est à luy à les prévenir, puisque c'est par son propre fait que les fonds n'ont pas été versés dans la caisse de la régie » — et qu'en un mot « luy ou ceux qu'il avait commis doivent répondre du retard et du déficit des paiemens réclamés par la régie et garantir la ville de tous frais et évènemens. »

Il eut été difficile à l'administration de couvrir les procédés de Cibot, qui disait cependant n'avoir agi qu'avec l'assentiment des régisseurs de la ferme ; mais elle n'en persiste pas moins à exiger le paiement de la somme qu'elle réclame à la ville. « Il est constant, écrivait, le 24 décembre 1777, le directeur des aydes, il est constant que la régie des dons gratuits n'a jamais autorisé M. Cibot à faire aux héritiers Meunier remise de la somme de 1800 livres ; mais il n'est pas non plus douteux que la ville doive cette somme au Roy. Si les héritiers Meunier sont solvables, vous n'avez qu'à les poursuivre. Hâtez-vous, car la régie est en droit de vous poursuivre, sauf votre recours contre qui de droit ». — A cette dernière injonction, les officiers municipaux répondirent en rappelant leurs précédentes observations et en déclarant que si la ville était poursuivie, elle ne pourrait s'empêcher de se défendre aux risques et périls des héritiers Fayolle et Meunier.

Là s'arrêtent les renseignements, parvenus à notre connaissance sur cette affaire et il nous est impossible de dire quelle en fut la terminaison. Quoi qu'il en soit, il nous a paru intéressant d'en reproduire les particularités les plus saillantes et de les exposer avec détails, car ces détails eux-mêmes sont des plus instructifs, en montrant dans une certaine mesure la physionomie de l'Administration de l'époque, avec ses rouages compliqués et les désordres qui en étaient nécessairement la conséquence.

# § VII

## CHARGES GÉNÉRALES

~~~~

Sous la dénomination de charges générales, nous voulons entendre les divers impôts levés au profit du Trésor royal ou exigés, comme des redevances ecclésiastiques ou féodales.

Il n'entre cependant pas dans notre pensée d'examiner avec détails toutes les impositions, existantes au commencement du XVIII° siècle, où ultérieurement établies, dans le cours de ce siècle, avant la Révolution. Nous envisagerons simplement les principales, d'entre elles, appliquées à la ville de Guéret, en signalant, à l'aide des documents venus à notre connaissance, les diverses particularités relatives à leur mode d'application et de perception, à leur produit et aussi aux nombreuses exemptions, auxquelles elles donnaient, lieu, exemptions dont jouissait une notable portion des habitants de la cité. Nous devons dire toutefois que les documents, auxquels nous, venons de faire allusion, ne renseignent guère que sur la Taille, ses accessoires et la Capitation. (1) Nous devons ajouter aussi que ces,

(1) « Ce mot TAILLE venait de l'usage des collecteurs de marquer, sur une petite taille de bois ce que les contribuables avaient donné ». (*Voltaire, Mœurs*). — « La taille était un impôt levé sur les personnes qui n'étaient pas nobles ou ecclésiastiques, ou qui ne jouissaient pas de quelques privilèges ». (*Denisart, art. taille*). — La taille est un des, plus anciens impôts de la vieille Monarchie ; son origine semble remonter vers le milieu du XII° siècle ; mais elle ne fut d'abord que temporaire. C'est en 1444 seulement, sous Charles VII, que la taille devient annuelle et permanente. En 1549, une ordonnance de Henri II, créa le *Taillon*, en vue de « soulager le peuple foulé par les vivres, qu'exigeaient les troupes dans leurs logements et d'augmenter la, solde de la gendarmerie, gens d'ordonnance, chevaux légers et gens, de pieds ». Ce nouvel impôt fut d'abord levé conjointement avec la taille, puis se confondit avec elle. En 1705, la taille fut augmentée de, 2 sols pour livre. En 1720, on y incorpora « les fonds des maréchaus-
~~~~

renseignements n'ont pas toujours toute la précision désirable et sont souvent susceptibles de donner lieu aux interprétations les plus diverses. — Quant aux Vingtièmes et autres impositions ordinaires

sées », c'est-à-dire la solde des officiers de la maréchaussée et les fonds des étapes. L'ensemble de tous ces impôts réunis forma le premier brevet de la taille, ou la taille principale. — Un second brevet fut ensuite établi en 1767 et comprit tous les objets de dépenses, soit générales, soit locales, soit accidentelles. Cette dernière innovation donna aussi la faculté d'augmenter la masse de la taille : ce second brevet comprit ce que l'on appelait auparavant « accessoires de la taille », mais accessoires auxquels on fit de nouvelles additions. Dans ces accessoires, on distinguait différentes sommes, dont les unes étaient dénommées fonds de dépenses publiques et les autres fonds de dépenses variables. Les premières, communes à toutes les provinces, avaient pour objet de pourvoir aux travaux des Ponts et Chaussées, à ceux des turcies et levées, des canaux de navigation, aux frais des convois militaires, des logements des troupes et autres dépenses de même nature. — Les fonds de dépenses variables étaient différents suivant les Généralités : parmi ces dépenses, nous voyons figurer, dans la Généralité de Moulins, celles qui sont relatives à l'entretien des pépinières, à la subsistance des enfants trouvés, au casernement des cavaliers de la maréchaussée, aux appointements d'un Inspecteur de manufactures de tapisserie d'Aubusson et de Felletin, à la destruction des loups, à l'entretien des haras, etc., etc.

LA CAPITATION fut établie par un édit du 18 janvier 1695. Elle comprenait alors vingt-deux classes. Les taxes de la première classe étaient de 2000 livres, celles de la dernière, de 1 livre. « Chaque état, chaque profession, chaque titre y est casé suivant l'opinion qu'on avait alors de son importance et de sa fortune ». Les roturiers, dont la cote de la taille était moindre de 40 sols et les religieux mendiants, en étaient seuls exceptés. — Supprimée en 1698, elle fut rétablie en 1701. En 1705, un arrêt du Conseil l'augmenta de 2 sols pour livre. Le clergé s'en fit tantôt exempter, en payant un don gratuit ; quant aux nobles et aux privilégiés, ils obtinrent du Roy de ne payer qu'une quotité fixe et modérée, de sorte que le surplus du produit présumé de leurs impositions fut reporté par province et dans chaque province au prorata de la taille. L'exemption des petits contribuables fut ensuite rapportée et il n'exista plus que celle des pauvres « au pain de la paroisse ». C'est ainsi que la capitation perdit bientôt son caractère d'imposition purement personnelle et revêtit la nature de la taille, c'est-à-dire que, comme cette dernière, elle devint mixte, s'imposant à raison des « biens, facultés et revenus des taillables, et que sa répartition se fit de la même manière que celle de la taille ».

En 1747, un arrêt du Conseil du 18 décembre ordonna que outre la capitation, il serait payé, au lieu de 2 sols, 4 sols pour livre pendant six ans. Cette dernière imposition fut ensuite prorogée jusqu'en 1767, puis indéfiniment jusqu'à la Révolution. Un édit de février 1760 avait prescrit « un doublement, même un triplement de capitation », à l'égard de certaines personnes, à titre de secours extraordinaires pendant les années 1760 et 1761.

En 1776, la capitation fut augmentée de 6 deniers pour livre du prinou éxtraordinaires, nous ne possédons, en ce qui concerne la ville de Guéret, que des indications vagues et incomplètes, qui nous permettent difficilement d'en faire connaître la physionomie locale, d'en indiquer le rendement exact et l'importance proportionnelle.

La taille était personnelle ou réelle, la taille personnelle se levait sur chaque personne taillable ; la taille réelle s'appliquait aux terres et possessions taillables (1). Dans les pays d'élections, la taille était souvent mixte, c'est-à-dire qu'elle frappait à la fois les produits de la terre et ceux de l'industrie, les revenus fonciers et les revenus mobiliers, à raison des facultés individuelles. C'est le

cipal sur les justiciables du ressort de Paris, dans lequel se trouvait Guéret, pour subvenir aux frais de la reconstruction du Palais incendié au mois de janvier de cette même année. Ces 6 deniers ne devaient être perçus que pendant cinq ans ; mais une déclaration du 13 février 1780, les prorogea indéfiniemment, ainsi que les autres accessoires et le principal.

Il y avait deux sortes de capitation : celle des taillables et celle des non taillables. La première était repartie au marc la livre de la taille, à raison des biens, facultés et revenus des taillables La répartition de la capitation des non taillables était essentiellement arbitraire. Pour les privilégiés, elle devait représenter le 40<sup>me</sup> de leur revenu, pour les nobles, le 80<sup>me</sup> ou le centième.

En 1722, le Régent avait décidé que la capitation ne serait à l'avenir que le tiers de la taille : cette décision ne fut jamais appliquée et souvent cette imposition excéda la moitié de la taille.

La capitation des taillables était *quérable*, c'est-à-dire que les collecteurs la recueillait en même temps que les deniers de la taille. Celle des non taillables était au contraire *portable*, c'est-à-dire que les contribuables devaient en porter le montant dans les caisses des receveurs particuliers des finances. La capitation des taillables était solidaire, mais non celle des non taillables ; les rejets et réimpositions de la première se faisaient comme pour la taille. Il était arrêté au Conseil des rôles spéciaux pour la capitation des nobles, pour celle des officiers de justice, pour celle des privilégiés et enfin pour celle des employés.

(1) Dans la plus grande partie du Royaume, la taille était *personnelle*, c'est-à-dire qu'on ne l'imposait dans chaque paroisse que sur ceux qui l'habitaient, à proportion de leurs facultés, et non sur les particuliers, qui y possédaient des biens sans y demeurer. Dans certaines provinces au contraire, telles que le Languedoc, la Province, le Dauphiné, la taille était réelle, c'est-à-dire qu'on imposait « tous ceux qui possédaient des terres dans la paroisse, à proportion seulement de la quantité des terres qu'ils y possédaient et non pas eu égard à leurs facultés en général. » (*Collection Denisard, art. taille*).

caractère qu'elle revêtait dans la Généralité de Moulins, dont faisait partie l'élection de Guéret.

En deux mots, rappelons comment se faisait la fixation et la répartition annuelles du montant de la taille. Tous les ans, six mois avant la fin de l'année, dans un état désigné sous le nom de Brevet général, le montant total de la taille pour tout le Royaume était arrêté par le Conseil du Roy (1). Ce montant était divisé entre les diverses Généralités et un brevet particulier était envoyé à l'Intendant et aux Trésoriers de chacune d'elles. La somme inscrite sur ce brevet particulier était ensuite répartie sur chaque élection, où les *Elus* la distribuaient entre les diverses paroisses (2). Là, des Assemblées désignaient des collecteurs, chargés de dresser les rôles, de répartir le montant de l'imposition de la paroisse entre chaque

(1) On ne trouve une énonciation expresse de Brevet pour la première fois que dans un règlement du 21 juin 1611. « Son établissement, dit Moreau de Beaumont, a dû apporter de grands changements dans le régime des tailles. Avant que la somme fut déterminée, l'imposition avait pour base la proportion du revenu des biens ; on payait le huitième ou le cinquième. Il pouvait y avoir de l'erreur dans l'estimation ; mais du moins les assesseurs avaient une base certaine ; au contraire, dès que la somme à lever fut déterminée, il cessa d'y avoir aucune base. Il n'y eut pas d'autre règle que celle de l'égalité respective, de la connaissance des facultés de chacun. Le fort portant le faible, il fallut assurer tout ce qui était ordonné. Alors les passions, les haines, les faveurs, les parentés, les intérêts, le défaut de lumières durent donner lieu à beaucoup d'injustices. De là le grand nombre de lois, souvent inutiles, pour les réprimer, et de là le grand nombre de tribunaux ». (*Mémoires concernant les impositions et droits*, 1789, t. V, page 31).

(2) Les élus étaient des officiers de l'Election. Sous le règne de Jean le Bon, des *Généraux d'Aydes* furent envoyés dans les provinces pour répartir la taille dans les villes et les campagnes ; mais comme la fortune des habitants des villes était difficile à connaître, ces *Généraux d'Aydes* firent choix dans chaque ville de deux ou trois d'entre les principaux habitants, « personnes honnestes et solvables, sans aucun soupçon », pour les aider dans leur travail. Ces habitants furent nommés *élus*, parce que le plus souvent ils étaient choisis en assemblée générale. Charles V transforma les élus en fonctionnaires royaux, tout en conservant leur nom, et les érigea en Tribunal, pour juger les procès, que pouvait soulever la répartition des impôts. Ce fut le tribunal de l'Election, dont les attributions furent ensuite réglées par une ordonnance de 1452 de Charles VII. — Une autre ordonnance de 1459, enjoint aux Elus « de mettre sus et départir la somme qui leur sera ordonnée, le plus justement que faire se pourra et le fort portant le faible. »

particulier, suivant ses facultés, et ensuite de faire le recouvrement de cette imposition.

A Guéret, jusqu'en 1753, les Consuls paraissent avoir été presque exclusivement chargés de la collecte : c'était une charge qui leur incombait, aux termes de la charte d'affranchissement de la ville, du 22 juillet 1406. Nous avons dit que les Consuls de Guéret étaient primitivement au nombre de quatre ; divers documents nous montrent cependant qu'un cinquième Consul leur fut plus tard adjoint, évidemment en vue de pourvoir aux besoins de la collecte, car il portait la dénomination significative de *Consul porte-bourse*. Aux consuls étaient encore adjoints, comme collecteurs, un certain nombre d'habitants de la ville, ainsi que cela résulte de tableaux dressés avant 1753, et que nous avons eus sous les yeux (1). Il est probable toutefois que les habitants, inscrits sur ces tableaux, n'étaient pas habituellement appelés, ou du moins ne l'étaient qu'à

(1) Le 3 octobre 1717, dans une Assemblée de ville, tenue par-devant J -B. Frogier de Villerambaud, lieutenant général de la sénéchaussée et siège présidial, assisté de Jabrillac du Monteil, lieutenant général de police, et Lejeune de Fressanges, prévôt châtelain, — en présence de Coudert de Lavergne, subdélégué de l'Intendant, des consuls, Nicolas Lejeune, seigneur des Dauges, Jean Dumarest, procureur, Hubert Baret, Martial Labourgt et de plusieurs autres habitants de Guéret, — il fut donné lecture par le subdélégué, des déclarations du Roy et des ordonnances de l'Intendant, relatives à la formation de la liste des collecteurs et du tableau des exempts. Aux termes de ces ordonnances et déclarations, tous les officiers dont les privilèges avaient été précédemment supprimés devaient être astreints à la collecte, à la réserve seule des Présidents, Lieutenants généraux, lieutenants particuliers des Présidiaux, des gens du Roy, des officiers des dépôts et de ceux des Eaux et Forêts. — Lejeune de Fressanges fit alors observer qu'en sa qualité de prévôt châtelain il pouvait être appelé, en l'absence du lieutenant général, à recevoir le serment des Consuls et à présider les Assemblées générales d'habitants, en vertu du titre concédé à la ville par le Comte de la Marche, et il demanda à être classé dans la liste des exempts de la collecte. Jabrillac du Monteil remontra à son tour que, comme lieutenant général de police, il ne devait pas être compris dans le tableau des collecteurs, car en raison de sa charge, il devait assister à toutes les Assemblées de ville et y prendre place après le lieutenant général, et avant les Consuls, « auxquels il est même défendu de faire des billets pour le logement des troupes, sans l'en avoir informé ». — Aucune décision ne fut prise relativement à ces deux réclamations, et il fut arrêté d'un commun accord qu'une nouvelle Assemblée serait convoquée pour réviser le tableau des collecteurs, précédemment dressé, tableau qui était déclaré défectueux et nul.

14

titre d'auxiliaires, car les rôles antérieurs à 1753, qu'il nous a été donné d'examiner, ne portent que la signature des seuls Consuls, avec celle des officiers de l'élection. — Quoi qu'il en soit, nous avons indiqué précédemment les raisons sur lesquelles s'appuya l'Intendant de Bernage pour modifier l'état de choses existant. Par une ordonnance du mois de septembre 1753, après avoir rappelé les prescriptions des édits de 1703 et de 1733, portant création des offices municipaux et de l'arrêt du Conseil de 1737, qui exemptait les Consuls de la collecte, il nomma des collecteurs d'office et enjoignit en même temps aux officiers municipaux de s'occuper exclusivement des affaires de la ville et de ne plus se mêler à l'avenir de la confection des rôles de la taille et du recouvrement des deniers royaux. Il rappela que le tableau des collecteurs devait être dressé à la diligence des maires et échevins, en assemblée générale des habitants, autorisée par l'Intendant, et en présence des officiers de l'Election, dûment appelés. — Conformément à ces dernières instructions, un tableau des collecteurs fut dressé en octobre 1753 et voici les noms que nous y voyons figurer :

1754. — Gilbert-Pardoux Meunier, porte-bourse ; — Henri-Augustin Lemoyne ; Jean Constant et son neveu.

1755. — Jean Niort, porte-bourse ; — Antoine Petit, huissier ; — Antoine Mallitte.

1756. — Antoine Duteil de la Rebierre, porte-bourse ; — Jean Foularton, dit Bardette ; — Mathieu Pateyron.

1757. — Antoine Duret, notaire royal et procureur, porte-bourse; — Jean-Baptiste Cillet ; — Antoine Fabre.

1758. — François Meunier, fournisseur aux dépôts, porte-bourse; — Pierre Cave, perruquier ; — Charles Gay, teinturier.

1759. — Gabriel Dissandes, notaire procureur, porte-bourse; — François Frémont et son fils, perruquiers et marchands ; — Pierre Chezeau et son fils, chapeliers.

1760. — Dodin ; — Roby ; — Tourtaud ; — Marsat.

1761. — François Devilestiveaud, procureur ; — Jean Fortune, marchand ; — Etienne Poylecot, marchand.

1762. — Antoine Baret, marchand, porte-bourse ; — Jean-Baptiste Neveu ; — François Gomet.

1763. — Olivier Lemoyne, porte-bourse ; — Jean Lagoutte, l'ainé ; — Nicolas Delacroix.

1764. — Léonard Poissonnier Des Granges et Pierre Poissonnier, son fils, conjointement porte-bourse ; — François Vergne ; — Adrien Belquin, armurier.

1765. — Lasnier Desbarres, porte-bourse ; — Pierre Bernard, teinturier ; — François Lacugne, boulanger.

1766. — Silvain Boileau, notaire royal ; — Joseph Fayolle, procureur, porte-bourse ; — André Vincent, cabaretier ; — Jean Guyonnet, dit Mazeraud.

En 1767, le tableau des collecteurs, dressé en 1753, était épuisé ; il ne fut pas reconstitué, non plus qu'en 1768, et les collecteurs de ces deux dernières années paraissent avoir été nommés contrairement aux ordonnances et aux règlements, alors en vigueur. Aussi cette manière de procécer provoqua-t-elle une protestation de la part de Silvain Bouexard, procureur et doyen en la sénéchaussée et siège présidial de Guéret, qui, dans les premiers jours du mois d'octobre 1768, s'adresse à l'Intendant de Pont et lui remontre « très-humblement que les privilèges accordés au maire et échevins ont occasionné tant de cabales dans les assemblées, soit en raison de ce que ces assemblées se tiennent chez le maire, à la porte duquel sont postés deux valets de ville pour empêcher d'entrer ceux qui n'ont point de part à la cabale, soit à raison de ce que ceux qui veulent opiner différemment en sont expulsés et que les habitants se sont rebutés, — de manière qu'il n'y a eu aucun tableau pour les collecteurs, qui de tout temps et avant la réunion de la comté de la Marche à la Couronne, se faisait au palais par MM. de l'Election, à la pluralité des voix, et comme le défaut de tableau autorise MM. de l'Election de vous présenter ceux qu'il leur plaît, sans observer si ceux qu'ils vous présentent ont passé par cette charge ou non et passent sous silence ceux qu'il leur plaît au préjudice de l'équité et comme chascun doit à son tour supporter les charges publiques, le suppliant y ayant passé, y ayant nombre en état d'en faire le mesme, le suppliant est obligé de se pourvoir devant sa Grandeur pour luy être sur ce pourveu ».

En conséquence, il prie l'Intendant de vouloir bien ordonner qu'il soit fait un tableau des habitants « bons pour être porte-bourse, deuxième et troisième collecteur, par-devant MM. les officiers de l'Election, au Palais royal, en la manière accoutumée, à l'effet de quoy les habitants seront tenus de s'assembler sous les peines qu'il plaira à sa Grandeur, dans lequel on mettra ceux qui n'ont point passé les premiers et les autres suivant le temps qu'ils ont passé ».

Vu cette requête, les ordonnances et les règlements antérieurs, l'Intendant ordonne « qu'à la diligence du procureur du fait commun de l'Hôtel-de-Ville, une assemblée des maire, échevins et habitants taillables sera convoquée, à laquelle assemblée, ils seront tenus de se rendre et de délibérer, à peine de 3 livres d'amende, contre chacun des refusans, à l'effet de procéder conjointement avec les officiers de l'Election, à la confection d'un tableau, en forme de colonne, des collecteurs de la ville, en observant que dans chaque colonne il y eût des habitants solvables pour premier, second et troisième collecteur et de faire venir les habitants en ordre à proportion du temps qu'ils sont établis ou qu'ils ont fait la collecte ».

Conformément à cette ordonnance, le 16 novembre 1768, une assemblée générale se tint à l'Hôtel-de-Ville, par devant de J.-B. Antoine Druillette de Ceylloux, conseiller du Roy, assisté de J.-B. Peyronneau conseiller du Roy, procureur en la maîtrise des eaux et forêts, 1er échevin, et en présence d'Olivier François Couturier de Fournoue, Sommande, du Saillant et autres lieux, écuyer, procureur du Roy, qui donne lecture de l'ordonnance de l'Intendant et en requit l'application.

L'assemblé arrête le tableau suivant des collecteurs à partir de 1769 :

1769. — François Jandonnet et son fils, porte-bourse ; — Jacques Lagny ; — Jean Ledur de Fressanges ;

1770. — Jacques Alhiaud ; — Charles Adenis et son fils ; — François Aubaile de Changon,

1771. — Léonard Vincent, coutelier ; François Paricaud ; — Baltazar Giry de Maindigour.

1172. — Venassier de Beauvais ; — Denis Périne ; — Jean Marcillat, de Réjat

Le 16 août 1772, une assemblée générale des habitants de la ville fut convoquée « à l'issue des vespres », par-devant J.-B. Peyronneau, conseiller, procureur du Roy, en la maîtrise des eaux et forêts et maire de la ville, assisté de J.-B. Venassier de Beauvais, avocat, faisant fonctions de procureur du Roy, à l'effet de dresser le tableau pour la nomination des collecteurs, « à compter de 1773, en observant les formalités prescrites par les règlements ». Ce tableau fut arrêté de la manière suivante :

1773. — Christophe Cave, marchand de fournitures au dépôt ; — Charles Adenis et son fils ; — François Aubaile de Changon.

1774. — J.-B. Barathon, cloutier ; — Léonard Vincent ; — Balthazar Giry de Maindigour.

1775. — Alexis-Pierre Malauron, notaire royal ; — François Paricaud, dit Duteil ; — Jean Marcillat de Réjat.

1776. — Jean-Baptiste Lagoutte et son fils, tailleur d'habits ; — Denis Périne, coutelier ; — François Cheroret dit Leblond de Bas-Breuil.

1777. — Antoine Malherbaud, marchand ; — Antoine Miette, marchand ; — Etienne Saudon de Breuil.

1778. — Pierre Baret d'Auriolle ; — Claude-François Agnaire, marchand ; — Silvain Giraud de Châteauvieux.

1779. — Jacques Desfigier, marchand ; — Jacques Goumy, tailleur d'habits ; — François Tixier de Malleret (1).

______

(1) Le 18 juillet 1779, un arrêt du Conseil du Roy prescrivit qu'à partir de 1780, la taille et les autres impositions accessoires, dont le recouvrement était fait jusqu'à ce jour par les collecteurs, seraient perçues par des Préposés spéciaux, choisis par les officiers municipaux, Préposés dont la nomination devait être approuvée par l'Intendant. — Aux termes de l'arrêt, les communautés devenaient responsables de la gestion de ces Préposés et les officiers municipaux devaient leur faire rendre compte de leur gestion tous les trois mois,

1780. — François Lemoyne, marchand ; — François Deglaude, aubergiste ; — Jean Niveau de Malleret.

1781. — Jean Niort, greffier ; — Jean Dulery, tailleur d'habits ; — Pierre Tixier de Malleret.

1782. — Antoine Petit, marchand ; — Joseph Janot, maréchal ; — Jean-Baptiste Jacquet de Pisserate.

1783. — De Saint-Voury, procureur ; — Gervais Vincent, cloutier ; — Silvain Giry de Chateauvieux.

1784. — Martial Lemaigre, marchand ; — François Fayard, boulanger ; — Philippe-Pierre Forest de Malleret.

Aux termes des ordonnances, ne devaient figurer sur le tableau des collecteurs ni les nobles, ni les privilégiés, ni les septuagénaires, ni les insolvables. A Guéret, le nombre des nobles était extrêmement réduit ; on en comptait tout au plus cinq ou six ; mais les privilégiés étaient relativement très nombreux, eu égard au chiffre de la population. Parmi ces derniers, tous exempts de la collecte, figurent toujours « les sieurs doyens et chanoines, les sieurs communalistes, les officiers du Présidial, des eaux-et-forêts, de l'élection, le Président du dépôt des sels, les Receveurs des tailles, les avocats », et quelques autres, nommément désignés chaque année et exemptés, soit en raison de services antérieurement rendus à l'Etat, soit à cause des fonctions dont ils sont revêtus, telles que celles de maire et d'échevin (1).

Les collecteurs restaient comme auparavant chargés de la répartition des impositions et devaient assister à la confection des rôles d'office. Ils continuaient à être nommés en Assemblée générale. Par une ordonnance, l'Intendant rendit cet arrêt du Conseil exécutoire dans toutes les villes de la Généralité de Moulins.

(1) Les collecteurs qui avaient été désignés en Assemblée et se trouvaient ainsi inscrits sur le tableau dressé par cette Assemblée, devaient recevoir signification de leur nomination dans les trois jours, qui suivaient leur désignation, à la diligence des officiers municipaux « à peine par ces derniers de 20 livres d'amende ». Ceux qui ne voulaient pas accepter cette mission pouvaient faire opposition au maintien de leur inscription sur ce tableau, devant les officiers de l'Election et dans la quinzaine de la signification qui leur avait été faite ; passé ce délai, leur opposition n'était plus admise (arrêt du conseil du 7 août 1685). Après jugement des oppositions par l'Election, ils

La fonction des collecteurs n'était pas absolument gratuite. Il était alloué à ces derniers, à titre d'indemnité, six deniers pour livre du montant de la taille. Malgré cette rémunération, leur charge, pour de nombreuses raisons, n'était ni enviée, ni enviable et chacun cherchait, par tous les moyens possibles, à en être dispensé. Cette charge d'abord n'était pas une sinécure ; elle exigeait du travail et beaucoup d'activité. D'autre part, outre les dérangements qu'elle occasionnait à ceux auxquels elle incombait et qu'elle tenait éloignés assez longtemps de leurs occupations habituelles, outre les ennuis de toute nature, qu'elle était susceptible de leur causer, outre les haines et les inimitiés qu'elle suscitait à tort ou à raison à ceux qui l'exerçaient, elle engageait encore une responsabilité matérielle et morale que personne ne voulait encourir. Nous devons dire toutefois que, dans les documents qu'il nous a été donné d'analyser et relatifs à la collecte de Guéret, nous n'avons relevé aucun de ces faits graves, fréquemment observés dans diverses collectes de la Haute-Marche, faits touchant aux abus, aux négligences, aux malversations, auxquelles se livraient certains collecteurs, aux difficultés que la plupart rencontraient dans leur perception, aux attaques, aux poursuites judiciaires, dont ils pouvaient devenir l'objet à l'occasion de l'exercice de leur mandat (1). Mais ce que

avaient le droit de se pourvoir devant la Cour des Aydes. — Les nominations de collecteurs faites d'office par l'Intendant étaient signifiées dans le huitaine à la diligence du receveur des tailles. Les oppositions devaient être présentées dans les mêmes délais que précédemment. (Déclaration du Roy du 28 août 1685).

(1) « Nommés par les habitants de la collecte, les collecteurs avaient la mission délicate de fixer le chiffre des impositions des contribuables proportionnellement à leurs revenus. Leur appréciation était souvent taxée de partialité ; on reprochait aux collecteurs de favoriser leurs parents et leurs amis, d'exagérer les taxes de leurs ennemis pour satisfaire des haines personnelles ; on les traduisait alors devant le tribunal de l'Election, et, si la plainte était reconnue fondée, ils étaient condamnés à la réparation du dommage de la fausse évaluation, plus au double de la somme à titre d'amende..... Les difficultés que rencontraient les collecteurs pour remplir leur charge auraient suffi à en rendre le recrutement difficile ; mais de plus, ils répondaient sur leur fortune personnelle du recouvrement intégral de l'impôt. Malgré leur activité, malgré les rigueurs des poursuites, ils avaient à couvrir un déficit de leurs deniers..... Ils étaient en outre exposés à la contrainte par corps...... Ces malheureux détenus étaient traités comme

nous avons noté, ce sont de nombreuses réclamations et parfois même de vives protestations de la part de ceux qui se trouvaient inscrits sur le tableau des collecteurs. Ces réclamations et ces protestations sont de diverses sortes ; quelques-unes reposent sur des raisons de santé. En 1773, nous voyons le nommé Léonard Vincent, proposé pour la collecte de l'année 1774, demander à l'Intendant sa radiation du tableau, à cause de ses infirmités. « C'est, dit-il, par un esprit de partialité sans égale, une envie de lui nuire », qu'on a proposé son inscription. Une enquête fut ordonnée au sujet de cette réclamation. Le commis des tailles, Lemoyne, consulté, déclara qu'il était à sa connaissance que Vincent avait perdu un œil, que sa femme était infirme depuis plus d'un an, qu'elle avait des ulcères aux jambes, qu'elle était obligée de garder le lit six mois de l'année et qu'il ne pouvait s'éloigner d'elle. Il déclarait en outre que Vincent avait une fille « sourde comme un pot et qui n'entend et ne comprend que par signes », qu'il ne possédait qu' « une mauvaise maison et un jardin à semer une écuelée de chenevy », et qu'il savait à peine lire et écrire. Il proposa de prendre sa demande en considération. — En 1776, nous voyons encore Pierre Barret d'Auriole, ancien avocat, procureur, inscrit sur le tableau des collecteurs, protester contre cette inscription, adresser requête en vue d'être rayé de ce tableau et assigner les officiers municipaux devant l'Election, pour « voir dire qu'il serait déchargé de la collecte sous prétexte de faiblesse de la vue ». Une assemblée de ville, convoquée pour statuer sur cette protestation, n'admit pas sa prétention ; mais sa protestation devint le point de départ d'un grave conflit entre le corps municipal et les officiers de l'Election, conflit dont nous aurons occasion de parler ultérieurement avec quelques détails.

Des réclamations d'une autre nature se produisaient plus fréquemment ; elles étaient portées devant l'Election, qui était appelée à

de misérables criminels ; ils recevaient pour toute nourriture du pain et de l'eau, et le concierge (de la prison), qui voulait encore réaliser des bénéfices sur l'indemnité quotidienne de 5 sous, allouée par chaque prisonnier, refusait de changer leur paille plus souvent que tous les quinze jours ». (*Autorde, Inventaire sommaire des Archives départementales de la Creuse, Introduction, page 10.*)

statuer sur leur valeur; nous aurons occasion d'y revenir et d'en relater des exemples, en parlant de cette dernière juridiction. Disons cependant dès maintenant que si les inconvénients, attachés à la charge des collecteurs, étaient habituellement les motifs qui faisaient désirer l'exemption de cette charge, ces motifs, à Guéret, n'étaient pas les seuls. Il en existait un autre, qu'on n'avouait pas, mais qui se dégage, d'une façon assez nette et assez précise, de la lecture de la plupart des documents, qui ont trait aux réclamations formulées, pour permettre de l'apprécier à sa juste valeur et de le qualifier comme il convient Ce motif, c'était la vanité, cette forme de l'imperfection humaine, qui n'est près de disparaître. On faisait alors de l'exemption de la collecte, comme de tous les autres privilèges du reste, avant tout une question d'amour-propre. En raison de cette exemption, certains pensaient occuper un rang plus élevé dans la hiérarchie sociale; ils s'imaginaient jouir aux yeux de leur entourage d'une situation plus grande et détenir une parcelle du prestige et de la considération, qui s'attachaient à la noblesse et aux autres corps privilégiés. Mais ne récriminons pas : aujourd'hui si la forme a changé, qui oserait dire que le fond n'est pas resté le même ?

Nous avons dit quelles étaient les attributions des collecteurs. Ils devaient tout d'abord répartir les impositions entre les contribuables et dresser les rôles non seulement de la taille et de ses accessoires, mais aussi de la capitation. Dans le principe les rôles de la capitation étaient distincts de ceux de la taille : ce n'est qu'à partir de 1767 que ces deux impositions furent inscrites simultanément sur les mêmes rôles.

Nous avons eu sous les yeux les rôles d'un certain nombre d'années de la collecte de Guéret. Nous avons essayé de les analyser et cherché à en extraire un certain nombre d'indications, qui ne paraîtront pent-être pas tout-à-fait dénuées d'intérêt.

D'une manière générale, en tête de ces rôles, sont énumérées les différentes sommes à imposer, savoir :

1° Le montant de la taille principale, avec ses « crues » et sols pour livre;

2º Les accessoires de la taille (1) ;

3º Les six deniers des collecteurs ;

4º Les rejets et réimpositions, lorsqu'il en existe (2) ;

5º Les droits dus aux receveurs et aux contrôleurs (3);

6º Les droits de quittance (4) ;

7º Enfin, la capitation, lorsque cette imposition fut inscrite sur les mêmes rôles que ceux de la taille.

Après cet exposé sommaire, sont insc ites les cotes dites d'office, cotes en nombre variable chaque année (5). Sont ensuite successivement établies les cotes des contribuables de la ville, en suivant chaque rue, chaque faubourg. En regard du nom de chaque taillable, se trouve indiqués son surnom, s'il en a un et sa profession :

(1) Les accessoires de la taille étaient répartis au marc la livre de la taille principale. En tête du rôle, il devait être indiqué quelle était la proportion suivant laquelle était effectuée cette répartition ; mais dans la pratique cela ne se faisait pas. La répartition de la capitation devait s'opérer de la même façon.

(2) Il arrivait parfois que des privilégiés étaient taxés mal à propos ou que des taillables étaient trop imposés. Ils réclamaient les premiers une radiation de cote, les seconds une modération de taxes. Ces réclamations étaient portées devant les officiers de l'Election et par appel devant la Cour des aydes. Lorsqu'elles étaient prises en considération, il était ordonné que les sommes, dont la remise était accordée, seraient *rejetées* sur l'année suivante et *réimposées* sur le général des habitants de la collecte.

(3) Ces droits étaient des droits de timbre, variables suivant le nombre de feuilles utilisées pour la confection des rôles.

(4) A Guéret, les droits de quittance étaient invariablement fixés à 2 livres.

(5) Les cotes d'office étaient fixées par l'Intendant. Ces cotes « dans l'origine ne furent établies que pour empêcher les puissans d'abuser de leur crédit et pour que leurs contributions fussent portées à l'équité. Aujourd'hui, elles ont pour objet d'empêcher que les collecteurs et les habitans, conduits par l'esprit d'animosité et de haine, ne les taxent beaucoup trop. » (Moreau de Beaumont, loc. cit., page 61). Les cotes d'office, arbitrairement établies, s'appliquaient particulièrement à certains officiers, comme ceux de la maitrise des Eaux et forêts, des greniers à sel, etc , ou à leurs veuves. Les collecteurs ne pouvaient les augmenter ; ils ne pouvaient non plus en faire le recouvrement. Avant de porter sur les rôles la taxe de chaque contribuable, ils devaient défalquer du montant du brevet de la collecte le montant des taxes d'office, afin de n'avoir plus que le surplus à répartir.

ces indications sont suivies de l'énumération de ses biens fonds et de leur produit annuel, produit à l'aide duquel est fixé le montant de sa taille réelle. Au-dessous de ce montant est inscrit celui de sa cote personnelle, confondue avec la taxe d'industrie, lorsque cette dernière existe. Vient en dernier lieu l'énumération des cotes du reste de la paroisse, village par village, cotes d'exploitation ou autres, les premières avec une mention indiquant, à la suite du nom de l'exploitant, si l'exploitation est faite par le propriétaire cultivateur ou un colon, « à moitié fruit ». Dans les deux cas, la taxe porte respectivement : 1º Sur les maisons, granges et écuries, 2º sur le nombre des chartées de foin annuellement récolté, 3º sur l'étendue de terre ensemencée, chaque année, en seigle et menus grains, 4º enfin, sur le produit présumé que procurent les bestiaux du domaine, bœufs, vaches et menu bétail. » Dans le premier cas, lorsque le propriétaire exploite lui-même son bien, la taxe portant sur le nombre de chartées de foin et l'étendue des terres ensemencées est toujours le double de celle qui est imposée au colon ; cette taxe est en outre augmentée d'une cote personnelle. L'imposition se trouve ainsi répartie d'après certaines proportions variables, suivant les objets sur lesquels elle porte, et qui semblent quelquefois différer pour les mêmes objets (1).

En examinant les cotes des rôles de l'année 1736 et en comparant entre elles ces diverses cotes, on est tout d'abord frappé de ce

(1) Il n'est peut être pas inutile de rappeler les objets, sur lesquels portait l'imposition de la taille : ces objets sont clairement indiqués dans le passage suivant : « Dans les pays de taille proportionnelle, les cotes d'un rôle sont divisées en deux sortes de taille, la taille réelle et la taille personnelle.

La taille réelle est composée : 1º de l'exploitation de toutes sortes de terres et droits fonciers ; 2º de l'occupation des maisons.

La taille personnelle est composée : 1º des revenus de toute espèce ; 2º de l'industrie aussi de toute espèce.

Il est essentiel de ne pas confondre les mots exploitation, occupation, revenus et industrie et de concevoir nettement leur signification et leur effet.

1º Tous les biens fonds (terres labourables, prés, bois, moulins, et tous droits réels, comme dîmes, cens, droits seigneuriaux etc.), donnent lieu à la taille réelle sous le nom d'*exploitation* dans la personne de celui qui les exploite, soit propriétaire, soit fermier. Les mêmes biens donnent lieu à taille personnelle dans la personne du propriétaire, qui les donne à ferme, sous le nom de *revenus*. Ils

fait que la base, qui sert à établir la taxe de la taille réelle, c'est-à-dire de la taille applicable aux terres et autres immeubles, est loin d'être uniforme (1). En ce qui concerne les maisons, on peut remarquer qu'elles sont imposées, suivant une proportion qui

donnent encore lieu à taille personnelle dans la personne du propriétaire, si c'est lui qui les fait valoir et ce sous le nom d'*industrie* ou de bénéfice d'*exploitation*. Enfin ils donnent lieu à taille personnelle dans la personne du fermier s'il y en a un, et ce, sous le nom d'*industrie*.

2° Les maisons donnent lieu à taille réelle, sous le nom d'*occupation*, dans la paroisse de celui qui les occupe, soit fermier ou locataire, soit propriétaire. Elles donnent lieu à taille personnelle, sous le nom de *revenus*, dans la personne du propriétaire seulement, soit qu'il occupe, soit qu'il les donne à ferme ou à loyer.

3° Les revenus de toute espèce... donnent lieu à taille personnelle dans la paroisse du propriétaire ou créancier...

4° L'industrie qui comprend le commerce et le travail quelconque, soit de corps, soit d'esprit, donne lieu à taille personnelle dans la personne de tout négociant, commerçant, marchand, dans celle du notaire, du procureur, comme dans celle de l'artisan, du journalier, du laboureur. » (Moreau de Beaumont, *loc. cit.* — t. V. page 70).

(1) A titre d'exemples, nous reproduisons quelques-unes des cotes de l'année 1736 :

« Le sieur Josse possède :

« Une maison qu'il afferme (G^d-Rue) au s^r Moufle, receveur « des tailles, avec les meubles, deux cents livres, — pour « icelle. . . . . . . . . . . . . . . . . 3^l 10^s

« Un domaine au lieu de l'Age, en cette paroisse de valeur « de trois cents livres, — pour iceluy. . . . . . . . 5^l »

« Deux autres domaines aux lieux de Chibert et Ville- « gondry, paroisse de Glény, de valeur chacun de cent livres, « — pour iceux. . . . . . . . . . . . . . . 3^l 10^s

« Pour sa cote personnelle . . . . . . . . . . . 38^l »

« En tout : cinquante livres

« Les sieurs Tournyol du Rateau, avocats du Roi, possèdent :

« Une maison, qu'ils habitent (G^d-Rue), — pour icelle. . . » 20^s

« Un domaine à la Ribière, paroisse de S^te-Feyre de valeur « de cent livres, — pour iceluy. . . . . . . . . . » 40^s

« Un pré à Corbenier, servant à leur usage, — pour iceluy. » 20^o

« Plus le lieu du Rateau, paroisse de Bonnat, de valeur de « 200 livres, — pour iceluy. . . . . . . . . . . 4^l  ,

« Pour deux cotes personnelles. . . . . . . . . . 4^l »

« En tout : douze livres

« La veuve Fortune, marchande, possède :

« Une maison qu'elle occupe (G^d-Rue), — pour icelle. . . » 20^s

« Deux maisons en cette ville de valeur de cinquante livres, « — pour icelles. . . . . . . . . . . . . . . » 30^s

« Pour son commerce et cote personnelle. . . . . . . 7^l  ,

« En tout : neuf livres dix sols

varie entre 25, 30 et 40 sols pour 100 livres de revenu, sans qu'on trouve, dans les indications fournies, aucune explication plausible d'une telle différence. La même inégalité proportionnelle s'observe dans l'établissement de la taxe des propriétés non bâties : il est en

« Jean Regnard, taillandier, possède :
« Un bas de maison, qu'il occupe (G<sup>d</sup>-Rue), — ponr icelluy.  » 20ˢ
« Et pour sa cote personnelle et métier. . . . . . . .  5ˡ  »
« En tout : six livres

« Le nommé Sureau, sculpteur, possède :
« Une chambre et un grenier (G<sup>d</sup>-Rue), — pour iceux. .  » 20ˢ
« Pour sa cote personnelle. . . . . . . . . .  4ˡ  »
« En tout : cinq livres

« Martial Lobligeois, dit Froment, possède :
« Un bas de maison, qu'il occupe (G<sup>d</sup>-Rue), pour iceluy. .  » 20ˢ
« Pour sa cote personnelle. . . . . . . . . . .  » 40ˢ
« En tout : trois livres

« Pierre Peyronneau, procureur, consul, possède :
« Une maison qu'il occupe (G<sup>d</sup>-Rue) et un petit domaine au « village de Brugnat, paroisse de S<sup>te</sup>-Feyre, de valeur de « cinquante livres et cote personnelle . . . . . . . .  » 30ˢ

« Hubert Baret, perruquier, et son fils, avocat, possèdent :
« Une maison qu'ils occupent (G<sup>d</sup>-Rue), — pour icelle.  » 20ˢ
« Un domaine au village de la Moulins, paroisse de « S<sup>te</sup>-Feyre, un autre au dit bourg, de valeur chacun de « quatre-vingt livres, pour iceux. . . s . . . . . .  4ˡ  »
« Pour leurs cotes personnelles et métier de perruquier. .  8ˡ  »
« En tout : treize livres

« Philippe Boileau, procureur, possède :
« Une maison, qu'il occupe, (rue Gayet), — pour icelle. .  » 20ˢ
« Un domaine au lieu de la Nouzière, paroisse de « St-Sulpice, de valeur de soixante livres, — pour iceluy. .  » 20ˢ
« Pour sa cote personnelle. . . . . . . . . .  3ˡ  »
« En tout : cinq livres

« Antoine Aléonard, boucher, possède :
« Une maison qu'il occupe (rue de la Halle), — pour icelle.  » 40ˢ
« Un pré de valeur de quarante livres, — pour iceluy. .  » 40ˢ
« Un domaine au village de Cruches?, paroisse de « St-Sulpice, de valeur de cent livres, — pour iceluy, . . .  » 40ˢ
« Et pour son métier et cote personnelle et industrie. . .  10ˡ  »
« En tout : seize livres

« Estienne Labourg, avocat, possède :
« Une maison qu'il occupe (rue du Prat), — pour icelle. .  » 20ˢ
« Une autre de valeur de cinquante livres. . . . . .  » 20ˢ
« Un domaine au village de Changon, paroisse de S<sup>te</sup>-Feyre, « de valeur de cent livres et pour sa cote personnelle. . .  5ˡ  »
» En tout : neuf livres

effet facile de se rendre compte que cette dernière taxe oscille entre 30 et 40 sols pour 100 livres de revenu. Une autre particularité, qui mérite d'être signalée, c'est que les maisons, occupées par ceux qui en sont les propriétaires, sont chacune uniformément imposées à 20 sols, quelle que soit l'importance de la maison. Cette taxe semble invariable et s'applique aussi bien à une partie, « à un bas » de maison, à une chambre unique, qu'à l'habitation la plus vaste. Sur les rôles de 1736, nous n'avons trouvé qu'une exception à cette règle : la maison seule, occupée par Antoine Aléonard, boucher, rue de la Halle, est taxée à 40 sols.

En ce qui concerne la cote personnelle, sur quelle base était-elle assise ? Sans doute, pour la fixer, on tenait compte de l'ensemble des facultés des contribuables ; mais là encore nous avons noté entre les diverses cotes des dissemblances frappantes et des écarts, que ne peut expliquer l'évaluation préliminaire, respectivement faite, des divers revenus attribués à chacun d'eux. Il devient ainsi impossible d'établir entre ces revenus et ces cotes, un rapport proportionnel, et si l'on cherche à déterminer l'assiette sur laquelle reposent ces derniers, on ne peut se livrer qu'à des conjectures.

Quant à la taxe d'industrie ou de commerce, elle est, ainsi que nous l'avons déjà dit, toujours incorporée à la cote personnelle et confondue avec elle, de telle sorte que, comme pour cette dernière, on se trouve en présence de difficultés insurmontables pour l'apprécier et établir la proportion suivant laquelle le revenu industriel ou commercial est imposé. — Une autre observation mérite d'être consignée : les ouvriers d'une même profession, locataires, ne possédant d'autres ressources signalées que le produit de leur travail, sont assujettis, « pour leur métier et cote personnelle », à des taxes très variables. Pour les manœuvres et les journaliers, par exemple, ces taxes oscillent entre 10, 30, 40 et 55 sols ; on note de semblables variations dans l'imposition des ouvriers de chacun des divers autres corps de métiers. — De ces diverses constatations, que conclure sinon qu'à Guéret, comme du reste partout ailleurs, l'arbitraire agissait en maître dans la répartition de la taille ? (1).

(1) Le 24 février 1789, Necker adressait aux Intendants des instructions en vue de se faire rendre compte de la mesure et des proportions dans lesquelles étaient établies la taille réelle et la taille

Les observations qui précèdent ressortent de l'examen des rôles de la ville de Guéret proprement dite. — En ce qui concerne le reste de la paroisse, c'est-à-dire les villages, il existe des différences, qu'il importe de signaler. Dans ces villages, les domaines sont exploités par des colons « à moitié fruit », ou par des propriétaires-cultivateurs : sur les rôles de 1736, nous n'avons pu relever que l'existence d'un seul fermier. — Lorsque les domaines sont cultivés « à moitié fruits », le taux de la taille se trouve établi de la manière suivante :

Par maison, avec granges, étables, suivant leur importance............................................ 10 à 40 sols

d'industrie. Nous ne savons les réponses qui lui furent transmises sur ce qui existait à ce sujet dans la Généralité de Moulins, mais nous avons de très instructifs détails sur ce point, en ce qui concerne la Généralité d'Orléans. Ces détails ont été mis au jour par M. Camille Bloch, archiviste du Loiret, qui a publié les rapports dressés à cet effet, par les neuf subdélégués de cette dernière intendance, rapports précédés d'une substantielle et fort intéressante analyse des renseignements qu'ils contiennent. Il ressort de cette analyse qu'il n'existait aucune base précise susceptible de permettre d'établir par un calcul la détermination du taux afférent à la taille personnelle et de celui de la taille réelle. « Il est impossible, dit ce subdélégué de Chartres, Petion de Villeneuve, de distinguer sur le montant de l'imposition mixte de la taille la portion purement personnelle de celle qui, portant sur l'exploitation a le caractère de la réalité. La confusion est si grande et si ancienne qu'il n'est point de moyen pour l'éclairer. » Suivant l'opinion émise par tous les subdélégués, « tout se faisait par le moyen d'évaluations capricieuses, par conséquent arbitraires et contraires à l'équité. » La taxe du propriétaire était généralement faite « par aperçu » en combinant « le produit des biens fonds avec toute autre chose. » La taxe des journaliers variait entre 20 sols et 6 livres, sans aucune base précise pour en établir la fixation. Les contributions des autres taillables étaient déterminées suivant leurs facultés connues ou supposées. Quant aux marchands, disaient ces subdélégués, il est impossible d'établir la proportion suivant laquelle leur revenu industriel est imposé. Ils ajoutent qu'il n'existe aucune règle fixe pour apprécier les éléments propres à déterminer la valeur imposable et qu'il y a des paroisses où la taille et ses accessoires s'élèvent à 10 sols pour livre du prix de ferme et d'autres à 4 ou 5 sols seulement. (*Une enquête officielle sur la taille dans la Généralité d'Orléans. — Revue : la Révolution Française, numéro du 14 février 1898*). — Il est impossible de ne pas voir qu'il existe la plus grande analogie entre ce qui se passait dans la Généralité d'Orléans et celle de Moulins, au point de vue de la répartition de la taille. Ici et là semblent avoir régné les mêmes errements, la même absence des règles les plus élémentaires de justice et d'équité.

Par chaque chartée de foin...................... 1 livre.

Par chaque seterrée de terre ensemencée en seigle.    1 livre.

Par chaque seterrée de terre ensemencée  en menus

grains............................................... 10 sols.

Quant aux bestiaux, l'imposition porte sur l'ensemble du troupeau, bœufs, vaches et « menu bétail », ou plus exactement sur le profit présumé que l'on en peut retirer. Sur ce dernier point, il est à remarquer que les taxes appliquées à des troupeaux de même nature, composé chacun d'un même nombre de têtes de chaque espèce de bétail, diffèrent souvent les unes des autres et sans qu'on puisse saisir la raison de ces dissemblances. La métairie de Breuil, par exemple, « cultivée par deux bœufs, quatre vaches et autres menus bestiaux », est imposée « pour le profit d'iceux », à raison de 18 livres 10 sols, tandis que les métairies de Fayolle et de Champegaud, dont le cheptel est identique, composé absolument des mêmes éléments, ne paient pour le profit que peut procurer ce cheptel, la première, que 13 livres 10 sols, et la seconde, 9 livres 10 sols seulement. La même constatation peut être faite pour tous les autres cheptels similaires.

Le taux des taxes, appliquées aux domaines cultivées par les propriétaires, ne diffère pas des précédents, en ce qui concerne les bâtiments d'habitation et d'exploitation ; mais ce taux est élevé à 2 livres pour chaque chartée de foin et à la même somme pour chaque seterrée de terre ensemencée en seigle ou menus grains, sans distinction. Quant à la taxe, qui porte sur le profit résultant du cheptel, elle semble évaluée suivant la même proportion que pour les métairies ; mais elle est augmentée d'une cote personnelle, qui se confond avec elle et ne permet pas facilement d'en apprécier le montant intrinsèque. Là, aussi, comme dans les taxes des cheptels des métairies, et dans des conditions qui paraissent tout à fait similaires, on note des dissemblances, que l'on ne peut s'expliquer et que rien ne semble justifier (1).

(1) Comme exemple des cotes des villages, en voici trois appliquées l'une à une métairie exploitée à moitié fruit, la seconde à la seule propriété affermée relevée sur les roles de 1736, la troisième à un domaine cultivé par son propriétaire :

Les rôles de 1736, dont nous venons d'essayer de présenter une rapide analyse sont les plus complets et les plus circonstanciés de tous ceux qu'il nous a été donné d'examiner. Et cependant que de points ne laissent-ils pas dans l'ombre et sur lesquels il semble aujourd'hui impossible de faire la lumière. L'obscurité devient plus grande encore, si on jette les yeux sur les rôles postérieurement établis. A partir de 1746, en effet, et peut-être plusieurs années auparavant, l'inscription des cotes est faite d'une façon beaucoup plus sommaire (1) sur ces rôles, il n'est question ni de la taxe afférente au revenu des biens fonds, ni de la cote personnelle ni de la cote d'industrie ou de commerce ; tout est réuni et confondu. Les noms des contribuables sont simplement énumérés successivement et suivis chacun, sans aucune explication, de la

« La métairie du sieur Chorllon (à Braconne), exploitée par Antoine Laurent à moitié fruit, pour une maison, granges, estables, 40 sols ; quinze chartées de foin, 15 livres ; douze septerées de terre ensemencée de seigle, 12 livres ; deux septerées en menus grains, 20 sols ; cultivée par quatre bœufs, six vaches et autres menus bestiaux, pour le profit d'iceux, 18 livres 5 sols. En tout : quarante-huit livres cinq sols. »

« Le domaine du lieu des Granges exploité à titre de ferme par Jean Vigneron composé de maison, granges et estables, pour iceux, 40 sols ; quatre chartées de foin, 4 livres ; quatre septerées de terre en seigle par an, 4 livres ; une septerée de menus grains, dix sols, et pour le profit de deux bœufs, deux vaches et menus bestiaux, dix livres dix sols. En tout, vingt-une livres. »

« Pierre Tixier, dit Fayard (à Malleret), propriétaire laboureur, pour une maison, grange, étable, 30 sols ; six septerées de terre, 12 livres ; six chartées de foin, 12 livres ; cultivées par quatre vaches de labour et autres menus bestiaux, pour le profit d'iceux et cote personnelle, 12 livres ; en tout, trente-sept livres dix sols ».

(1) En 1746, nous voyons qu'une modification avait été introduite dans la confection des rôles, qui sont établis cette année sinon par rues et par quartiers, mais par chapitres, au nombre de six : 1° Chapitre des « bourgeois, marchands, artisans de différents états, manœuvres et locataires » ; 2° Chapitre des « officiers de différentes juridictions taxés d'office », au nombre de 25 ; 3° Chapitre des « avocats, procureurs et notaires », au nombre de 21 ; 4° Chapitre des nobles et privilégiés » ; 5° Chapitre des particuliers non domiciliés dans la ville et y possédant des biens ; 5° Chapitre des cotes des domaines et gens de la campagne. Les rôles font mention de l'existence de 466 feux vifs, dont 376 dans la ville et 90 dans le reste de la paroisse. La division des rôles par chapitre ne paraît pas avoir été maintenue longtemps et on revient à la forme précédemment employée.

taxe de la taille, de celle de la capitation et du montant total de
ces deux taxes. Dans ces conditions, il devient impossible de suivre
dans ses détails les progrès de l'augmentation de la taille et d'apprécier l'accroissement proportionnel de cette imposition autrement que par comparaison. C'est ce dernier moyen que nous avons
cherché à utiliser, sans toutefois nous faire illusion sur l'exactitude
parfaite des résultats qu'il a pu nous donner.

Au commencement du xviiiᵉ siècle, la moyenne générale du
rendement de la taille semble avoir été de 2 sols pour livre : c'est
là apparemment ce qui résulte de la déclaration royale de 1705 (1).
En ce qui concerne Guéret nous n'avons pu avoir connaissance des
rôles de cette dernière année, non plus que de ceux des années
suivantes. Nous avons dû nous reporter jusqu'en 1718, l'année la
plus rapprochée de 1705, qui nous fournit des rôles et prendre
le montant de la taille de cette année comme base de nos calculs :
ce montant est de 3,800 livres. En adoptant ce dernier chiffre
comme représentant le total de cette imposition au taux de 2 sols
pour livre du revenu, nous sommes donc certain d'être au-dessous

(1) Par une déclaration du Roy, en date du 8 octobre 1705, tout
particulier, qui quittait sa paroisse, étant donnée cette circonstance
que par suite de son départ, il ne pouvait plus prendre part à la
répartition des impôts, était autorisé à y faire taxer ses biens à une
somme fixe et déterminée, en vue d'empêcher que ces biens fussent
imposés à une somme trop élevée. La taxe alors fixée fut de 2 sols
par livre de revenu. Cette taxe fut ensuite toujours maintenue ; elle
existait toujours en 1788, malgré l'augmentation de la taille. Dans sa
séance du 12 novembre de cette dernière année, l'Assemblée de
Département, réunie à Guéret, se fit l'écho des plaintes suscitées
par la persistance de son maintien. Il est fait observer dans la délibération prise à ce sujet qu'une telle taxe n'avait plus aucun rapport
avec l'état alors existant de la taille, qui, dans beaucoup de paroisses de l'élection, s'élevait à 5, 6 et même 7 sols du revenu. Il avait
bien été prescrit, par une ordonnance ultérieure à la déclaration du
5 octobre 1705, que les biens réduits aux 2 sols pour livre, supporte-
raient, sous forme de rejet, les augmentations de tailles survenues
dans la paroisse. A Guéret, les collecteurs auraient sans doute pu
faire le calcul de ces augmentations et les reporter ; mais dans la
plupart des autres paroisses, ils étaient incapables de se livrer à une
opération et d'apprécier si chez eux la taille était à 4, 5 ou 6 sols
pour livre de revenu. Dans ces conditions, ils continuaient à imposer
ceux qui avaient obtenu des réductions qu'aux 2 sols par livres.
(*Duval, cahier de la Marche, assemblée du département de Guéret,
p. 22.*)

de la vérité, car la taille n'avait pu que s'accroître de 1705 à 1718. Or, en 1788, le montant de la même imposition atteignait 5.323 livres, elle avait ainsi augmenté après des fluctuations diverses, de 1523 livres en soixante-dix ans et représentait un taux de 2 sols 10 deniers pour livre de revenu (1).

A titre de renseignement et pour donner une idée du rendement de la taille dans la ville et paroisse de Guéret, nous allons présenter un tableau du montant annuel de cette imposition, tel que nous l'avons relevé sur les cartes générales de l'Election, dressées en vue des « départements » effectués de 1718 à 1788. Dans les chiffres indiqués ne figurent ni les 6 deniers pour livre attribuées aux collecteurs, ni les droits des receveurs, ni les droits de timbre et de quittance dont le total varie suivant les années entre 120 livres et 200 livres.

(1) Le taux de 2 sols 10 deniers pour livre de revenu, que nous donnons comme taux moyen de la taille à la veille de la Révolution ne représente pas assurément la réalité. Ainsi que le démontre le fait suivant. En 1779, le nommé Jean Aureix, laboureur, « se disant tuteur des enfants mineurs de René Adenis et de Laurence Tixier, de Malleret, demandait la radiation de la cote de ladite Tixier et la réduction de celle des enfants aux 2 sols par livre de revenu de leurs biens, en raison de la modicité de ce revenu, provenant de pareils héritages, qui par leur peu d'étendue ne sont pas à beaucoup près suffisants pour composer un corps de domaine, puisqu'ils ne sont pas de la somme de 150 livres de revenus. » Or, pour un tel revenu, qui n'atteignait pas 150 livres, il était payé pour la taille 30ˡ 2 et pour les accessoires et capitation 34ˡ 2. En ne considérant que la taille, on voit que cette imposition représentait un peu plus du cinquième de revenu et dépassait 4 sols pour livre.

| ANNÉES | MONTANT DE LA TAILLE | ANNÉES | MONTANT DE LA TAILLE |
|---|---|---|---|
| 1728 | 3800 livres | 1755 | 5650 livres |
| 1729 | 3895 » | 1756 | 5450 » |
| 1730 | 4100 » | 1757 | 5450 » |
| 1731 | 4200 » | 1758 | 5520 » |
| 1732 | 4120 » | 1759 | 5360 » |
| 1733 | 3900 » | 1760 | 6060 » |
| 1734 | 3900 » | 1761 | 5800 » |
| 1735 | 42C0 » | 1762 | 5300 » |
| 1736 | 4200 » | 1763 | 5200 » |
| 1737 | 4500 » | 1764 | 5100 » |
| 1738 | 4350 » | 1765 | 5070 » |
| 1739 | 4196 » | 1766 | 5220 » |
| 1740 | 4067 » | 1767 | 5150 » |
| 1741 | 4100 » | 1768 | 4900 » |
| 1742 | 4900 » | 1769 | 4900 » |
| 1743 | 4900 » | 1770 | 4900 » |
| 1744 | 4840 » | 1771 | 4970 » |
| 1745 | 4500 » | 1772 | 4970 » |
| 1746 | 4583 » | 1773 | 4970 » |
| 1747 | 4783 » | 1774 | 4970 » |
| 1748 | 4703 » | 1775 | 4970 » |
| 1749 | 5022 » | 1776 | 4950 » |
| 1750 | 5022 » | 1777 | 5000 » |
| 1751 | 5022 » | 1778 | 5000 » |
| 1752 | 5022 » | 1779 | 5000 » |
| 1753 | 5540 » | 1780 | 5192 » |
| 1754 | 5550 » | 1788 | 5323 » |

En examinant ce tableau, on voit la taille augmenter progressivement jusqu'en 1760, tout en subissant de légères oscillations en plus ou en moins d'une année à l'autre. Après 1760, l'imposition

semble diminuer pendant quelques années jusqu'en 1767, moment
à partir duquel elle paraît devoir rester à peu près stationnaire. En
présence d'une pareille constatation, on pourrait peut-être croire
que le montant de cette imposition avait été réduit : il n'en est rien,
et cette réduction n'est qu'une apparence. Jusqu'en 1767, en effet,
les accessoires de la taille étaient restés joints à cette dernière et
incorporés avec elle ; seules, les impositions relatives au fourrage
ou quartier d'hiver, aux dépenses de la milice, au service des enfants
exposés, en étaient séparées et établies sur des rôles distincts (1).
Mais à partir de 1758, ces accessoires eux-mêmes furent disjoints
de la taille et formèrent le deuxième brevet, dans lequel on fit
entrer tous les crédits nécessaires aux dépenses accidentelles qui
pouvaient se présenter chaque année. Il est facile de prévoir quelle
devait être le résultat de cette disjonction : la taille principale, il
est vrai, ne subit plus que de faibles variations, mais par contre
ses accessoires augmentèrent dans une proportion sans cesse crois-
sante. Le tableau suivant auquel nous avons annexé le montant de
la capitation peut donner une idée de cette augmentation :

(1) C'est en 1697, qu'en raison des dépenses occasionnées par la
guerre, fut créé un impôt sous le nom « d'ustensile, fourrage et
milice », impôt qui fut augmenté quelques années plus tard du
« double ustensile ». Ces impôts furent ensuite toujours maintenus.

# COLLECTE DE GUÉRET

| NATURE<br>DES IMPOSITIONS | 1751 | 1752 | 1755 | 1767 | 1771 | 1774 | 1780 | 1788 |
|---|---|---|---|---|---|---|---|---|
| Montant de la taille, non compris les 6 deniers des collecteurs, les frais de quittance et droits des receveurs. | 5022ˡ | 5022ˡ | 5650ˡ | 5150ˡ | 4970ˡ | 4970ˡ | 5192ˡ | 5323ˡ |
| Fourrage du quartier d'hiver, milice et logement des troupes, enfants exposés et sol pour livre. — Impositions accessoires ou 2ᵉ brevet, à partir de 1767. | 820ˡ | 713ˡ 17ˢ | 783ˡ 12ˢ | 1265ˡ 19ˢ 8ᵈ | 2174ˡ | 2463ˡ 6ˢ | 3083ˡ 17ˢ | 3214ˡ |
| Capitation et 4 sols pour livre plus 6 deniers pour livre à partir de 1776. | 2029ˡ | 2032ˡ | 2046ˡ | 2261ˡ 12ˢ 4ᵈ | 2262ˡ | 2774ˡ | 3080ˡ | 3208ˡ |
| Total. | 7871ˡ | 7767ˡ 11ˢ | 8479ˡ 12ˢ | 8677ˡ 12ˢ | 9406ˡ | 10207ˡ 6ˢ | 11355ˡ 17ˢ | 11745ˡ |

Les chiffres qui précèdent ne semblent pas avoir besoin de commentaires et chacun peut en déduire les conséquences qu'ils comportent. Nous ferons seulement remarquer que les impositions accessoires, qui en 1771 ne représentaient que 8 sols 9 deniers pour livre du principal de la taille, s'élevaient en 1774 à 10 sols, en 1780 à 11 sols 5 deniers et dépassent cette dernière proportion en 1788, où elles atteignent plus de 12 sols pour livre du montant de ce principal. On peut voir aussi que la capitation suit une marche toujours ascensionnelle, non seulement parallèle à celle des accessoires de la taille, mais encore représentée presque absolument par les mêmes chiffres proportionnels.

En 1779, la collecte de la ville et paroisse de Guéret, considérée sans doute comme trop étendue, fut divisée en deux collectes : celle de Guéret-Ville et celle de Guéret-Paroisse. Il n'est peut-être pas sans intérêt de faire connaître la part incombant à chacune d'elles, des diverses impositions auxquelles nous avons fait allusion jusqu'à présent.

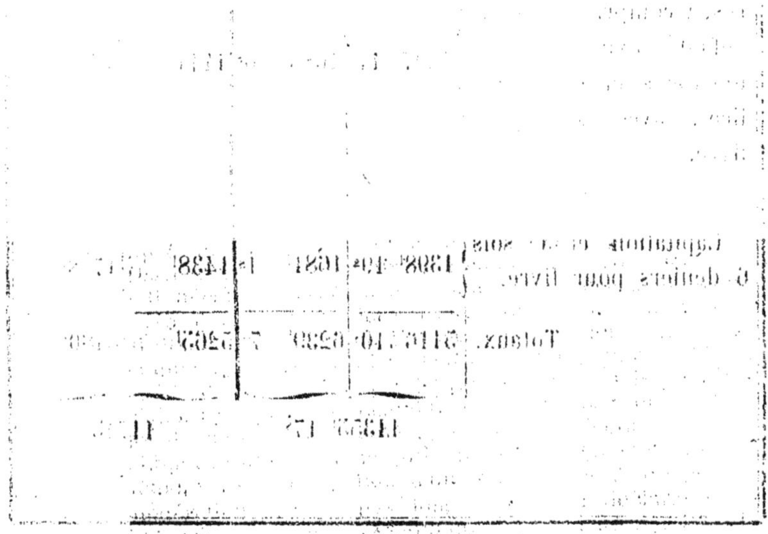

# Collectes de Guéret

| NATURE DES IMPOSITIONS | GUÉRET-VILLE | GUÉRET-PAROISSE | GUÉRET-VILLE | GUÉRET-PAROISSE |
|---|---|---|---|---|
| | ANNÉE 1780 | | ANNÉE 1788 | |
| Principal de la taille y compris les 6 deniers des collecteurs, les frais de quittance et les droits des receveurs. | 2320ˡ | 2872ˡ | 2386ˡ | 2937ˡ |
| Impositions accessoires, y compris celles des enfants exposés, des fourrages et de la milice, avec sols pour livre. | 1397ˡ 11ˢ | 1686ˡ 6ˢ | 1441ˡ | 1773ˡ |
| Capitation et 4 sols 6 deniers pour livre. | 1398ˡ 19ˢ | 1681ˡ 1ˢ | 1438ˡ | 1778ˡ |
| Totaux. | 5116ˡ 10ˢ | 6239ˡ 7ˢ | 5265ˡ | 6480ˡ |
| | 11355ˡ 17ˢ | | 11745ˡ | |

Si on ne considère que l'ensemble de ces trois impôts — taille, accessoires de la taille, capitation — et si on en compare le montant avec les résultats donnés par ces mêmes impositions dans la totalité de la généralité de Moulins, on peut se rendre compte que les deux collectes de Guéret étaient relativement privilégiées. En 1786, en effet, la Généralité de Moulins qui comprenait 564.400 habitants payait pour ces trois impositions 3,450,712 livres 5 sols 4 deniers, soit 6 livres 2 sols 3 deniers par tête d'habitants. Cette dernière somme représentait à peu près la moyenne de ce qui était payé par habitant dans l'ensemble des Généralités réunies, Généralités dans lesquelles le taux des mêmes impositions variait par tête entre 3 livres 12 sols et 9 livres 1 sol 6 deniers (1). Or, la même année, en 1786, les deux collectes de Guéret, dont la population peut être évalué très approximativement à 2.500 habitants, ne payaient pour leur part de ces impositions que 11.422 livres 17 sols, c'est-à-dire moins de 5 livres par tête, soit exactement 4 livres 10 sols 2 deniers.

A la taille, à ses accessoires et à la capitation vint s'ajouter, au commencement du XVIIIᵉ siècle, l'imposition des dixièmes, — imposition sur le revenu, — qui modérée pendant un moment, prit alors le nom de Vingtième, dénomination qu'elle conserva, bien qu'elle fût ensuite doublée et même triplée, par la création d'un second, puis d'un troisième vingtième, lesquels se superposaient au premier (2). Ainsi que nous le disons en commençant ce paragraphe,

(1) Moreau de Beaumont, *Mémoires concernant les impositions et droits*, 1789, t. V. page 38.

(2) L'impôt des *vingtièmes* fut crée en 1710 ; il porta d'abord le nom de *Dixièmes*. Le premier dixième commença le 1ᵉʳ octobre 1710 et finit le 31 décembre 1717, il dura ainsi sept ans et trois mois ; mais en 1715, il avait été modéré et avait pris le nom de vingtième. Un second dixième fut établi en 1734 et dura trois ans. Un troisième dixième commença le 1ᵉʳ octobre 1741 et devait finir en 1749 ; en vertu d'un édit d'octobre 1746, il fut augmenté de 2 sols pour livre et prorogé d'abord jusqu'au 31 décembre 1756, puis par une déclaration du 7 juillet de cette dernière année jusqu'au 31 décembre 1766 En 1749, cet impôt avait cependant subi une modération et reprit le nom de Vingtième, mais avec addition d'un sol, puis de 2 sols pour livre.

Cette modération ne dura pas longtemps. Une déclaration du 7 juillet 1756 créa un second XXᵉ, qui devait commencer le 1ᵉʳ octobre suivant, pour durer jusqu'à la conclusion de la paix ; cette déclaration stipulait en outre que le premier XXᵉ déjà existant, aurait la même durée ; ces deux premiers XXᵉ furent ensuite prorogés. En 1760, un

nous n'avons trouvé aucun document qui nous renseigne sur le produit de cet impôt dans la collecte de Guéret. Nous ne pouvons donc évaluer ce produit que d'une manière approximative, et par comparaison avec celui des tailles. Il résulte des calculs, auxquels nous nous sommes livré que le montant de la taille et de ses accessoires, dans la collecte de Guéret, représentait en 1776 la quarante-neuvième partie du produit total de cette imposition levée dans la

troisième XX° fut créée et vint se superposer aux deux autres, avec addition de 2 sols par livre ; il devait durer trois ans

Aux termes des édits de juin 1767 et de décembre 1768, les deux premiers XX°, ainsi que les 2 sols pour livre ajoutés à chacun d'eux, devaient cesser d'être perçus au 1er juillet 1772, de telle sorte qu'à ce moment les XX°s auraient dû totalement disparaître en principal et accessoires. Il n'en fut rien, car le temps avait amené de nouveaux besoins. Un édit de novembre 1771 prorogea indéfiniment le premier XX° et le second jusqu'au 1er janvier 1781, supprima, il est vrai, les 2 sols pour livre du premier et du second XX°, mais leur substitua 4 sols pour livre du premier, pour durer aussi longtemps que lui, c'est-à-dire indéfiniment. En 1780, un édit de février prorogea le second XX° jusqu'au 30 décembre 1790 En 1782, le troisième XX° fut rétabli et maintenu pendant trois ans jusqu'en 1786.

Dans le principe, tous ecclésiastiques, nobles et roturiers devaient être soumis à cet impôt. Mais comme toujours, le Clergé avait protesté et était parvenu à s'en affranchir, en même temps que les communautés religieuses et les Fabriques, en payant un don gratuit. Les nobles et les privilégiés avaient également cherché à se dispenser de cette charge et ils étaient arrivés à ne payer qu'une quotité minime, peu en rapport avec leurs revenus, de telle sorte que tout le poids de l'imposition retombait sur les marchands, les commerçants, les industriels, les propriétaires fonciers et tous les hommes vivant du produit de leur travail.

L'impôt devait porter sur tous les revenus : biens ruraux, maisons, charges et offices, rentes sur les particuliers, les communautés et l'État, appointements, pensions, profit des commerçants, des gens d'affaires, etc. Les salaires des ouvriers et en général les profits purement professionnels n'étaient pas compris d'une manière expresse dans cette énumération, mais plusieurs se trouvaient cependant indirectement sous le coup de la taxe, parce qu'ils supposaient l'achat d'une charge ou l'emploi d'un capital sous une forme ou sous un autre. Les contribuables étaient tenus de déclarer eux-mêmes la valeur de leurs biens et le montant de leurs revenus. L'absence de déclaration ou une fausse déclaration était punie d'une amende sévère. On tenait compte des charges des contribuables ; ceux-ci payaient au fisc le vingtième de la totalité de leur revenu : mais ils pouvaient retirer le montant de la taxe avancée par eux sur les rentes, pensions, droits, taxations, émoluments ou intérêts, qu'ils payaient à leurs créanciers, à quelque titre que ce fût.

« Tous les règlements concernant les vingtièmes, dit Moreau de Beaumont, tendaient à écarter l'arbitraire de leur imposition et réparti-

Haute-Marche. Or, d'après M. Duval, (1) dans cette province, le produit des Vingtièmes, augmenté de 4 sols pour livre, dépassait 100000 livres. La quarante-neuvième partie de ce produit, — soit 2000 ou 2200 livres, environ, — doit donc représenter à peu près le montant de cette dernière imposition dans la ville et paroisse de Guéret.

Il nous resterait à parler du rendement de quelques autres impôts directs, créés dans le cours du siècle, soit sous forme de subventions extraordinaires exigées par le Trésor, telles que le don de joyeux avènement, en 1725, soit sous forme de contributions, passagérement établies, avec le secret espoir toutefois de les maintenir, si elles répondaient à l'attente de leurs promoteurs ; mais faute de documents, nous ne pouvons indiquer la quote-part qu'avait à supporter la ville et paroisse de Guéret de ces diverses charges, trèsvariées, qui se succédaient sans interruption, tour à tour supprimées et rétablies sous de nouvelles dénominations. Alors on ne se gênait pas, et pour satisfaire aux nécessités du moment, on établissait une nouvelle imposition, bientôt remplacée par une autre, si la

tion, et un contrôleur des vingtièmes, qui aurait accompli toutes les obligations que la loi lui impose pouvait se flatter d'avoir rempli une tâche qui n'était point facile. »

Les contrôleurs des vingtièmes avaient en effet une lourde charge. Ils devaient se transporter dans chaque paroisse, y dresser procès-verbal de la vérification des biens, exprimer la valeur et la contenance des fonds, indiquer les productions de toutes natures, faire l'évaluation de toutes les denrées, suivant les marchés et les usages des lieux, se faire représenter les baux à ferme et faute de baux comparer la valeur des biens affermés avec celle de ceux qui ne le sont pas pour apprécier le revenu inconnu des uns par le revenu connu des autres.

De telles vérifications présentaient assurément de grandes difficultés, mais pour être réellement utiles et permettre d'éviter de graves erreurs et de reporter équitablement l'imposition, elles auraient dû être fréquemment renouvelées. Ce n'est pas ce qui se produisait. Les Parlements du reste s'opposaient à ces vérifications générales qui ne furent effectuées qu'à deux ou trois reprises différentes pendant le cours du siècle.

La repartition des vingtièmes entre les contribuables, n'était pas comme celle de la taille, laissée à la disposition des collecteurs ; elle était toujours opérée par des préposés choisis par le Gouvernement, — (Moreau de Beaumont, loc. cit.) (Clamageran, *Hist. de l'Impôt en France*).

(1) (Duval, *Cahier de la Marche*. Introduction, page 38, note 2).

première ne donnait pas le résultat désiré. C'est ainsi qu'en 1725, une déclaration du Roy prescrivit pendant dix ans la levée d'un cinquantième du revenu de tous les biens fonciers et mobiliers : cette imposition ne dura pas et fut supprimée par une nouvelle déclaration du 7 juillet 1728. C'est ainsi également qu'un édit de septembre 1759 établit, « pour la sentence de la Guerre », une subvention générale consistant en des taxes sur les consommations, sur les domestiques et les chevaux, sur les boutiquiers, et que d'autres taxes avaient été instituées antérieurement ou le furent plus tard, notamment en 1771. Déjà la fin du siècle précédent avait légué au XVIII° siècle un certain nombre de ces taxes, qui existaient toujours, et dont l'Intendant Le Vayer nous a laissé l'énumération en ce qui concerne particulièrement la Marche. C'étaient « les droits d'amortissement, nouveaux acquêts, usages des communautés, des arts et métiers, etc..... des offices supprimés, des mouleurs de bois, des amortissements de cens et rentes, des offices supprimés du ban, des eaux et fontaines, des auditeurs des comptes, des arts et métiers » (1) et beaucoup d'autres encore tels que lods et ventes, les droits de contrôle, de centième denier, de formule, d'insinuation, etc., qui faisaient entrer dans la caisse du trésor des sommes relativement considérables. En ce qui concerne la ville de Guéret, le produit annuel de ces droits n'est pas venu à notre connaissance, non plus que leur tarif ; il nous est donc impossible de les évaluer, même d'une manière approximative.

A toutes ces impositions, il convient d'ajouter les droits d'Aydes et l'impôt sur le sel. La Marche, bien qu'elle ne se trouvât pas comprise dans les cinq grosses fermes et qu'elle se fût rédimée de la gabelle, n'en avait pas moins à payer de ces deux chefs des contributions, qui bien qu'atténuées restaient pour cette province une

______

(1) Jacques le Vayer, *Mémoire sur la Généralité de Moulins*, 1695.
Après l'énumération des droits indiqués, Le Vayer ajoute : « Mais à quoi bon retracer les tristes images des misères passées qu'il est plus expédient d'ensevelir dans un éternel oubli, et dont le souvenir ne peut être que très désagréable même à ceux que la nécessité et la seule vue du salut de l'Etat a réduits à ne s'y point opposer, mais bien plus dur encore à ceux que le bien d'une fidélité à toute épreuve a forcé de les souffrir, 1. »

lourde charge. Si nous ne considérons que la ville de Guéret, nous constatons l'existence dans cette ville d'une foule d'employés, contrôleurs, inspecteurs, courtiers jaugeurs, commis, aux aydes, etc., qui perçoivent des droits sur les boissons, sur les boucheries, sur « les cuirs et peaux », sur les fers, sur le charbon, sur les cartes à jouer, sur le papier, l'amidon, etc, etc, droits, comme toujours pour les autres impôts, augmentés de sols pour livre, mais dont le montant total annuel est difficile à établir et nous échappe. Quant aux droits de gabelle, nous pouvons en apprécier le produit dans une certaine mesure. Ces droits, connus sous le nom de *Traite de Charente* ou de *convoi et de comptablie*, se percevaient à raison d'un peu moins de 2 sols pour livre de sel annuellement consommé par an. Comme dans les Pays rédimés la consommation du sel était rationnée et ne dépassait pas 18 livres par an et par habitant, il s'ensuit que les droits annuellement prélevés par tête d'individu peuvent être évalués à 30 sols environ. Or, si on admet le chiffre de 2500 comme étant celui de la population de Guéret, il en résulte que dans cette ville l'impôt du sel procurait au trésor une somme approximative de 3000 livres, *par an.*

Enfin, pour compléter l'énumération des charges qui pesaient sur les habitants de Guéret, nous devons encore mentionner la dîme ecclésiastique perçue au profit du clergé et les droits seigneuriaux cens et rentes, bans et arbans, banalité des fours et moulins, etc., ces derniers droits prélevés à Guéret principalement au profit du Prieur. Nous n'insisterons pas ici sur ces charges, que nous exposerons plus tard avec quelques détails, en parlant de la communauté des prêtres et du prieuré.

Si, maintenant, nous envisageons le total de tous ces impôts, pour chercher à en établir la proportion avec le revenu net, nous pouvons espérer obtenir, du moins pour les impôts directs, et en nous basant sur les résultats que nous avons fait précédemment connaître, des chiffres à peu près précis. En considérant en effet des résultats pour la taille, ses accessoires et la capitation, nous pouvons tout d'abord nous rendre compte que si nous représentons le produit de la taille par 1, ce produit uni à celui des impositions accessoires et de la capitation sera représenté par 2. 20. Or, nous avons déjà dit que, d'après nos calculs, la taille était arrivée à prélever, dans la paroisse de Guéret, très approximativement 2 sols 10 deniers pour livre, soit environ 14 livres 6 deniers pour 100 livres de revenu. Pour ce même revenu, le total des trois impositions réunies était donc de 14$^l$ 6$^d$ × 2. 20. c'est-à-dire de 30 livres 17 sols 1 denier. A ce dernier chiffre, il convient de joindre le produit des vingtièmes et des 4 sols pour livre ajoutés au premier vingtième, soit 11 livres ou 16 livres, suivant qu'il était perçu deux ou trois vingtièmes. A eux seuls, ces quatre impôts, taille, accessoires, capitation et vingtièmes, prélevaient ainsi, sur le revenu net, habituellement près de 42 livres, quelquefois près de 48 livres pour cent, et ce n'était pas tout. Il suffit en effet de se rappeler les nombreuses charges, auxquelles nous avons fait précédemment allusion, — depuis les impositions spéciales ordinaires et extraordinaires, (rachat des offices municipaux, logement des troupes, impôt de la corvée, don gratuit,) depuis les droits d'aydes et de gabelle jusqu'à cette multitude d'impôts que nous avons énumérés (droits d'amortissement, de contrôle, de formule, d'insinuation, de lods et ventes et autres), jusqu'à la dîme ecclésiastique et aux droits féodaux, — pour se rendre compte de quel poids lourd et écrasant ces charges devaient s'appesantir, à la fin du XVIII$^e$ siècle, sur les habitants de la ville et paroisse de Guéret. Et cependant, ces habitants, au point de vue des impôts directs, pouvaient être classés, ainsi que nous l'avons fait ressortir, parmi les plus avantagés de la Généralité de Moulins.

Autant et peut être plus que le poids de tous ces impôts, il y avait une circonstance qui contribuait à les rendre particulièrement insupportables : c'est l'exemption dont jouissaient les classes dites « privilégiées », — le clergé, la noblesse et une notable portion de la bourgeoisie. Monstrueuse iniquité, perpétuée depuis longtemps, continuée au XVIII$^o$ siècle, malgré les efforts tentés par quelques esprits généreux et clairvoyants, et qui ne devait disparaître que dans le grand cataclysme de 1789, — véritable explosion de justice, provoquée surtout par cette iniquité même. — Les ecclésiastiques et les nobles étaient non seulement exempts de la taille personnelle, mais aussi de la taille d'exploitation pour les terres qu'ils cultivaient par eux-

mêmes ou par leurs régisseurs (1). Le clergé s'était affranchi de la
capitation, au moyen de dons gratuits ; la noblesse était parvenue à
faire diminuer sa quote-part de ce dernier impôt, et le surplus de
ce qu'elle aurait dû payer retombait sur les taillables. — Quant aux
vingtièmes, « il fut reconnu en 1772 que *des traitements trop favo-
rables accordés à presque tous les riches propriétaires avaient entraîné
des inégalités et des erreurs infinies* », et que le produit de cet impôt,
qui était alors de 54 millions, avaient dû s'élever à quatre-vingt-
un (2). Ce n'est pas tout encore : parmi les taillables, ceux qui
étaient riches obtenaient l'exemption de ces mêmes impôts, les uns
« par industrie », les autres en se faisant pourvoir de charges ou
d'emplois, auxquels était attaché ce privilège. Les premiers étaient
« ceux, dit Vauban, qui trouvent le moyen de se racheter tout ou
en partie des charges publiques par des présents ou par le crédit de
leurs parents et autres particuliers » ; leur nombre était considérable (3). Quant aux secours, ils étaient encore plus nombreux,
secondés du reste, dans leur désir de s'affranchir de l'impôt, par la

(1) « Dans l'origine, l'exemption fut attachée à tous ceux qui devaient
le service militaire, service attaché à la terre même, selon sa nature.
De là les ecclésiastiques le rendaient comme les séculiers ; de là la
même exemption commune aux uns et aux autres. « Dans plusieurs
provinces, la taille prit dès l'origine nature d'imposition réelle et pré-
diale. L'exemption y fut restreinte aux terres destinées au culte de
Dieu, à l'entretien de ses ministres et à celles qui nécessitaient au
service militaire. Dans d'autres provinces, la taille prit la nature d'imposition personnelle ; l'exemption fut attachée à tous ceux qui étaient
employés au culte divin et au service militaire ; et comme la possession des armes était censée annoblir, soit par elle-même, soit parce
qu'elle était la suite d'une possession noble, laquelle procurait aussi
l'annoblissement, il en est résulté que dans la suite, l'exemption, n'a
plus été attachée qu'à la seule noblesse, sans parler du clergé, qui
avait déjà des titres particuliers. L'obligation du service militaire
étant peu à peu tombée en désuétude, l'exemption resta inhérente là
à la terre, ici à la personne qui en jouissait précédemment, par la
raison qu'elle en jouissait....... Les avantages attachés à la noblesse
firent rechercher le titre de nobles. De là les anoblissements et
les charges anoblissantes, l'exemption elle-même devint l'objet de
l'ambition et le Gouvernement en fit souvent une ressource de finances. On vint même jusqu'à solliciter partie seulement de l'exemption..... » (Moreau de Beaumont, loc. cit. t. V. page 50.)

(2) de Calonne, Mémoire présenté à l'assemblé des notables 1787.

(3) Vauban, *Dime royale*, 1705.

complaisance intéressée du Gouvernement. L'exemption de la taille personnelle était l'idéal rêvé par le bourgeois riche ou même simplement aisé ; elle était l'objet constant de ses plus secrètes aspirations : cette exemption particulière obtenue, les autres devaient lui venir par surcroît. Il achetait donc une charge, qui lui conférait le privilège convoité : il se trouvait ainsi « exempt » ; de là à se croire, puis à se dire « noble » et « gentilhomme » il n'y avait qu'un pas et ce pas était bientôt franchi. Quelquefois cependant il arrivait que son « office » était supprimé et il redevenait « gros Jean comme devant » ; mais il y avait des accommodements avec le Pouvoir. Il faisait entendre quelques protestations et trouvait souvent, à défaut de raisons, des amis influents, pour lui obtenir le maintien de son privilège. Du reste, si sur ce dernier point il n'obtenait pas satisfaction, il avait la faculté de racheter son office supprimé, mais rétabli sous une autre forme. C'était-là en effet un des moyens habituels employés par le gouvernement pour se procurer un double et même triple profit, car l'exemption octroyée ne lui coûtait rien, l'impôt de « l'exempt » retombant sur les autres taillables.

A Guéret, le nombre des privilégiés, exempts de la taille, était relativement grand. En 1788, on n'en comptait pas moins de quatre-vingt-huit, parmi lesquels trente-sept curés, religieux ou religieuses et cinq ou six nobles, simples écuyers. Parmi les autres, nous voyons figurer les officiers de différentes juridictions, présidial, maréchaussée, élection, les receveurs des finances, quelques autres fonctionnaires, quelques veuves ou filles d'anciens privilégiés et enfin les cavaliers de la maréchaussée. Voici du reste le tableau des exempts de la taille, tel que nous l'avons relevé sur les rôles de la taille de 1788 :

» Messieurs les Prêtres de la Communauté :

« Sudre, curé de Guéret,
« Niveau, doyen de la communauté,
« Fayolle, }
« Coudert, }  prêtres vicaires,

« Cave,
« Lemoyne,
« Vincent,
« Thomasson,
« d'Auriol,
« Malauron,

Prêtres.

« MESSIEURS DU CHAPITRE :

« Besse-Dumas, prêtre doyen,
« Perdrix, prêtre chanoine,
« Poissonnier des Granges, prêtre chanoine,
« Druillette de Ceylloux, prêtre chanoine.
« Leyre,
« Filias,
« Beaufils,
« Nanot,

Prêtres.

« Nanot, ex-chanoine,
« De Saint-Vaury, clerc-chanoine,
« Coudert, clerc tonsuré, chanoine.

---

« Les révérends pères Récollets, au nombre de quatre,
« Les révérends pères Barnabites, au nombre de quatre,
« Les Dames Augustines, hospitalières, au nombre de huit.

« MESSIEURS LES OFFICIERS DU PRÉSIDIAL :

« Coudert de Sardent, écuyer, lieutenant-général civil,
« Guillon de la Villatte-Billon, lieutenant-général criminel,
« Chazel de la Villetelle, lieutenant-général de police,
« Baret de Beauvais, écuyer, lieutenant particulier,
« De Nesmond, ancien lieutenant particulier,
« Midre de Saint-Sulpice, conseiller du Roy,
« Druillette de Cher-du-Prat,        id.
« Chorllon des Rioux,                id.
« Couturier de Fournoue, écuyer, procureur du Roy,

16

« Geau de Montenon, conseiller du Roy,
« De la Fond,                 id.
« Rougier de Beaumont,        id.
« Gentil-Duvernet,            id.
« Tournyol du Rateau,         id. avocat du Roy,
« Dissandes de Bosgenet,      id.
« Peyronneau de la Rhue,      id.
« Baret des Chaizes,          id.
« Pichon des Châtres,         id.
« Grelet de Beauregard,       id. avocat du Roy,
« Baret de Champegaud,        id.

### « MESSIEURS DE LA MARÉCHAUSSÉE ET PRÉVÔTÉ :

« Besse Dumas, lieutenant,
« Lafond.

### « MESSIEURS LES OFFICIERS DE L'ÉLECTION :

« Tixier de la Chapelle , président,
« Beaufils de Peyzat,         élu,
« Fillioux de Saint-Sulpice,  élu,
« Combredet des Plats,        élu,
« Bourgeois de la Valazelle,  élu,
« Dumarest de Pouyaux, Procureur du Roy,
« Guyonis d'Hautefaye, greffier en chef,
« Fourot de Paredon, élu en l'Election,

### « MESSIEURS LES RECEVEURS :

« Dalbost, receveur ancien,
« Beze, alternatif.

### « NOBLES ET PRIVILÉGIÉS :

« Tournyol de la Rhode, Procureur des eaux et forêts,
« Comte de Groin, écuyer,
« De la Vaublanche, écuyer,

« Tournyol, ancien Président,

« Couturier de Fournoue, écuyer,

« De Nesmond, écuyer,

« La damoiselle Duris,

« Baret de Beauvais,

« Coudert de la Vergne,

« Chorllon de Saint-Léger, ancien officier au régiment d'Enghien,

« Charles, contrôleur des actes,

« La veuve de Moulinier, écuyer,

« La dame du sieur Delaloue et sa fille,

« La damoiselle Besse Dumas,

« La damoiselle de Naillac,

« Chambouraud,

« Bergeret, brigadier de la maréchaussée,

« Bazennerie, } cavaliers de la maréchaussée.
« Guichard, }

Les ecclésiastiques et les nobles jouissaient encore d'une autre prérogative : ils avaient la faculté de faire attribuer des privilèges d'exemption de taille à leurs agents et à leurs hommes d'affaires. Nous avons fait à diverses reprises la constatation de semblables attributions. Nous avons notamment trouvé une sentence de l'élection de 1751 prononcée au profit de Jean-Baptiste Coudert, procureur syndic et agent de l'abbaye de Grandmont, contre les consuls de Guéret. Cette sentence ordonne la radiation de la cote imposée audit sieur Coudert, « en raison du privilège d'exemption de taille, dont il jouit comme agent de l'ordre de Grandmont. »

Nous avons dit précédemment que les Consuls de Guéret avaient à diverses reprises, en raison de leurs fonctions, demandé, mais sans l'obtenir, l'exemption de la taille personnelle (1). En 1754, Guillon de La Villatte-Billon, lieutenant-général criminel, Guillaume Bonnyaud de Champegaud, doyen de la sénéchaussée, Pierre Baret de Beauvais et François Voisin, maire et échevins, s'adressèrent à l'Intendant, pour solliciter cette exemption. Pour justifier leur demande, ils s'appuyaient sur les termes des édits de

___________

(1) § I. *Municipalité*, page 25.

décembre 1706 et novembre 1733, portant création des offices municipaux et spécifiant le privilège d'exemption de taille, dont pouvaient jouir les titulaires de ces offices. Ils faisaient ressortir d'autre part les inconvénients de leurs charges, qui les exposaient à l'esprit de jalousie et aux coups de la malveillance des collecteurs. « Comme l'exactitude dans ces sortes d'emplois, disent-ils, n'excite le plus souvent que des inimitiés, le sieur Voisin, l'un des suppliants, s'en est ressenti par l'augmentation que lui ont donné dans sa taille personnelle les collecteurs de 1753, contre les dispositions précises des règlements. Les suppliants et leurs successeurs ne devant pas être exposés aux coups de la vengeance et de la malignité des collecteurs, pour éviter de pareils abus, ont recours à votre autorité. » Cette demande ne fut pas accueillie, conformément du reste aux édits précités, qui n'attribuaient l'exemption de taille personnelle qu'aux seuls officiers municipaux, qui avaient opéré eux-mêmes à l'aide de leurs propres deniers, l'achat de leurs offices ; nous savons que ce n'était pas là le cas des consuls de la ville de Guéret.

Nous avons indiqué sommairement plus haut quelques-uns des moyens employés par de riches taillables pour se procurer l'exemption de la taille ; à l'appui de ces indications, nous allons relater le document suivant, qui remonte à l'année 1757.

« Le sieur Dissandes de Bosgenest, dont le père avait acquis en 1739 de M. de Fournoue, subdélégué, pour quatre mille livres, l'office de receveur des consignations de la sénéchaussée de Guéret, étant parvenu à se faire rayer du rôle des tailles, du tableau du logement des gens de guerre et autres charges publiques, sur les différentes plaintes qui en furent portées, tant au ministre des finances qu'à M. de Bernage, pour lors intendant de cette généralité, celui-cy imposa d'office le sieur Dissandes de Bosgenet, dans le rôle de la ville de Guéret, à une somme de 40 livres, relativement à l'article 6 de l'édit du mois d'août 1715, qui supprime les privilèges attribués aux charges créées depuis le premier janvier 1689, dont la finance ne se trouvait pas de dix mille livres au moins. Cette imposition ayant déplu au sieur Dissandes, il forma opposition à l'inscription de cette cote par une requête, qu'il présenta à M. de

Bernage, qui, après examen sérieux et attentif de tous les titres qui lui furent produits, par son ordonnance du 4 février 1756, débouta non seulement le sieur Dissandes de l'opposition qu'il avait formé, mais enjoignit encore aux collecteurs d'imposer sa mère à l'avenir. Le sieur Dissandes, s'imaginant qu'il aurait plus d'avantage à la Cour des Aydes de Clermont, attendit le départ de M. de Bernage pour se pourvoir contre cette ordonnance et un arrêt de cette Cour, du 18 août 1757, lui donna acte de l'appel qu'il déclarait interjeter de l'ordonnance de l'Intendant et lui permit d'intimer les officiers municipaux de la ville de Guéret, pour en voir ordonner l'information. »

Une assemblée générale des habitants de la ville de Guéret fut convoquée pour délibérer sur cette question. Cette assemblée, considérant « que le dit sieur Bosgenet n'était point privilégié, ni exempt », fut d'avis de soutenir « le bien jugé de l'ordonnance du 4 février 1756, en la Cour des Aydes ou au Conseil », et de faire à cet effet « toutes les poursuites estimées nécessaires et convenables aux frais et dépens de la ville ». — Nous ne savons à quel moment fut terminée cette affaire, mais ce qui semble rester positif, c'est que Dissandes de Bosgenet trouva sans doute de puissants auxiliaires, car malgré les édits et les ordonnances qui le condamnaient, il obtint gain de cause : nous avons vu en effet figurer ultérieurement, sur la liste des exempts de la taille, le nom de Dissandes de Bosgenet, suivi de sa qualité de receveur des consignations et inscrit en raison de cette qualité.

Les faits de cette nature paraissent avoir été fréquents à Guéret dans le cours du XVIII<sup>e</sup> siècle et cela s'explique si on considère le grand nombre d'offices, que devait comporter une ville, capitale de province, avec ses diverses judicatures. Certains offices ne conféraient sans doute pas l'immunité en matière d'impôt ; mais en vue de l'obtenir, les titulaires de ces offices, après les avoir achetés, ne ménageaient ni leurs démarches, ni leurs sollicitations, et ils obtenaient souvent satisfaction. Il serait facile de rapporter d'autres exemples analogues à celui relaté précédemment ; mais à quoi bon ? Les mêmes faits se passaient également partout ailleurs et, ici et là, le privilège d'exemption, loin de se limiter et de tendre à diminuer, avait au contraire pris chaque jour une extension plus grande.

A tous ces privilèges et à toutes ces exemptions s'ajoutaient encore beaucoup d'autres injustices, dont nous avons fait ressortir quelques-unes, et qui résultaient de la multiplicité des impôts établis, de l'inégalité de leur répartition entre les contribuables et de leur improportionnalité. En ce qui concerne la Marche, l'assemblée du département de Guéret, en 1788, avait un moment fixé son attention sur ces dernières et importantes questions, mais sans s'y arrêter et surtout sans chercher à étudier et à proposer un remède radical à des abus, qui éclataient à tous les yeux. Du reste, cette assemblée, comme toutes les assemblées similaires des autres provinces, arrivait trop tard : déjà, la grande voix du Peuple s'élevait, allait se faire entendre et dominer les discussions. Dans son cahier des doléances, arrêté le 9 mars 1789, le Tiers-État de la ville de Guéret s'exprimait ainsi en parlant des impôts :

« La taille et ses accessoires, la capitation, les corvées, le premier et le second vingtième, avec les 2 sols pour livre, effraient dans leur détail ; il y a des préposés pour la répartition des impôts ; il y a des tribunaux différents pour vider les débats auxquels la perception donne lieu.

« Le Tiers-État ne possède que la moindre partie des fonds ; il ne jouit que de la plus petite portion du revenu ; il est cependant seul chargé de la taille et des corvées, et il supporte son prorata de la capitation et des vingtièmes. Il est juste de partager les charges en proportion du droit de propriété et des revenus ; elles seraient moins pesantes si la Noblesse, le Clergé et tous les privilégiés par charge, commission ou autrement y contribuaient ».

Le 16 mars, le cahier du Tiers-État de Guéret fut porté à l'assemblée générale de la Sénéchaussée, qui, quelques jours après, nommait les députés et leur donnait mandat de solliciter « les États assemblés de réunir et simplifier l'impôt, .... de répartir sur les trois ordres toutes charges et contributions pécuniaires , sans distinction ni privilège, en prenant les précautions nécessaires pour que les capitalistes supportent dans une juste proportion la charge publique, afin que le fardeau ne pèse point entièrement sur le cultivateur et le propriétaire de fonds ».

Il était ainsi fait partout ..... ; l'heure décisive avait sonné et les évènements allaient se précipiter.

jour donnait mandat de solliciter « les ...
... et simplifier l'assiette .... de repartir les
charge et régulations pécuniaires ... uns
... prenait les précautions nécessaires pour
... rentrer dans une juste proportion la charge
... tableau que ... point entièrement sur le
... aire de fonds ».

... et prit d'..... l'heure décisive ... somme et les
... accueillir ... précipiter.

## Provisions de Maire pour M. Isaac Chorllon de Saint-Léger, du 20 novembre 1782.

Louis, par la Grâce de Dieu, roi de France et de Navarre, à tous ceux qui les présentes verront, salut, — par édit du mois de novembre 1771, le feu roi Louis XV, d'heureuse mémoire, notre très honoré seigneur, et ayant à créer et ériger en titre d'offices formés en chacune ville de notre royaume où il y a corps municipal un maire, échevins et autres officiers municipaux, étant question de pourvoir à l'office de notre Conseiller maire en la ville de Guéret, nous en avons d'abord accordé l'agrément à notre cher et bien aimé Antoine Isaac Rochon de Valette, notre Conseiller, Assesseur civil, lieutenant particulier criminel en la Sénéchaussée et siège présidial de la ville de Guéret, lequel en conséquence a payé en nos revenus casuels la finance à laquelle le dit office a été taxé, ainsy qu'il appert par la quittance du sieur Bertier, receveur Général d'yceux cy attachée, du bénéfice de laquelle quittance il s'est demis en faveur de notre cher et bien aimé le sieur Isaac Chorllon de Saint-Léger, notre conseiller lieutenant en la Maitrise particulière de la Marche à Guéret, laquelle démission nous avons acceptée, et accordé l'agrément de cet office au dit sieur Chorllon de Saint-Léger, informé que nous sommes de ses talents, fidélité, affection à notre service, et bien persuadé qu'il remplira les fonctions de cet office avec autant de zèle et d'utilité pour nous et nos sujets qu'il remplit celle de l'office de lieutenant de la Maîtrise de Guéret.

A ces causes et autres, nous lui avons donné et octroyé, lui donnons et octroyons le dit office de notre Conseiller Maire en la ville de Guéret, généralité de Moulins, auquel n'a encore été pourvu, pour le dit office avoir, tenir et dorénavant exercer, en jouir et user par le dit sieur Chorllon de Saint-Léger aux fonctions, rangs, scéances, droits et prérogatives attribués par l'édit du mois de novembre 1771 et par les édits et déclarations des mois de juillet 1690, mai 1702, janvier 1733 et de toutes exemptions de logements et de gens de guerre, collecte, tutelle, curatelle et nomination à icelle, guet et de garde, milice pour ses enfants, et de toutes autres charges de ville et de police, et le tout ainsi qu'il est plus amplement expliqué au dit édit et en la quittance de finance du dit office, à condition toutefois que le dit sieur Chorllon de Saint-Léger ait atteint l'âge de vingt-cinq ans accomplis, suivant son extrait baptistaire au trente avril 1731, dûment légalisé et qu'il résulte de ses provisions de lieutenant en la maîtrise de Guéret, dont extrait collationné est cy avec le dit extrait baptistaire attaché sous le contre scel de notre chancelerie à peine de perte du dit office, nullité des présentes et de sa réception. Si donnons en mandement au Sénéchal de la Marche ou à son lieutenant général ou ses gens tenans la ditte Sénéchaussée que ces présentes étaient a registrer sans réception ni serment du dit sieur Chorllon de Saint-Léger, attendu qu'il est pourvu d'un office de judicature et que, par la disposition de l'article 5 du dit édit du mois de novembre 1771, les officiers de judicature en charge sont dispensés de nouvelle réception et de nouveaux serments, et les en dispensons d'abondant par ces dittes présentes et le mettent en possession et exercice du dit office et l'en fassent jouir et user pleinement et paisiblement et lui obéir et entendre de tous ceux et ainsi qu'il appartiendra es choses touchant et concernant le dit office. *Voulons et ordonnons* que par les receveurs des deniers patrimoniaux et octrois et revenus de la ditte ville et communauté de Guéret et autres ayant le maniement de la ditte ville, le sieur Chorllon soit payé de six mois en six mois, sur des simples quittances, des gages et d'octrois au dit office attribués à commencer du jour et datte des présentes provisions, et les payemens alloués dans les dits comptes des dits receveurs et autres, et à défaut de fonds suffisans, Mandons à nos amés et féaux Conseillers les présidents trésoriers de France et généraux de nos finances à Moulins de faire payer au dit sieur de Saint-Léger sur les fonds, qui seront par nous ordonnés, les dits gages en ce qu'il s'en deffaudra, le tout au terme et en la manière accoutumée. Voulons que les dits gages et droits soient passés et alloués dans les comptes de ceux qui en auront fait le payement par nos amés et féaux les gens tenans notre chambre des comptes à Paris, auxquels mandons ainsi le faire sans difficulté. — CAR TEL EST NOTRE PLAISIR, en témoins de quoi avons fait mettre notre scel à ces dittes présentes. Donné à Versailles le vingtième mois de novombre l'an de grâce mil-sept-quatre-vingt-deux et de notre règne le neuvième.

Par le Roy.<br>
*Signé*........

~~~~~~~~~~

*Provisions de lieutenant de Maire de la ville et communauté de Guéret pour M. François-Pierre Blandin de Longechaud, du 5 avril 1786.*

~~~~~~~~~~

Louis par la grâce de [Dieu, Roi de France et de Navarre, à tous ceux qui ces présentes verront, salut. Nous avons par notre édit du mois d'août 1771, vérifié où besoin a été, crée et établi en titre d'offices formés dans les villes et communautés de notre royaume, où il y a un corps municipal un maire, lieutenant de maire et autres officiers municipaux, et étant nécessaire de pourvoir aux dits offices des personnes capables de les remplir avec le zèle, l'exactitude et probité que demandent les devoirs et les fonctions qui y sont attachées, *scavoir faisons* que pour la pleine et entière confiance que nous avons en la personne de notre bien aimé le sieur François-Pierre Blandin de Longechaud, en ses suffisance, probité, capacité et expérience, fidélité et affection à notre service, pour ces causes et autres considérations nous lui avons donné et octroyé, donnons et octroyons par les présentes l'office de lieutenant de Maire de la ville et communauté de Guéret, crée par notre édit du mois de novembre 1771, auquel office n'a point été encore pourvu et dont la finance a été payé par le sieur Blandin de Longechaud, suivant la quittance du sieur Bertier, trésorier de nos revenus casuels, cy attachée sous le contre scel de notre chancellerie, pour le dit office avoir, tenir et dorénavant exercer, en jouir et user par le dit sieur Blandin de Longechaud aux mêmes fonctions, rang, séance, droits et provogatives dont avaient droit de jouir les titulaires de pareils offices avant leur suppression de la manière ainsi qu'il est

plus amplement expliqué par les édits et déclarations des mois de
juillet 1690, août 1692, mai 1702, janvier 1704, décembre 1706, mars
1709, novembre 1771, et notamment de l'exemption de logement de
gens de guerre, collecte, tutelle, caratelle, nomination à icelle, guet
et garde et de la milice pour lui et pour ses enfants, et de toutes autres
charges de ville et de police, et en outre des droits et émolumens dont
jouissaient ceux qui remplissaient les fonctions du dit office avant la
création d'icelui de 35 livres de gages sur le pied du denier 20 de la
dite finance, à prendre par préférance sur les revenus patrimoniaux et
octroi de la ditte ville et communauté de Guéret, desquels gages il
sera payé de six en six mois sur ses simples quittances, par les receveur patrimoniaux et d'octroi ou autres ayant le maniement des revenus de la ville et communautés, dans les comptes desquels la dépense
en sera allouée et passée sans difficulté, et à défaut de fonds suffisant, sur ceux qui seront par nous ordonnés, le tout ainsi qu'il est
plus au long porté par les dits édits et déclarations y relatés, pourvu
toutefois que le dit sieur Blandin de Longechaud ait atteint l'âge de
vingt-cinq ans accomplis suivant son extrait baptistaire du 4 août
1733 dument légalisé, aussi cy attaché à peine de perte du dit office
et nullité des présentes et de sa réception. Sy donnons en mandement
à notre Conseiller maire en la ville et communauté de Guéret et autres
nos officiers qu'il appartiendra que leur étant apparus de bonne vie
et mœurs, âge sus dit, conversation et religion catholique, apostolique
et romaine, du dit sieur Blandin de Longechaud, et de lui pris et reçu
le serment accoutumé et le reçoivent, mettent et instituent de par
nous en possession du dit office, l'en fassent jouir et user pleinement et paisiblement, et lui fassent obéir et entendre de tous ceux
et ainsi qu'il appartiendra ez choses concernant le dit office et que
par les trésoriers et receveurs des deniers patrimoniaux et d'octroi
de la sus dite ville et autres comptables qu'il appartiendra, et du fond,
à ce destinés le fassent payer et délivrer comptant au dit sieur Blandin de Longechaud dorénavant par chacun an aux termes et de la
manière accoutumée les gages et droits du dit office appartenant à
commencer du jour et datte de sa réception, de laquelle rapportant
copie collationnée ainsi que des présentes pour une fois seulement
aux quittances de lui suffisantes. *Nous* voulons les dits gages et droits
être payés et alloués en la dépense des comptes de ceux qui en auront
fait le paiement par tous iceux et ainsi qu'il appartiendra, auxquels
mandons ainsi le faire sans difficulté, car tel est notre plaisir, en

témoin de quoi nous avons fait mettre notre scel à ces deux présentes. Donnée à Paris le cinquième jour d'avril 1786, et de notre règne le 12°.

> *Signé :* LOUIS.
> *Par le Roi :* CHOLET.

Quittance de finance de 700 livres, signée Bertier, du 20 mars 1786. — Enregistré au Contrôle Général le 3 avril suivant.

A Messieurs les Maires et échevins de la ville de Guéret supplie humblement François-Pierre Blandin, seigneur de Longechaud.

Qu'il vous plaise les provisions à lui accordées par Sa Majesté, le cinq du présent mois, de Conseiller du Roy, lieutenant de Maire de cette ville, icelles signées par le Roy, Cholet, l'admettre et recevoir au dit état et office de lieutenant de Maire pour par lui jouir des droits, prévogatives et émoluments attachés à la dite charge, et vous ferés bien.

> BLANDIN DE LONGECHAUD.

Soit communiqué au Procureur du Roi à Guéret, ce 13 avril 1786.

> SUDRE 1er échevin en l'absence de M. le Maire.

Vu la présente requête, ensemble l'ordonnance à nous communiquée.

Nous requérons qu'il soit informé en notre requête des bonnes vie et mœurs, religion catholique, apostolique et romaine du suppliant, pour l'information faite et à nous communiquée être pris telle conclusion qu'il appartiendra. A Guéret, ce 13 avril 1786.

> COUTURIER DE FOURNOUE
> Procureur du ROY.

Soit fait suivant les conclusions du Procureur du Roy. A Guéret, le 13 avril 1786.

> SUDRE 1er échevin en l'absence de M. le Maire.

Scellé à Guéret ce 13 avril 1786.

Reçu onze sols un denier.

> A. AHLUAUD.

Information faite par nous, Jean-Baptiste Sudre, avocat au Parlement, premier échevin de la ville de Guéret, en l'absence du Maire en titre, à la requête du Procureur du Roy, demandeur contre M. François-Pierre Blandin, seigneur de Longechaud, en exécution de notre ordonnance de ce jour dument en forme, à laquelle nous avons procédé avec le greffier de l'Hôtel de Ville, ainsi qu'il suit.

Du treize avril mil sept cent quatre-vingt-six en la ville de Guéret, en notre Hotel et par devant nous, sont comparus.

M. Guillaume Besse, Doyen du chapitre royal de cette ville et official du seigneur évêque diocézain, demeurant en cette ville, âgé d'environ soixante ans, témoin assigné à la requête du dit procureur du Roy, contre le dit sieur Blandin, par exploit de Jean-Baptiste Lemaigre, huissier royal en la Sénéchaussée et siège présidial de cette province, y reçu et immatriculé en date de ce jour, copie duquel il nous a exhibé, après avoir de lui reçu le serment de dire vérité, et pour cet effet la main mise *ad pectus*, a dit connaître les parties et n'être d'icelles parent, allié, serviteur ni domestique, de tout ce que dessus duement enquis et avis sur les faits de la dite requête, de laquelle, lecture lui a été faite par notre greffier.

Dépose que le dit sieur François-Pierre Blandin est de religion catholique, apostalique et romaine, qu'il l'a vu assister régulièrement aux offices divins et s'approcher des Sacrements de pénitence et d'euckaristie, et est de très bonnes vie et mœurs, qui est tout ce qu'il a dit savoir. Lecture à lui faite de sa déposition, il a dit qu'elle contient vérité et qu'il y persiste, n'a voulu taxe, avons signé au bas de chaque page, le témoin et notre greffier en la présente.

Sudre, Besse, Dareaud.

M. Etienne-Gentil Duvernet, âgé d'environ quarante-neuf ans, Conseiller en la Sénéchaussée et Présidial de cette province, demeurant en cette ville, autre témoin assigné à la requête contre et aux mêmes fins que les précédents par exploit du dit Lemaigre de ce jour, copie duquel il nous a exhibé, après avoir de lui pris et reçu le serment de dire vérité, — a dit connaître les parties et n'être d'icelles parent, allié, serviteur ni domestique, de tout ce que dessus duement enquis et ouï sur les faits de la dite requête de laquelle lecture lui a été faite par notre greffier.

Dépose qu'il connaît le dit sieur François-Pierre Blandin pour être de bonnes vie et mœurs, très affectionné au service du Roy et du public, et est âgé de plus de vingt-cinq ans et même d'environ cinquante ans, qui est tout ce qu'il a dit savoir. Lecture à lui faite de sa déposition, il a dit qu'elle contient vérité et qu'il y persiste, n'a voulu taxe, avons signé au bas de chaque page, le témoin et notre greffier en la présente.

SUDRE. GENTIL DUVERNET. DAREAU.

M. Léonard Pineau de Barraud, âgé de trente-un ans, bourgeois, demeurant en cette ville, autre témoin assigné à la requête contre et aux mêmes fins que les précédents par exploit du dit Lemaigre, huissier, en datte de ce jour, copie duquel il nous a exhibé, après avoir de lui pris et reçu le serment de dire vérité, a dit connaître les parties et n'être d'icelles parent, allié, serviteur ni domestique de tout ce que dessus duement enquis, et oui sur les faits de la ditte requête, de laquelle, lecture lui a été faite par notre greffier.

Dépose qu'il connaît le dit sieur François-Pierre Blandin de bonne vie et mœurs, de religion catholique et apostolique, très affectionné au service du Roy et du public, et qu'il est âgé d'environ cinquante ans, qui est tout ce qu'il a dit savoir. Lecture à lui faite de sa déposition, il a dit qu'elle contient vérité et qu'il y persiste, n'a voulu taxe, avons signé au bas de chaque page le témoin et notre greffier en la présente.

SUDRE. PINEAU. DAREAU.

Soit communiqué au Procureur du Roy, à Guéret, ce 13 avril 1786.

SUDRE.

Vu la requête du sieur Blandin tendant à être reçu et installé dans l'office de lieutenant de Maire de cette ville, l'ordonnance de soit à moi communiqué, nos conclusions préparatoires, l'information de vie et mœurs, l'extrait baptistaire du sieur Blandin du 4 août 1733, signé Dissandes, les provisions accordées par le Roy au dit sieur Blandin le cinq du présent mois, duement scellées et signées par le Roy : Chaulet, et en bonne forme. Et tout vu et considéré.

Je n'empêche pour le Roy que le dit sieur François-Pierre Blandin de Longechaud soit reçu et installé dans le dit office de lieutenant de

Maire de cette ville, aux honneurs, privilèges, droits et fonctions y attachées. Conclu à Guéret le treize avril mil sept cent quatre-vingt-six.

COUTURIER DE FOURNOUE,
Procureur du Roy.

A tous ceux qui ces présentes verront, Jean-Baptiste Sudre et Joseph Fayolle, — premier et second échevin de la ville et communauté de Guéret, en l'absence de M. le Maire en titre, salut, savoir faisons que vu les provisions accordées par le Roy au sieur François-Pierre Blandin de Longechaud, de l'office de lieutenant de Maire de la ville et Communauté des habitants de celte dite ville, datées de Paris, le cinq du présent mois, scellées du grand sceau, par le Roy signées : Cholet, la quittance de finance du 20 mars précédent, la requête du sieur Blandin tendante à être reçu et installé dans le dit office, l'ordonnance de soit communiqué au Procureur du Roy, conclusion du Procureur du Roy tendantes à ce qu'il fut informé des vie et mœurs du sieur Blandin, âge, religion catholique et apostolique, l'ordonnance de soit fait l'information de vie et mœurs, religion âge et affection au service du Roy, l'ordonnance de soit communiqué au Procureur du Roy et ses conclusions définitives tendantes à ce que le dit sieur Blandin soit reçu et installé dans les fonctions du dit office, le tout de ce jour et tout vu et considéré.

Disons, après avoir pris et reçu le serment du dit sieur Blandin au cas réquis, que nous l'avons reçu et installé dans son dit office de lieutenant de Maire de cette ville et communauté aux honneurs, fonctions, privilèges, immunités, exemptions, rang et séance, conformément à ses dites provisions, du même ordonnons l'enregistrement au greffe de l'Hôtel de-Ville pour y avoir recours, si besoin est.

A Guéret, en l'Hôtel-de-Ville, le treize avril, mil sept cent quatre-vingt-six.

FAYOLLE, échevin ; SUDRE 1er échevin en l'absence de M. le Maire.

## Lettre des Officiers municipaux de Guéret pour demander l'établissement d'une route de Guéret à Argenton.

19 décembre 1776.

A Monseigneur de TRUDAINE, conseiller d'Etat, Intendant des Finances.

Le maire, les échevins et les habitants de Guéret, capitale de la Marche ont l'honneur de vous représenter que leur province est dénuée de tout secours, même des objets de première subsistance, que le terrain y est très mauvais et est rempli de rochers, qu'il n'y a point de vignes et que le sol est trop aride pour qu'on puisse y semer du froment, qu'ils sont dans le cas de tirer de la province du Berry tous les vins et les froments qui se consomment dans le pays ; mais que les chemins sont si affreux qu'ils ne peuvent faire voiturer le froment qu'à dos de cheval et, quoi que il n'y ait que environ dix lieues de la dite ville de Guéret à celle d'Argenton, il en coûte environ trente livres par charretée à bœufs, ce qui fait que dans les années de la plus grande abondance, le vin et le froment leur coûtent très cher.

Qu'on a fait passé la route de Limoges à Moulins par la dite ville de Guéret, qu'elle était à la vérité très essentielle pour le passage des troupes, mais qu'elle ne l'était pas à beaucoup près autant pour les intérêts de la province que celle de la dite ville de Guéret et celle d'Argenton, qu'ils vous supplieraient de vouloir bien leur accorder. Les habitants de la province, outre l'avantage qu'ils en retrouveraient pour le transport du vin et du froment, auraient encore celui de la communication de la grande route de Paris à Toulouze, qui passe à Argenton, et ce chemin serait d'autant moins difficile, onéreux, dispendieux que, il n'y a pas de montagnes, qu'il est situé sur le tuf et terrain solide, qu'on trouverait tous les matériaux sur place, qu'il n'y a pas de ponts à faire, y en ayant deux très beaux et très bon en pierres de taille, à la Celle et à Chambon, si on les traçait de ce côté là ; on a Anzêlme et Chéniers, si on se détournait d'y passer ; qu'il ne faudrait donc que des corvées, et que la plupart des paroisses qui seraient dans le cas d'y être employées, ne sont point fatiguées puisqu'elles n'ont jamais été employées à la route de Limoges à Moulins, de laquelle elles étaient trop éloignées.

A ces causes, Monseigneur, il vous plaise donner des ordres pour la confection du dit chemin de Guéret à Argenton, que Messieurs Trudaine et de Pont avaient promis de faire et que vous avez aussi eu la bonté, lors de votre déportement, de promettre aux suppliants, qui continueront leurs vœux pour votre précieuse conservation.

### Réponse de l'Intendant des Finances.

22 Février 1877.

J'ai reçu, Messieurs, la requête par laquelle vous m'exposés l'importance et l'utilité d'une communication entre votre province et le Berry et de l'ouverture d'une route de Guéret à Argenton. La quantité de routes ouvertes dans les deux Généralités et qui restent à perfectionner ne permet pas qu'on pense actuellement à en entreprendre de nouvelles; on ne pourra s'en occuper d'ici à quelques années. Cependant, comme je sais qu'on peut y appliquer des paroisses qui ne sont point nécessaires ailleurs, ce sera une des premières routes dont on s'occupera quand les circonstances le permettront. Je suis Messieurs, votre très humble et très obéissant serviteur.

TRUDAINE.

### Arrangement intervenu au sujet de la distribution des eaux qui alimentent la fontaine de la Halle

« Aujourd'hui, dates des présentes, en la ville de Guéret, après-midi, maison de Monsieur Silvain de Madot, conseiller du Roy, lieutenant-général en la sénéchausée et siège présidial de cette province de la Marche, et en présence des témoins ci-après nommés ont été présents et personnellement établis noble Alexandre Seiglière, écuyer,

seigneur de Cressat, conseiller du Roy, premier président de la dite
élection de la province, d'une part, et Silvain Fayolle, avocat au parlement, Antoine Gouillard, marchands, consuls la présente année de
la dite ville, nobles Guillaume Roudeaux, aussi avocat au parlement
et procureur du Roy en ladite châtelenie, d'autre part, toutes les dites
parties habitants de la dite ville de Guéret, lesquelles de leurs bons
grés et volontés, les dits sieurs consuls, Roudeoux et Druillette prenant en mains pour et au nom de tous les habitants et en vertu de la
procuration générale et spéciale, mandement à eux donnés par la dite
délibération du dit premier mois dernier, ont convenu et demeuré
d'accord pour le bien et conservation des intérests de la dite ville ainsi
qu'ils l'ont jugé en leur loyauté et conscience et fait connaître à mondit
sieur le lieutenant général, qui s'était encore, depuis le dit délibératoire, porté sur les lieux avec le dit sieur avocat du Roy et pour éviter toutes sortes de plus ample involution de procès dès à present et
pour *toujours avenir* et pour la commodité de toutes parties, il serait
fait à frais communs un regal ou repos, huit ou dix pas au-dessous
de la dite croix qui est à la fourche des deux chemins de Rochefort et
de Champegaud, pour y recevoir et retenir toutes les eaux qui viennent des environs et au-dessus de la dite croix et du dit repos, un
conduit commun à toutes les dites eaux, le long du dit chemin, en
descendant jusques au bont du jardin des hoirs des Lapasques, auquel
endroit sera aussi fait, proche la muraille du jardin de Pierre Barret,
notaire royal, un autre regal et réservoir commun, pour recevoir toutes
les eaux qui adviendront dans ce dit conduit et dans lequel repos
ou réservoir sera fait division des dites eaux pour moitié entre le dit
sieur de Cressat et la dite ville par deux bais d'égale grandeur d'élé-
vation et de même manière dans la pierre qui fera la clôture par le
devant du dit regal pour être la portion de l'eau appartenant à la dite
ville, réunie dans le regal qui est proche et dans le pré de Jacques
Barret, et l'autre conduite par le dit sieur de Cressat, de la manière
et ainsi qu'il avisera; depuis lequel regal commun où se fait le dit
partage des eaux, chacune des dites parties en usera à ses frais et
dépens, ainsi qu'ils aviseront et jusques au dit regal où se fera le partage des dites eaux, pour ce qui est au-dessus, sera fait et entretenu
dès ors et à l'avenir à frais commun, par le dit sieur de Cressat et la
dite ville au moyen et sous les sudites conventions respectivement
stipulées et acceptées ès dits noms ci-dessus ; demeure le dit procès
éteint et toutes les contestations entièrement assoupies et toutes par-

ties hors de cour et de procès, car ainsi l'ont voulu, accordé, stipulé et accepté les dites parties, promis et juré et obligé, et les dites présentes aient accordées et consenties par les dits sieurs Fayolle et Gouillard, Roudeaux et Druillettes, au dit nom et en vertu du susdit délibératoire du dit jour premier mars dernier, en présence et par la participation et aveu des susdits sieurs lieutenant général et avocat du Roy, aux termes du dit délibératoire, lesquels ont signé les dites présentes avec les dites parties. — Fait et passé en la dite ville de Guéret, maison de mondit sieur le lieutenant général, après-midi, le vingt-septième jour du mois d'advril mil sept cent quatre-vingt-deux, ès présence, de Annet Guillon, sieur de (Marchive ?) licencié ès lois et de Michel Barathon, marchand vitrier, témoins, habitants du dit Guéret, soussignés avec lesdites parties sus-nommées, et moi notaire. Aussi signé en la minute originale des présentes : Seiglière, Cressat, Fayolle, consul, Gouillard, consul, Roudeaux du Clos, Druillettes, de Madot, lieutenant général, Roudeaux, avocat du Roy, Guillon, Barathon et Desardillier, notaire royal (1). »

<hr>

## *Cession de la moitié de la source du chemin de Grancher aux Barnabites.*

5 Janvier 1709.

Furent présents : maître Melchior Reynaud, prêtre, bachelier en théologie, doyen de l'Eglise collégiale de Notre-Dame de la Chapelle-Taillefert, et Jean Reynaud, son frère, sieur des Villettes, garde du corps du Roy, héritiers par bénéfice d'inventaire de maître J. Reynaud, aussi sieur des Villettes, conseiller du Roy, lieutenant général criminel en la sénéchaussée et siège présidial de la Marche, leur ayeul, demeurants au dit lieu de Taillefer, et M. Pierre Guillon, sieur de la Valazelle, conseiller du Roy, président, juge des dépôts des sels de

_______

(1) Dissandes, succéda comme notaire royal à Desardillior, ainsi qu'il résulte d'une copie de l'acte ci-dessus délivré par lui, le 27 avril 1682.

Guéret et Jarnages, demeurant au dit Guéret, lesquels, en considération des révérends pères Barnabites de la dite ville et pour donner plus de commodité au bastiment qu'y ont fait construire proche l'église des pénitents Blancs, ont volontairement reconnu et confessé avoir donné et donnent par ces présentes aux dits RR. Pères Barnabites, irrévocablement, le R. Père dom Sébastien Poncheron, supérieur, présent et acceptant pour lui et pour toute la communauté, la moitié de l'eau de la fontaine à eux appartenant et dont la source est à costé du grand chemin de cette ville au dit lieu de la Chapell-Taillefer, proche de la mantagne de Granchier et le pré de M. Roudeau du Clos et généralement la moitié de toutes les autres eaux et sources qui tombent dans le repos et canaux anciens, sans aucune réserve, à condition néanmoins de rétablir le dit repos qui peut être ruiné ou d'y faire un autre repos pour ramasser les dites eaux et sources et de les conduire par le grand chemin par des canaux, depuis le dit repos jusqu'au coin du jardin de la veuve Beaufils, où il sera fait un regard de pierre pour le partage des dites eaux par moitié dont l'une sera pour les dits sieurs Reynaud et Guillon et l'autre pour les dits RR. Pères Barnabites qui feront et entretiendront le tout à leurs frais et dépens, duquel regard ils pourront conduire la moitié des dites eaux à leur bâtiment, et les dits sieurs Reynaud et Guillon, l'autre moitié à leurs frais où bon leur semblera et quand bon leur semblera, sans que les dits RR. P. Barnabites puissent opposer aucune prescription jusqu'au temps que les dits sieurs Raynaud et Guillon feront conduire la moitié des dites eaux par eux réservées, pour la mettre et faire fluier la moitié des dites eaux par les canaux d'une autre fontaine qui est proche les fossés de cette ville, et les dits RR. P. Barnabites, pendant le dit temps, se serviront de la moitié des dites eaux revenant aud. sieurs Raynaud et Guillon. Ils la tiendront précairement seulement sans être par eux tenus des droits d'amortissement, et généralement de tous autres droits pour raison de la présente donation et si aucun voient que les RR. P. Barnabittes promettent et s'obligent de payer et de les acquitter.

Fait à Guéret, sous nos seings, le cinquième janvier 1709.

*Signé :* GUILLON de la VALAZELLE,<br>
REYNAUD des VILLETES,<br>
Dom SÉBASTIEN PONCHERON , sup<sup>r</sup><br>
des Barnabites de Guéret.

## *Autorisation de démolir la Chapelle St-Cloup.*

« Je, soussigné, Magdeleine Odille, veuve de messire Pierre Claude de Pouthe, en son vivant seigneur du Chiron, Peyrat, ancien capitaine du régiment royal Barois infanterie, tutrice de mes enfants mineurs.

Sur le désir que m'ont témoigné MM. les maire, eschevins, bourgeois et habitants de la ville de Guéret, de voir abattre la chapelle de St-Cloup, située sur la place de la dite ville, appartenant à mes enfants, laquelle chapelle fait une très grande difformité dans la dite place, en gaste le coup-d'œil et la régularité, considérant que cette chapelle a besoin de beaucoup de réparations, que les eaux y entretiennent une humidité continuelle à raison de ce qu'elle se trouve plus bas que le terrain de la place, qu'elle n'est actuellement d'aucun usage, Mgr l'évêque l'ayant interdite à cause du mauvais état où elle est, et que l'interdit ne peut être levé qu'après avoir fait des réparations qui seraient très coûteuses, consent pour mes enfants que MM. les maires, eschevins, bourgeois et habitants de la dite ville de Guéret fassent à leurs frais démolir cette chapelle et disposent à leur gré du terrain qu'elle occupe, aux conditions suivantes :

Qu'avant de toucher à rien à la chapelle, la ville représentée par les officiers municipaux dûment auttorisés s'obligent envers moy, par acte passé par devant notaire de faire transporter par Mgr l'évêque de Limoges, les fondations faite dans cette chapelle, dans la chapelle St-Jean qui est placée dans l'église paroissiale de Guéret, appartenant également à mes enfants, que les dits sieurs officiers feront en ma présence ou de quelqu'un nommé de ma part, procéder à l'estimation de tous les matériaux, ornements, boiseries et autres choses qui sont dans la dite chapelle, qu'ils feront abattre, qu'ils feront vendre et que l'argent qui en proviendra sera employée, suivant l'indication que j'en ferai, en réparations et embellissements de la chapelle St-Jean, cy-dessus désignée. — Fait au Chiron-Peyrat, le 15 novembre 1768 ».

*Relations de ce qui a été fait en la ville de Guéret tant pour la publication de la paix que pour les réjouissances faites lors du* Te Deum *chanté en l'Eglise paroissiale de cette ville.*

*Quœ majores colligeruut posteris manent.*
Cic. orat. 5.

M. l'Intendant nous ayant adressé des exemplaires du traité de paix conclu à Versailles, le 3 novembre 1783, et ordonné par sa lettre d'en faire la publication et d'assister au *Te Deum* qui serait chanté en actions de grâce, nous nous assemblâmes à l'Hôtel de Ville, pour délibérer à ce sujet. M. Dareau, secrétaire de l'Hôtel-de-Ville, fut député pour aller chez M. de Chastillon, curé de cette ville, pour savoir s'il avait reçue le mandement de Mgr l'évêque pour chanter le *Te Deum*, et, dans le cas où il l'aurait reçu, de savoir le jour où il voudrait faire chanter le *Te Deum*, afin que ce même jour, suivant l'ancien usage pratiqué en cette ville (et dont on s'est écarté pour cette fois seulement à raison des circonstances) il fut procédé à la publication de la paix le même jour que le *Te Deum* serait chanté, pour que ce jour fut remarqué par plus d'une réjouissance. M. Dareau, de retour, nous ayant rapporté que M. de Chastillon, n'avait point encore reçu le mandement de Mgr l'évêque, que peut-être ne le recevrait-il point de sitôt neus fûmes d'avis pour nous conformer aux ordres de M. l'Intendant de faire la publication de la paix le 4 de ce mois. Le samedi 3 de ce mois à 4 heures du soir, la paix fut annoncée par une salve d'artillerie de l'Hôtel-de-Ville et par le bruit des tambours, fifres de l'Hôtel-de-Ville, qui passèrent dans toutes les rues, places et carrefours, précédés des sergents de ville.

Le dimanche, 4 au matin, à 7 heures il fut fait une déchargé de l'artillerie de l'Hôtel-de-Ville sur la place de Flesselles et les tambours, accompagnés des gardes de la ville, firent le tour de la ville, à deux heures après-midi. Nous, Isaac Chorllon de St-Léger, maire, en tête, J.-B. Sudre, 1ᵒʳ échevin, Joseph Fayolle, 2ᵉ échevin, et François Guillaume Dareau, secrétaire greffier, montâmes à cheval, en robes de

palais et bottés. Les quatre tambours étaient à pied et les sergents
de ville, à cheval, revêtus de leurs manteaux d'uniforme, avec leurs
cocardes et leurs hallebardes, nous précédaient, les quatre tambours
et fifres marchaient devant eux. Dans cet ordre, nous fûmes sur la halle,
vis-à-vis le palais-royal, où M. Dareau fit la lecture de la paix, qui fut
suivie des acclamations publiques de Vive le Roy ! De là, nous montâmes dans le même ordre par la Grande-Rue jusqu'à la place qui
est au-devant de l'Hôtel de Madot, où la paix fnt encore publiée ;
eusuite nous fûmes sur la place Flesselles, où il fut fait une décharge
de l'artillerie de la ville.

Nous dessendîmes ensuite par la rue du Prat, traversàmes la
rue Gayet, reprîmes la Grande-Rue et et à la porte de ville, qui
conduit au faubourg Saint-Vaury, la publication de la paix fut faite
avec les mêmes acclamalions de Vive le Roy ! Nous passàmes sous
cette porte de ville, traversàmes la chaussée, qui conduit au faubourg Chènevert et la publication fut encore la faite. De là, nous
fûmes en droite ligne dans le faubourg de Paris, près la porte de
vila, appelée Piquerelle, où la publication de la paix fut faite et la
fin d'icelle fut encore suivie des mêmes acclamations de Vive le Roy !

M. de Chastillon, curé de Guéret, n'ayant reçu le mandement de
Monseigneur l'évêque de Limoges que le 13 de ce mois et fait avertir
qu'il chanterait le *Te Deum* le dimanche suivant, dix-huit de ce
mois, nous nous assemblàmes à l'hôtel-de-Ville, le 16, pour disposer
tout ce qui serait nécessaire pour la réjouissance. Il fut rendu par
nous l'ordonnance ci-après pour la revue pour le dimauche ; le feu de
joye sur la place Flesselles avec l'artillerie fut préparée, et le 17 les
tambours, fifres et les gardes villes en uniforme, ayant leur cocardes
à leur chapeaux et leurs hallebardes garnies de rubans rouges et
bleus, firent leur ronde dans toute la ville et fauxbourgs, ce qui fut
répété le matin. A trois heures, la milice bourgeoise, dont partie était
à eheval et l'autre à pied, se rendit en deux colonnes devant l'Hôtel-
de-Ville, M. Dareau distribua à chacun d'eux deux paquets de poudre à canon de chacun deux sols six deniers· Nous descendîmes
ensuite pour nous rendre à l'Eglise paroissiale : la milice bourgeoise
à pied nous suit dans le centre et fûmes ainsi dans l'Eglise où le *Te
Deum* fut chanté, pendant lequel nous tinmes nos cierges allumées. A
la fin du *Te Deum*, nous nous rendîmes dans le même ordre sur la Place
Marchedieu, la milice bourgeoise à cheval, passant après l'infanterie
et, étant auprès du feu de joye, après que nous eûmes fait trois tours

d'icelui, ayant chacun une torche à la main, nous l'allumâmes chacun de notre côté, ce qui fut précédé de la décharge de l'artillerie de l'Hôtel-de-Ville et d'une décharge de la milice bourgeoise et nous nous retirâmes après dans le même ordre que ci-devant à l'Hôtel-de-Ville, qui fut sur le champ illuminé. Le soir, on vit une illumination générale dans la ville en signe de réjouissance. De tout quoy, nous avons dressé le présent procès-verbal, le 18 janvier 1784.

Chorllon de Saint-Léger, maire ; Sudre, 1er échevin ; Fayolle, 2e échevin ; Dareau, secrétaire-greffier.

---

## Ordonnance rendue pour la paix de part le Roy et de l'ordonnance de MM. les Maires et échevins de la ville de Guéret.

Il est enjoint à tous les habitants de cette ville et fauxbourgs de quelque état et condition qu'ils soient d'illuminer dimanche prochain, 18 du present mois, à nuit tombante le devant de leurs maisons par des chandelles ou des lampions à leurs fenêtres autres que les rez-de-chaussée, à peine de dix livres d'amende contre chacun de ceux qui auront négligé de faire la dite illumination.

Il est pareillement enjoint à tous bourgeois et habitans de cette ville et fauxbourgs, non exempts, à peine de dix livres d'amende et huit jours de prison contre chacun des refusans, de se mettre ledit jour sous les armes et de se trouver à trois heures de relevée à l'Hôtel-de-Ville, pour se rendre avec MM. les officiers municipaux à l'Eglise paroissiale de cette ville, où sera chanté le *Te Deum* en actions de grâce de la paix, et ensuite se transporter sur la place Marchedieu, pour assister au feu de joye qui sera fait en signe de réjouissance. Et pour que personne n'en prétende cause d'ignorance, sera la présente ordonnance lue, publiée, affichée partout où besoin sera Fait et donné à Guéret, en l'Hôtel-de-Ville, le 16 janvier 1784.

Chorllon de Saint-Léger, maire; Sudre, 1er échevin; Fayolle, 2o échevin; Dareaud, secrétaire-greffier.

[illegible] tonsie à la main, sous l'allocution cin-
[illegible] la présence de [illegible] chanoines du chapitre de
[illegible] le livre des [illegible] françaises et tous
[illegible] qu'ils devront à l'avenir [illegible]
[illegible]
[illegible]

[illegible] Maire, Sautru, Lieutenant, Reynolds, 2e Génie,
[illegible] adjoint, Greffier.

— — — — — —

[illegible] sur la paix de part de Roy et de
[illegible] de L.M. les Maires et Echevins de la
Ma. Louvière.

[illegible] habitans de cette ville et banlieues de
[illegible] qu'ils seront obligés de diminuer prochain,
[illegible] de leurs maisons par
[illegible] que le [illegible] re-
[illegible] citoyens de cette qui
[illegible]
[illegible] ville, [illegible] nombreuse et habitans de cette
[illegible] exemples [illegible] les livres d'annale, et
[illegible]
[illegible]
[illegible] officiers municipaux à
[illegible] le 1e D[illegible] relations
[illegible] sur la place Marché,
[illegible] en signe de réjouis-
[illegible] d'honneur, sera
[illegible] pendant ce [illegible] sera
[illegible] l'Hôtel-de-ville le 10 Juin 178[illegible].
[illegible] Municipalité de
[illegible] Louvière, [illegible]

# Principaux Errata

Page 6, note (2), ligne 8. — *Au lieu de :* nouveauté de la pointe, *lire :* mouvante de la pointe.

Page 175, ligne 4. — *Au lieu de* : appelés à en réaliser, *lire* : appelés à en retirer....

Page 175, ligne 5. — *Au lieu de* : c'est sous les auspices, *lire* : c'est sous l'empire....

Page 188, ligne 17. — *Au lieu de :* et ferait un très petit objet, *lire* : et faisant un très petit objet.

Page 195, ligne 8. — *Au lieu de* : chargée de fixer de régie, *lire :* chargé de frais de régie.

Page 195, ligne 13, *Au lieu de* : qui ne réclame pour cela, *lire* : qui ne réclame du reste.

Page 198, ligne 25. — *Au lieu de :* quoiqu'il en soit, des pourparlers..., *lire* : quoi qu'il en soit, si des pourparlers eurent lieu, ils.

Page 236, ligne 6. — *Au lieu de* : « pour la sentence de la Guerre », *lire* : « pour la soutenance de la Guerre ».

Page 239, ligne 8. — *Au lieu de* : avait dû s'élever..., *lire* : aurait dû s'élever....

Page 239, ligne 16. — *Au lieu de* : quant aux secours, *lire* : quant aux autres.

## Errata généraux

3. — Au lieu de : mouvement de la pointe, [...] ric.

[...] lieu de : appelés en réaliser, lire : appelés [...]

[...] lieu de : c'est sous les coupoles, lire : c'est [...]

[...] Au lieu de : et ferait un très petit objet, [...] petit objet.

[...] Au lieu de : chargée de fixer la régie, [...] régie.

[...] lieu de : qui ne réclame pour cela, lire : qui [...]

[...] Au lieu de : quelqu'il en soit, des pam- [...] qu'il en soit, si des pamphlets se sont liés, lis.

[...] la lieu de : « pour le sentence de la terre », [...] ce de la Guerre ».

[...] Au lieu de : avait dû s'élever [...], lire : avait [...] dû [...]

[...] Au lieu de : quant aux secousses [...], quant aux [...]

www.ingramcontent.com/pod-product-compliance
Ingram Content Group UK Ltd.
Pitfield, Milton Keynes, MK11 3LW, UK
UKHW022158120726
13694UKWH00002B/353